AF524632

Stefan Berking

Schimpansen haben keinen Jagdzauber und klopfen nicht an Holz

Zur Entstehung und Evolution des magischen Denkens

Bibliografische Information der Deutschen Nationalbibliothek:
Die Deutsche Nationalbibliothek verzeichnet diese Publikation in der Deutschen Nationalbibliografie; detaillierte bibliografische Daten sind im Internet über http://dnb.dnb.de abrufbar.

Herstellung und Verlag: BoD – Books on Demand, Norderstedt
ISBN: 978-3-7460-7818-2

Inhaltsverzeichnis

Einführung

Der Ursprung des rationalen Denkens liegt im Dunkeln. Neben dem rationalen Denken (oder der rationalen Denkweise) gibt es in allen Kulturen magisches Denken (oder eine magische Denkweise). Auch dessen Ursprung liegt im Dunkeln. Bei Schimpansen, unseren engsten Verwandten im Tierreich, finden wir keinen Geisterglauben und auch keine Schamanen. Sie haben keinen Jagdzauber und sie klopfen nicht an Holz. Zumindest gibt es keinen Hinweis darauf. Rationales Handeln wird ihnen niemand absprechen wollen, ob man sie aber für fähig hält, rational zu denken, hängt davon ab, was wir unter Denken verstehen.

Für unsere Ahnen war die Entwicklung des rationalen Denkens sicher ein Selektionsvorteil[1]. Aber warum haben sie magisches Denken entwickelt? Behindert es nicht die Daseinsvorsorge? Hilft nicht ausschließlich rationales Denken beim Lösen von anfallenden Problemen?

Weit verbreitet ist die Auffassung, dass das magische Denken die Vorform von rationalem Denken ist. Es sei nicht möglich gewesen, rationales Denken zu entwickeln, ohne ein Stadium von magischem Denken zu durchlaufen. Mit Wilhelm Wundt: »der primitive Animismus [die Vorstellung von der Beseeltheit der Natur – S. B.] dürfe als der geistige Ausdruck des menschlichen Naturzustandes gelten«[2]. Was wir heute beobachten, wären damit die in allen Kulturen erhalten gebliebenen Reste dieser Denkweise.

1 Zur Begriffsklärung siehe »Natürliche und sexuelle Selektion« S. 12

2 W. Wundt zitiert nach *Freud: Totem und Tabu*, (1912-1913) 1960, S. 95

Eine Alternative zu dieser Vorstellung ist, dass beide Denkweisen unabhängig voneinander entstanden sind und dass nicht nur die Entwicklung von rationalem Denken, sondern auch die von magischem Denken ein Selektionsvorteil war. Das klingt auf den ersten Blick zwar vielleicht nicht sehr plausibel, aber ich werde zeigen, dass es gute Gründe für diese Hypothese gibt.

Auf der Suche nach den Ursachen für magisches Denken gelangt man zu den Allmachtsfantasien der Kinder und den umfangreichen magischen Ritualen bei sogenannten Naturvölkern. Beides ist im Folgenden Gegenstand der Diskussion. Zu den detailliertesten authentischen Berichten über magische Vorstellungen und Praktiken in Jäger-und-Sammler-Kulturen gehören die Berichte von Alfred W. Howitt über Aborigines. Howitt wurde bei einigen Stämmen als einer der Ihren betrachtet und hatte daher Zugang zu Ritualen, die anderen Forschern verborgen blieben. Er berichtete, dass beim Übergang in das Erwachsenenleben den Jungen mit Drohungen und – das ist für das Thema hier von besonderer Bedeutung – mit Hilfe magischer Praktiken Tabus und Gebote beigebracht werden, die das Zusammenleben in ihrer Gemeinschaft ermöglichen. Zu den wichtigsten Geboten gehören: den alten Männern zuhören und ihnen gehorchen; alles, was sie, die Heranwachsenden, haben mit ihren Freunden teilen; friedlich mit ihren Freunden zusammenleben; keinen Geschlechtsverkehr mit Mädchen oder verheirateten Frauen anstreben bzw. haben und den Speiseverboten Folge leisten, bis sie von den alten Männern aufgehoben werden[1]. Für Frauen gilt das Entsprechende. Diese Gebote scheinen noch in allen gegenwärtigen Gesellschaften eine zentrale Rolle zu spielen – sogar Speiseverbote sind bis heute weit verbreitet. Auch heute müssen den Jugendlichen die Regeln des Zusammenlebens beigebracht werden, ehe sie als vollwertige Mitglieder der Gesellschaft akzeptiert werden. Spielt dabei bis heute magisches Denken eine Rolle?

---

1 *Howitt: The native tribes of south-east Australia,* (1904) 2010, S. 633. Details siehe »Zur Verbreitung von Tabus und Geboten«, S. 32f.

Magische Praktiken, wie an Holz klopfen und die Zahl dreizehn meiden, werden heute von vielen belächelt. Die Zeit, in der Jagdzauber praktiziert wurde, gilt als überwunden. Es hat den Anschein, als ob magisches Denken im heutigen Alltag, jedenfalls bei wichtigen gesellschaftlichen Prozessen, keine große Rolle mehr spielt. Doch der Schein trügt. Das soll gezeigt werden.

Im Folgenden wird eine Hypothese über die Evolution des magischen Denkens vorgestellt, und es werden Hypothesen darüber vorgestellt, wie es zu den erwähnten oder ähnlichen sozialen Regeln in unserer Evolution kam und was die Menschen gemeinschaftsfähig gemacht haben könnte.

1 Wie kam es zum großen Gehirn bei Menschen?

Menschen haben ein deutlich größeres Gehirn als Menschenaffen. Ein großes Gehirn gilt als eine der wichtigsten Voraussetzungen für die intellektuellen Fähigkeiten des Menschen. Die Gehirnvergrößerung ist vermutlich das Resultat einer sexuellen Selektion.

Unsere nächsten Verwandten im Tierreich sind Schimpansen. Nach heutigem Kenntnisstand hatten wir vor etwa 6 Millionen Jahren gemeinsame Vorfahren, und die lebten in Ostafrika. Dann trennten sich die Abstammungslinien. Die nachfolgende Entwicklung zu den heutigen Menschen kann man in drei Entwicklungsphasen unterteilen. Die erste Phase dauerte bis vor etwa 2,6 Millionen Jahren. Am Ende dieser Phase gingen unsere Vorfahren schon längere Zeit auf zwei Beinen, waren vermutlich so wenig behaart am Körper wie wir heute und hatten ein Gehirn, das kaum größer war als das von heutigen Schimpansen[1]. Am Beginn der zweiten Phase entstand die Gattung *Homo.* In der Gattung *Homo* nahm die Gehirngröße stetig zu. Einige der Vertreter dieser Gattung blieben in Afrika, andere wanderten aus und bevölkerten weite Teile der Welt. Zu den bekanntesten Vertretern gehörten die Neandertaler. Die dritte Phase begann nach heutigen Abschätzungen vor etwa 200 000 Jahren mit dem Erscheinen der Art *Homo sapiens,* dem (anatomisch) modernen Menschen. Vor etwa 80 000 Jahren begann bei ihm der Umgang mit Symbolen, und ab diesem Zeitpunkt begann vermutlich auch die Entwicklung von Sprache. Vertreter von *Homo sapiens* wanderten vor 70 - 60 000 Jahren aus Afri-

1 *Tattersall: Masters of the Planet,* 2013, S. 129ff.

ka aus und besiedelten die ganze Welt. Alle anderen Arten der Gattung *Homo* verschwanden.

Exkurs 1: Natürliche und sexuelle Selektion

Neue Eigenschaften können in einem Organismus durch eine spontane Änderung des Erbguts entstehen. Man nennt das eine Mutation. Eine neue Eigenschaft kann nachteilig oder förderlich sein. Über den Verbleib der Mutation in der Population entscheidet die Selektion – und der Zufall. Seit Darwins Publikation *Entstehung der Arten durch natürliche Zuchtwahl* wird zwischen *natürlicher Selektion* und *sexueller Selektion* unterschieden.

Ein fiktives Beispiel soll zunächst die *natürliche Selektion* erklären: In einer Population von Menschen gibt es ein Gen A, das in zwei Allelen (Modifikationen, Zuständen) existiert: *a* und *A*. Wer *a* hat, bekommt leichter Malaria als jemand, der *A* hat. In einer Region, in der Malaria grassiert, sind Personen, die *a* haben daher benachteiligt: im Mittel überleben sie weniger lang und haben auch größere Probleme, einen Ehepartner zu finden. Von Generation zu Generation wird daher in der Bevölkerung der Anteil der Personen mit *a* sinken. Es findet eine (*natürliche*) *Selektion* gegen das Allel *a* statt. Der Malariaerreger übt einen *Selektionsdruck* aus. Wenn es nur noch Träger des Allels *A* in der Population gibt, hat sich die Population *angepasst*. Wenn allen Mitgliedern der Population ein zuverlässiges Medikament gegen Malaria verabreicht wird, ist der *Selektionsdruck* aufgehoben.

Als *sexuelle Selektion* wird die Auswahl eines Ehepartners auf Grund eines Schönheitsideals bezeichnet. Die beiden Arten der *Selektion* können in die gleiche Richtung oder einander entgegenwirken. Ein Beispiel für letzteres ist die Entwicklung der Prachtfedern beim Hahn der Pfauen. Der Hahn, der das prächtigste Schwanzgefieder hat, wird von den Hennen als Partner bevorzugt (*sexuelle Selektion*); je eindrucksvoller und länger das Schwanzgefieder aber ist, desto hinderlicher ist es bei der Daseinsvorsorge (*natürliche Selektion*).

Die Vergrößerung des Gehirns in der Gattung *Homo* fand bei (fast) allen Nachkommen der Gattung statt, bei denen, die in Afrika (in den heißen Savannen) blieben, und auch bei denen, die auswanderten. Einige wanderten nach Europa aus, in ein zum Teil sehr kaltes Klima; andere wanderten in das tropische Ostasien. Damit scheiden klimatisch bedingte »Herausforderungen« als Ursache der Gehirnvergrößerung aus. Ein in der Gattung *Homo* allgemein vorhandener Trend zu immer größerem Gehirn wird als unwahrscheinlich eingestuft, da es eine Ausnahme gibt, den *Homo floresiensis*: er lebte auf der Insel Flores in Indonesien. Der *Homo floresiensis* ist klein und hat ein sehr kleines Gehirn. Vor etwa 18 000 Jahren starb er aus.

Was könnte also die Entwicklung eines großen Gehirns bewirkt haben?

Die Weite des Geburtskanals hat wesentlichen Einfluss darauf, wie groß ein Gehirn einmal werden kann. Und daraus folgt: Mutationen, die den Geburtskanal erweitern, ermöglichen die Ausbildung eines großen Gehirns. Solche Mutationen gab es vermutlich lange, bevor in der Menschheitsentwicklung die Gehirnvergrößerung tatsächlich begann. Die Frage ist also: Warum haben sich solche Mutationen lange Zeit nicht durchgesetzt? Warum war der Geburtskanal während der vorangegangenen, schon mehrere Millionen Jahre dauernden Evolution unserer zweibeinig sich fortbewegenden Vorfahren (zuletzt *Australopithecus*) eng?

Ich denke, solche Mutationen haben sich deshalb nicht durchgesetzt, weil ein weiter Geburtskanal ein breites Becken erfordert und ein breites Becken ein Selektionsnachteil ist. Je größer der Abstand zwischen den Gelenken der Oberschenkelknochen am Becken ist, desto mehr Energie wird beim Laufen benötigt. Ein schmales Becken erleichtert die Jagd und das Sammeln von Nahrung. Mit einem breiten Becken wird das Laufen langsamer, und auch die Ausdauer beim Gehen nimmt ab[1].

Auf der Basis der bisherigen Skelettfunde kann man vermuten, dass bei *Australopithecus* zwei Selektionsdrücke auf die Beckenbreite einander gegenüberstanden und dass der Gattung *Homo* die Lösung des Problems gelang, und zwar dadurch, dass die Beckenverbreiterung nur bei Frauen stattfand,

---

1 *Tattersall: Masters of the Planet*, 2013, S. 28ff. Das ist der wesentliche Grund, warum heute Frauen in der Regel bei einem Wettlauf langsamer als Männer sind.

also durch sexuelle Selektion. Bei den Männern einer Population der Gattung *Australopithecus* hat sich zufällig irgendwann eine Vorliebe für Frauen mit breitem Becken herausbildete. Diese Population wurde zur Gründerpopulation der Gattung *Homo*. Die Männer dieser Population haben über ihr (auf das Becken bezogene) Schönheitsideal die Hirnvergrößerung in beiden Geschlechtern ermöglicht – selbstverständlich ohne darauf abzuzielen. Die Frauen der Population blieben bei dem überkommenen Schönheitsideal (auf das Becken bezogen) und erreichten damit, dass es weiterhin schnelle und ausdauernde männliche Jäger und Sammler gab. Die unterschiedlichen Schönheitsideale haben sich von Generation zu Generation erhalten, weil sie einen Selektionsvorteil boten. Für diese Hypothese spricht: Heutige Männer bevorzugen tatsächlich Frauen mit einem Becken, das breiter ist als das von Männern, und das Gegenteil trifft für Frauen zu.

Mit der Ausbildung eines großen Gehirns war eine der wichtigsten Grundlagen dafür geschaffen, dass sich in der Gattung *Homo,* und dann besonders in der Art *Homo sapiens,* komplexes Denken entwickeln konnte.

2 Denkweisen

Rationales und magisches Denken

Menschen haben rationales, realitätsgerechtes Denken entwickelt. Das ist für die Daseinsvorsorge zweifellos hilfreich. Warum aber haben sie außerdem magisches Denken entwickelt?

Als besondere geistige Fähigkeiten des Menschen gelten »Selbstrepräsentation und strategisches Denken«[1]. Selbstrepräsentation meint: sich selbst in neuen, fiktiven Situationen sehen können. Aus dem Vergleich verschiedener solcher Situationen und den damit verbundenen Empfindungen von Lust und Unlust wird dann eine »strategische« Entscheidung getroffen. Diese Fähigkeiten waren sicher ein Selektionsvorteil. Unabdingbare Voraussetzung für strategisches Denken ist die Fähigkeit zur Informationsgewinnung und -verarbeitung. Angefangen hat beides bei den ursprünglichsten Organismen, die sich eigenständig bewegen können. Bekanntlich haben schon Bakterien die Fähigkeit, ungünstige Orte zu meiden und günstige aufzusuchen. Man kann das als realitätsgerechtes Handeln bezeichnen. Realitätsgerechtes Handeln setzt Informationsgewinnung und -verarbeitung voraus, aber nicht notwendigerweise komplexes realitätsgerechtes Denken in Form von »probeweisem Handeln«[2]. Probeweises Handeln zeichne – so Freud – den Menschen aus, das erhebe ihn über das Tier.

1 *Gierer: Biologie, Menschenbild und die knappe Ressource Gemeinsinn*, 2005, S. 22

2 Nach Sigmund Freud ist »das Denken ein probeweises Handeln mit kleinen Energiemengen ähnlich wie die Verschiebungen kleiner Figuren auf der Landkarte, ehe der Feldherr seine Truppenmassen in Bewegung setzt.« *Freud: Neue Folge der Vorlesungen zur Einführung in die Psychoanalyse*, (1933) 1960, S. 96

Exkurs 2: Zum Gebrauch von »Denken« und »Denkweisen«

Unter rationalem oder realitätsgerechtem Denken soll in diesem Text nicht exakt logisches Denken verstanden werden, so wie es in der Mathematik notwendig ist. Exakte logische Folgerungen sind im Alltag selten möglich. Meist ist ein Alltagsproblem zu komplex, und es fehlen wichtige Informationen. Unser Verstand liefert gleichwohl einen brauchbaren Lösungsvorschlag. Dieses Denken wird im Folgenden als rationales Denken bezeichnet. Zudem gibt es bei uns auch ein Nebeneinander von rationalen und irrationalen Lösungsvorschlägen. Die schließen sich zwar logisch aus, im tatsächlichen Leben aber oft nicht.

Die Formulierung, er oder sie habe instinktiv richtig gehandelt, deutet darauf hin, dass ohne Überlegung ein Resultat erreicht wurde, das nach rationalen Abwägungen nicht besser hätte sein können. Solches Handeln wird Tieren zugeschrieben. Es ist das Resultat einer langen Evolution von Verhaltensweisen.

Jeder kennt von sich auch gedankenloses Handeln (Stümpern) mit gelegentlichen Handlungserfolgen. Tatsächlich ist solches Handeln nicht gedankenlos, uns sind nur die Motive für die Handlungsentscheidung nicht bewusst: Das Denken läuft im Hintergrund ab – weshalb nicht erkennbar ist, welchen Anteil rationales bzw. nicht-rationales Denken hat. Gründe für stümperhaftes Handeln sind auch mangelhafte Informationen über ein Problem oder mangelhafte Fähigkeiten, Informationen zu verarbeiten, d.h. mit schon erlebten oder auch nur beschriebenen Informationen vergleichen zu können. Im Folgenden wird das gedankenlose Handeln (Stümpern) nicht als eigene Kategorie behandelt, sondern als Vorform oder auch als Mischform von rationalem und nicht-rationalem Handeln und Denken. Auch die Rolle von instinktivem Handeln bleibt weitgehend unberücksichtigt. Das nicht-rationale Denken wird ebenfalls nicht weiter aufgeschlüsselt. Es wird im Folgenden als nicht-rationales Denken oder magisches Denken bezeichnet.

Mit hierarchischem Denken (oder einer hierarchischen Denkweise) ist eine bestimmte Sichtweise auf die Welt und die Mitmenschen gemeint: Wer so denkt, ordnet andere Personen relativ zu sich selbst ein, als auf gleicher Höhe stehend oder über oder unter sich stehend. Diese Sicht- und Denkweise ist für ihn bzw. sie alternativlos: »Die Menschen sind nun mal so, und sie werden sich auch nicht ändern«. Dieses Weltbild hat entsprechendes Handeln zur Folge.

Aber gerade das Handeln von Menschen ist nicht immer realitätsgerecht, ja, manchmal zeigt sich, dass Menschen sogar in kritischen Situationen weniger realitätsgerecht handeln als viele Tiere. Menschen haben magisches Denken mit Vorstellungen über hilfreiche und bösartige Geister entwickelt, die ihre Entscheidungen beeinflussen. Tiere haben solches Denken nicht entwickelt. Hier könnte man einwenden, Tiere haben deshalb kein magisches Denken entwickelt, weil sie überhaupt kein Denken entwickelt haben. Denken sei an Sprache gebunden und Tiere hätten bekanntlich Sprache nicht entwickelt. Das ist zutreffend; sogar unsere nächsten Verwandten im Tierreich, die Menschenaffen, können nicht sprechen. Sie sind aus anatomischen Gründen dazu nicht in der Lage[1]. Allerdings wurden Orang-Utans, Gorilla und Schimpansen als Versuchstiere erfolgreich in der Taubstummensprache ASL (American Sign Language) unterrichtet.

> »Sie [ein Gorilla mit Namen Koko] verständigt sich in einer Zeichensprache und benutzt dabei ein Vokabular von mehr als eintausend Wörtern. Sie versteht auch gesprochenes Englisch [»Ihr passives Vokabular umfasst mehrere tausend gesprochene Worte.« (S. 96)] und führt oft ›zweisprachige Gespräche‹, indem sie auf Englisch gestellte Fragen mit Zeichensprache beantwortet.« (S. 94f.) Sie erfand selbständig eigene Zeichen: »Für ein Feuerzeug erfand Koko zum Beispiel die Bezeichnung ›Flasche-Streichholz‹, ein Zebra nannte sie ›weißer Tiger‹, und eine Maske nannte sie ›Augen-Hut‹.«[2] Die Sprachkenntnisse wurden an die Folgegeneration weitergegeben: »Zunächst wendete sie [Washoe, eine Schimpansin] sich Loulis [ihrem Adoptivsohn] zu, dann machte sie das Zeichen ›komm‹, ging daraufhin auf ihn zu und zog ihn an sich. Allmählich verzichtete sie auf das Heranziehen und ging dann auch nicht mehr auf ihn zu, und schließlich mußte sie sich ihm nur noch zuwenden und das Zeichen machen. ... Ein anderes Mal beobachteten wir sie dabei, wie sie einen Spielzeugstuhl vor Loulis stellte und ihm dabei das Zeichen für ›Stuhl/sitzen‹ zeigte.«[3]

1 Siehe »Zur Evolution von Sprache« S. 102f.

2 *Patterson, Gordon: Zur Verteidigung des Personenstatus von Gorillas,* 1994, S. 105

3 *Fouts, Fouts: Wie sich Schimpansen einer Zeichensprache bedienen,* 1994, S. 56

Beobachtet wurde auch, dass Versuchstiere der Orang-Utan, Gorillas und Schimpansen mit der Zeichensprache Selbstgespräche führten[1]. »In den sogenannten ›informativen Selbstgesprächen‹ erwähnen Schimpansen Dinge, die sie nicht in ihrer unmittelbaren Umgebung wahrnehmen.«[2] Selbstgespräche passen zu der Definition von Denken als probeweisem Handeln. Ich meine, das rechtfertigt, bei aller Vorsicht, die Anwendung der Begriffe »Denken« und »Denkweise« bei den großen Menschenaffen.

Zurück zur Argumentation, dass Menschen sogar in kritischen Situationen mitunter weniger realitätsgerecht handeln als viele Tiere. Ich möchte diese Behauptung an einem Beispiel erläutern: Ein Löwe, der eine Antilope anschleicht, um sie zu erbeuten, schätzt seine Fähigkeiten und die der Antilope so realitätsgerecht ein, wie es ihm möglich ist, und handelt dann. Die Antilope weidet so nah bei Löwen bzw. an unübersichtlichem Gelände, in dem ein Löwe sich versteckt halten könnte, wie sie nach ihrer Einschätzung der eigenen Fähigkeiten zur Flucht verantworten kann. Es ist einsehbar, dass bei beiden Tieren ein Jagdzauber, wie er weltweit jahrtausendelang bei uns Menschen üblich gewesen sein dürfte, den Erfolg – Beute bzw. Flucht – nicht günstig beeinflussen würde.

Jagdzauber gab es in großer Vielfalt. Jagdzauber vor der Jagd versprach einem Jäger an bestimmten Orten, zu bestimmten Zeiten und mit bestimmten Methoden Erfolg[3]. Erfolg meint

---

1 *Fouts, Fouts: Wie sich Schimpansen einer Zeichensprache bedienen,* 1994; *Patterson und Gordon: Zur Verteidigung des Personenstatus von Gorillas*, 1994; *Miles: Die Sprache der Orang-Utan: Die alte »Person« des Waldes,* 1994

2 *Fouts, Fouts: Wie sich Schimpansen einer Zeichensprache bedienen,* 1994, S. 61

3 »Ein deutscher Jäger steckt einen Sargnagel in die frische Spur des verfolgten Wildes in dem Glauben, dies würde das Tier am Entkommen hindern.« *Frazer: Der Goldene Zweig,* (1922) 1989, S. 64. In Westafrika wurde dafür ein spitzer Stock verwendet. Ebd. S. 64. »Unter den Galelaresen [Bewohner einer Insel westlich von Neu-Guinea] gilt der Grundsatz, daß man, bevor die Flinte zur Jagd geladen wird, die Kugel immer erst in den Mund nimmt, ehe man sie in den Flintenlauf steckt. Dadurch ißt man gewissermaßen das Wild, das die Kugel treffen soll, und diese kann dann ihr Ziel nicht verfehlen.« (S. 27) Von den Buschmännern in Südafrika heißt es: »Habe er von dem Fleisch

unter anderem, dass er auf ein Tier treffen und es erlegen wird, für das zur Zeit kein rituell bedingtes Speiseverbot besteht. Ein Löwe kann sich glücklich schätzen, dass er rituell bedingte Speiseverbote nicht kennt und sich nicht auf Grund einer Weissagung zur Jagd aufmacht. Beim Jagdzauber nach der Jagd, entschuldigte sich ein Jäger beispielsweise bei dem getöteten Tier dafür, dass er es getötet hat[1]. Schuldgefühle helfen dem Jäger nicht. Stellen sie sich zu früh ein, behindern sie ihn sogar. Es gibt bei vielen Völkern auch magische Rituale, die während der Jagd eingehalten werden müssen, sogar von denen, die an der Jagd gar nicht selbst beteiligt sind. Bei den Dayaks in Borneo ist bei einer Wildschweinjagd den im Lager Zurückgebliebenen untersagt, Wasser oder Öl zu berühren, weil befürchtet wird, dass den Jägern dann die Beute entgleitet[2]. Solche Vorsichtsmaßnahmen helfen den Jägern gewiss nicht. In vielen Kulturen war die Vorstellung verbreitet, dass ein Zauber, beispielsweise in Form eines Amuletts, einen Jäger oder Krieger vor Verletzungen schützt. Das führte zu einer unrealistischen Einschätzung von Gefahren. Für die Antilope in dem obigen Beispiel könnte der Glaube an einen solchen Zauber tödliche Folgen haben. Sie kann froh sein, dass sie nicht an die schützende Wirkung magischer Rituale glaubt. Alle diese Beobachtungen führen zu dem Schluss, dass ein Jagdzauber kontraproduktiv oder zumindest nutzlos ist. Vor Ort muss letztlich die zweckmäßigste Entscheidung getroffen werden. Das wäre strategisches Denken. Warum, muss man sich fragen, haben wir Menschen magische Techniken wie Jagdzauber entwickelt und weltweit jahrtausendelang angewandt[3]?

---

langsamer Tiere gegessen, dann werde auch das Wild träge sein, und er werde es einholen und erlegen.« (S. 720) Bei James George Frazer finden sich weit über hundert weitere Beispiele für Jagdzauber.

1 *Frazer: Der Goldene Zweig,* (1922) 1989, S. 718ff.

2 Ebd. S. 33

3 Auch in der Landwirtschaft gab und gibt es magische Praktiken. Ein drastisches Beispiel: »So opferten ... die alten Mexikaner, die den Mais als persönliches Wesen ansahen, das ein ganzes Leben von der Saat bis zur Ernte durchmacht, neugeborene Kinder, wenn der Mais gesät wurde, ältere, wenn er gekeimt hatte und so fort, bis er ganz reif war. Dann opferten sie alte

Um nicht missverstanden zu werden: Selbstverständlich gab es bei all den Völkern, die Jagdzauber anwandten, auch hoch entwickeltes realitätsgerechtes Beobachten und rationales Folgern, also realitätsgerechtes Denken[1]. Ohne eine große Fähigkeit, Spuren zu lesen und Speere anzufertigen, hätten unsere Ahnen nicht überlebt (und damit gäbe es uns nicht). Sie sind nicht auf gut Glück mal in diese, mal in jene Richtung gewandert, um vielleicht zufällig ein jagdbares Tier zu treffen. So hätten sie nicht überlebt. Mir kommt es hier auf die Feststellung an, dass unsere Ahnen ohne Jagdzauber und andere magische Techniken besser mit den Gegebenheiten in ihrer Umwelt zurechtgekommen wären.

Auch im heutigen Alltag lassen sich leicht Beispiele für nicht-realitätsgerechtes Denken und Handeln finden: Den Daumen für jemanden halten, der in einer schwierigen Situation ist, hilft nicht. Klopfen an Holz hilft nicht. Die Zahl dreizehn meiden, hilft auch nicht (in vielen Hotels gibt es ein Zimmer mit dieser Nummer nicht). Für den Nahrungserwerb, für das Überleben in einer komplexen (feindlichen) Umwelt – heute schließt das den Arbeitsplatz im Büro, an der Supermarktkasse und an der Werkbank ein – hilft nur realitätsgerechtes Denken und Handeln. Tiefer Glaube, Beschwörungen oder der Blick in die Sterne halten davon ab, die Welt zu sehen, wie sie ist. Das magische Denken erscheint – zumindest auf den ersten Blick – als Selektionsnachteil und daher erhebt sich die Frage, warum es entstanden ist und, falls das nicht vermeidbar war, warum es dann nicht längst verschwunden ist.

»Stuart Vyse zitiert in seinem Buch *Believing in Magic* [Der Glaube an Magie] eine Reihe von Umfragen aus den USA. Danach glauben weniger als 10% der Befragten *nicht* an übernatürliche Erscheinungen. In Deutschland fragt das Institut für Demoskopie seit 1973 regelmäßig nach der Bedeutung von guten und schlechten Vorzeichen. Die Studie umfasst 20 bekannte Omen wie vierblättrige Kleeblätter, Sternschnuppen, ... Hufeisen ... Bei der letzten Umfrage von 2005 maßen nur 32 % der Erwachsenen keinem der Vor-

---

Männer.« *Frazer: Der Goldene Zweig,* (1922) 1989, S. 553f. vgl. auch S. 628ff.

1 Siehe »Zum Gebrauch von ›Denken‹ und ›Denkweisen‹« S. 16

zeichen eine Bedeutung bei.«[1]

Bemerkenswerterweise findet die magische Denkweise wenig Beachtung, wenn allgemein »Denken« charakterisiert wird. Unter dem Schlagwort »Denken« findet man bei Wikipedia:

> »Das Denken steht immer unter dem Einfluss der beiden wichtigsten Motive des Menschen: dem Bedürfnis nach einem positiven Selbstbild und dem Bedürfnis nach einem realistischen Weltbild.«[2]

Ich meine, es besteht ein besonders starkes Bedürfnis nach einem Weltbild, in dem auch der jeweilige Glaube und Aberglaube seinen Platz hat – dann ist es allerdings nicht realistisch. Da Aberglaube und magisches Denken als nicht positiv gelten, ist der einfachste Weg zum positiven Selbstbild, bei sich selbst die Existenz von Aberglauben und magischem Denken zu leugnen. Die obige Aussage wird daher zutreffend, wenn man sie umformuliert: Wir haben das *Bedürfnis,* unser Weltbild als realistisch, als vernünftig zu *bezeichnen* – und zwar deshalb, weil wir das *Bedürfnis* nach einem positiven Selbstbild haben. Die Aussage des Philosophen Nicholas Rescher – die von vielen geteilt wird: »Der *Homo sapiens* ist ein rationales Lebewesen«[3] –, ist offensichtlich keine Tatsachenbeschreibung. Um es hart zu formulieren: Tiere handeln realitätsgerecht. Jede Abweichung davon ist ein Selektionsnachteil. Einzig der Mensch handelt und denkt – in vielen Situationen – irrational. Ist das für ihn kein Selektionsnachteil?

Oft liest man, die überwältigende Macht der Natur, der Anblick der (wärmenden oder sengenden) Sonne, die Erfahrungen mit Sturm, Steppenfeuern, den Gefahren der Nacht, Krankheit und Tod hätten unsere Vorfahren dazu geführt, (Natur-)Geister für diese Erfahrungen und Ereignisse verantwortlich zu machen. Die Menschen hätten Geister als Erklärung für sonst unerklärbare, bedrückende Phänomene erfunden, und

---

1 *Grüter: Magisches Denken,* 2010, S. 33

2 *Wikipedia, 2014: Denken.* Die Aussage bezieht sich auf: *Elliot Aronson, T. D. Wilson, R. M. Akert: Sozialpsychologie. Pearson Studium,* 4. Aufl., 2004, S. 16ff.

3 *Rescher: Warum sind wir nicht klüger?* 1994, S. 9

das hätte ihnen die Angst genommen[1]. Aber warum sollten unsere Vorfahren von all dem so beeindruckt gewesen sein, dass sie Geister zur Erklärung erfunden hätten, da sie doch vor dem Beginn der Menschheitsentwicklung genau diese Eindrücke realitätsgerecht verarbeitet hatten, nämlich ohne Geister dafür verantwortlich gemacht zu haben? Zumindest kann man das annehmen, denn es gibt keinen Hinweis, dass die mit uns eng verwandten Menschenaffen die Existenz von Geistern annehmen.

Offenbar ist die naheliegende Erklärung für die Evolution unseres Handelns, nämlich dass es Schritt für Schritt rationaler, realitätsgerechter, wurde, dass es unseren Vorfahren Schritt für Schritt besser gelang, die realen Verhältnisse für das eigenen Handeln einzuschätzen, zumindest mit einem Fragezeichen zu versehen, wenn nicht sogar als unzutreffend abzulehnen.

---

1 Das nahm beispielsweise Demokrit (460-370 v. Chr.) an und für Freud war das einer unter vielen Gründen für die Entwicklung religiöser Vorstellungen. *Freud: Die Zukunft einer Illusion,* (1927) 1960, S. 343

Magisches Denken bei Kindern

Kinder entwickeln animistische Vorstellungen, magisches Denken und Allmächtigkeitsfantasien. Das erscheint nachvollziehbar für die Zeit der vollständigen Abhängigkeit von fürsorgenden Personen und erscheint sinnvoll für eine vorläufige Ordnung ihrer Eindrücke von der Welt. Wenn Kinder älter werden, erfordert die Realität eine Einschränkung dieser Denkweise.

Nach Aussagen von Pädagogen und Psychologen entwickelt jedes Kind magisches Denken:

> »Alle Kinder leben im glücklichen Wahn der Allmacht«[1]. »Das Kind schreibt seinen Wünschen und Gedanken eine unbedingte, allmächtige Gewalt zu, die auf die Außenwelt verändernd einwirkt.«[2] »Die neuere Entwicklungspsychologie hat gezeigt, dass Beseelung bzw. Beseeltheit [ein animistisches Verständnis der Welt – S. B.] ein primäres Erlebnis der kindlichen Psyche ist, wohingegen die Abstraktion ›toter‹ Dinge von ›lebendigen‹ erst eine Leistung des herangewachsenen Menschen auf Grund des Lernens ist.«[3]

Wenn ein kleines Kind Hunger verspürt, schreit es. Ist es zu kalt oder zu warm oder hat es Leibschmerzen oder zu viel Sonnenschein im Gesicht, schreit es ebenfalls. In der Regel wird der Unlustempfindung dann durch einen Erwachsenen ein Ende bereitet. Faktisch ruft das Kind eine fürsorgende Person herbei, die das aktuelle Problem löst. Aus der Sicht des Kindes verschwindet die Ursache der Unlust einfach so. Erst später wird das Kind eine Person und ihre Tätigkeit dafür ausmachen. Das kleine Kind handelt zweifelsohne realitätsgerecht. Schreien ist nicht nur das beste, es ist das einzige zur Verfügung stehende Mittel, die eigenen Wünsche durchzusetzen und Gefahren abzuwehren, und zwar ohne dass diese Wünsche bzw. Gefahren spezifiziert werden müssen. Schwindet die

1 *Ferenczi: Entwicklungsstufen des Wirklichkeitssinnes,* (1913) 1970, S. 159

2 *Abraham: Psycho-Analytic Views on Some Characters of Early Infantile Thinking,* (1923) 1971, S. 192

3 *Wikipedia, 2014: Animismus*

Unlust, dann haben die Eltern die richtige Form der Abhilfe gefunden, dann folgt als Inbegriff der Zufriedenheit ein »seliges Lächeln wie ein satter Säugling« (Morgenstern), was den Eltern den Erfolg ihrer Bemühungen mitteilt.

Am Beginn der Kindheit ist Schreien noch nicht das Resultat von magischem Denken, aber das magische Denken entwickelt sich vermutlich daraus. Wenn mit Schreien die Unlust zuverlässig von dienstbaren Geistern abgestellt wird, dann ist die Entwicklung einer Allmachtsvorstellung naheliegend. Schließlich geht ja (fast) alles in Erfüllung: Nahrung gelangt in den Mund, wenn man den intensiven Wunsch danach verspürt. Die »Riesen« erscheinen, wenn man es will. Es ist naheliegend anzunehmen, dass das Schreien sich durch diese Erfahrung zur ersten magischen Technik entwickelt. Später folgt Lächeln, das zuverlässig freundliche Zuwendung bewirkt, und schließlich das gesprochene Wort. Für die Erfüllung von Wünschen und für das Ausbleiben einer Wunscherfüllung macht ein kleines Kind Personen und nicht leblose Gegenstände verantwortlich. Diese Erfahrungen veranlassen vermutlich ein Kind anzunehmen, dass alles um es herum zur Befriedigung seiner Wünsche da ist und ähnliche Eigenschaften wie die pflegenden Personen hat, also lebendig ist. Es scheint, kleine Kinder entwickeln magisches Denken und magische Techniken, weil in dieser Entwicklungsphase solches Denken und solche Techniken naheliegend und angemessen sind. Auch die Annahme, dass alles belebt ist, ist offenbar naheliegend.

Nach Sándor Ferenczis Beobachtungen werden die Wünsche eines Kindes oft bereits erfüllt bevor das Kind sich über seine Wünsche so richtig klar geworden ist. Aus Sicht des Kindes bewegt dann schon der Gedanke die Welt.

> »Die gedanklich gefassten Wünsche des Kindes sind ... noch so wenig zahlreich, und von verhältnismäßig so unkomplizierter Art, daß es der aufmerksamen, um das Wohl des Kindes besorgten Umgebung leicht gelingt, die meisten der Gedanken zu erraten. Die das Denken (besonders bei Kindern) immer noch begleitenden mimischen Äußerungen machen den Erwachsenen diese Art des Gedankenlesens besonders leicht. Und wenn gar das Kind seine

Wünsche in Worte faßt, so beeilt sich die Umgebung, sie womöglich sofort zu erfüllen. Das Kind aber dünkt sich dabei wirklich im Besitz zauberhafter Fähigkeiten, befindet sich also in einer Periode *der magischen Gedanken und der magischen Worte.*«[1]

Das Kind geht ganz selbstverständlich davon aus, dass seine Wünsche erfüllt werden: es bittet nicht, es fordert, es zeigt eine Anspruchshaltung. Ein Gefühl von Dankbarkeit entwickelt sich nicht. Dankbarkeit wäre realitätsgerecht. Wenn Kinder älter werden, halten die Eltern sie zu Dankbarkeit an. Bezeichnenderweise sagen Eltern zunächst oft: »Wie heißt das Zauberwort?«, wenn sie »bitte« hören wollen. Sie bestärken damit ein Kind in seinen magischen Vorstellungen. Das Wort »bitte« zaubert ja tatsächlich (häufig) das Gewünschte herbei. Kinder erfahren auf diese Weise, dass sie zwar von Erwachsenen abhängig sind, aber mit einem Zauberwort erreichen können, dass ein erwünschtes Objekt den Besitzer wechselt oder ein Tun stattfindet. Dass für Kinder das Wort »bitte« lange Zeit keine Bitte, sondern ein Zauberwort ist, kann man leicht an den Unmutsäußerungen eines Kindes erkennen, wenn das Aussprechen des Wortes »bitte« – z.B. im Supermarkt vor dem Süßigkeitenregal – auch bei lauter Wiederholung ohne Erfolg bleibt.

Nur in der frühen Kindheit ist magisches Denken realitätsgerecht. Wenn ein Kind älter wird, drängen die Erwachsenen darauf, dass es bestimmte magische Vorstellungen, heute z.B. bei der Überschätzung der eigenen Fähigkeiten im Straßenverkehr, durch realitätsgerechte Vorstellungen ersetzt. In den Büchern, die Kindern zur gleichen Zeit vorgelesen werden, haben Kinder und Erwachsene allerdings oft genau die unrealistisch große Macht über die belebte und unbelebte Natur, die in der Realität des Straßenverkehrs nicht zu haben so überaus gefährlich ist.

In den Erzählungen sind es gerade die Kleinen und Schwa-

---

1 *Ferenczi: Entwicklungsstufen des Wirklichkeitssinnes,* (1913) 1970, S. 158, kursiv im Original. Ferenczi weist an dieser Stelle auf *Die Traumdeutung* von Freud hin.

chen, die, zur Überraschung der Erwachsenen, große Kräfte und Fähigkeiten besitzen, zum Beispiel der kleine Asterix, in *Asterix und Obelix*. Asterix hat übermenschliche Kräfte durch einen Zaubertrank. Genau das erzählen wohl alle Eltern ihren Kindern, dass noch ein Schluck und noch ein Schluck aus der (Milch-)Flasche sie schließlich stark machen werden. In dem Märchen *Tischlein deck dich*, das die Gebrüder Grimm aufgezeichnet haben, verhilft die Magie zu Essen (»Tischlein deck' dich«), zu Wohlstand (»Esel streck' dich«) und zu Schutz vor Übergriffen (»Knüppel aus dem Sack«). Der jüngste Sohn – bezeichnender Weise ist es in fast allen Märchen der jüngste, also der schwächste und kleinste der Brüder, der die Probleme schließlich löst und mit dem sich daher kleine Kinder identifizieren können – erhält den Sack mit dem Knüppel. Dem Jüngsten gelingt es dann auch am Ende mit einem Ruf nach dem Knüppel den verlustig gegangenen Tisch und den Esel zurück zu erobern. Abwandlungen von »Knüppel aus dem Sack« sind sehr beliebte magische Vorstellungen bei Kindern, die ihre eigene Ohnmacht zu fühlen beginnen.

In der Welt der Comics werden Personen auf die brutalste Weise misshandelt, aber niemand leidet. Oft sind die Opfer lediglich eine Weile benommen – darauf beruht ein beträchtlicher Teil des Erfolgs von *Donald Duck* und *Asterix und Obelix*. Stirbt jemand, werden die Qualen nicht beschrieben, weder beim Tod der Hexe in *Hänsel und Gretel* noch beim Tod von Max und Moritz. Die Erwachsenen gehen ungerührt, ja mitunter heiter über all das hinweg, weil das alles ja »nur eine Geschichte« ist[1].

Offensichtlich ist, dass diese Sicht auf die Welt sich ändern muss, wenn aus Kindern Erwachsene werden (sollen).

---

1 Warum Erwachsene, in der Regel, so ungerührt dabei bleiben, wird noch diskutiert.

Zum Ursprung des magischen Denkens

Es scheint, dass auch die Kinder der Menschenaffen eine magische Denkweise entwickeln. Zu fragen bleibt, warum bei uns Menschen das magische Denken nicht mit dem Beginn des Erwachsenenlebens endet.

Das rationale Denken hat seinen Ursprung offenbar vor dem Beginn der eigentlichen Menschheitsentwicklung[1]. Wann könnte das magische Denken entstanden sein? Was wissen wir zu dieser Frage über unsere nächsten Verwandten im Tierreich?

Kinder von Menschenaffen wachsen in vieler Hinsicht ähnlich auf wie die der Menschen. Schreien und Wimmern ruft Hilfe herbei. Meist ist es die Mutter, die alle Probleme löst. Sie sorgt für Ernährung, Schutz und Wärme, ohne dass das Kind seine Wünsche konkret artikulieren muss. Das führt, wie immer wieder beschrieben wurde, bei den Kindern von Menschen und von Menschenaffen zu einem ungetrübten Selbstbewusstsein. Die Ähnlichkeit, mit der Kinder von Menschen und Menschenaffen ihre jeweiligen Mütter zu beeinflussen versuchen, ist verblüffend. Auch die Reaktionen der jeweiligen Mütter sind ähnlich.

> »Das [Schimpansen-] Junge bedrängt die Mutter mit Anzeichen der Trauer, etwa mit einem Schmollmund oder Wimmern und, wenn alles andere versagt, mit einem Wutausbruch, auf dessen Höhepunkt es vor Schreien fast keine Luft mehr bekommt oder der Mutter vor die Füße kotzt. ... In freier Wildbahn reagierte eine Mutter einmal auf so einen theatralischen Auftritt, indem sie mit ihrem Sohn in einen hohen Baum kletterte und scheinbar Anstalten machte, ihn herunterzuwerfen, wobei sie ihn im letzten Moment am Knöchel festhielt. Fünfzehn Sekunden lang hing der junge Affenmann kopfüber und schrie sich die Seele aus dem Leib, ehe die Mutter ihn wieder zu sich nahm. An diesem Tag gab es keine Wutausbrüche mehr.«[2]

Nicht nur Menschenkinder erfahren ihre oft schmerzhafte »Ab-

---

1 Vgl. S. 17

2 *de Waal: Der Affe in uns*, 2009, S. 202

hängigkeit« von Erwachsenen.

Die Kinder der großen Menschenaffen scheinen auch animistische Vorstellungen zu entwickeln:

> »Sie [Mary Lee Abshire] hatte festgestellt, daß spielende Schimpansen die Gegenstände, mit denen sie spielten, so behandelten als seien sie lebende Wesen. ... Auf einem Videofilm hatte sie Dart [ein junger Schimpanse] dabei aufgenommen, wie er beim Spiel mit einem Teddybär das Zeichen für ›Versteckspiel‹ machte. Sie bezeichnete diese Art der Vorstellung als ›Animation‹.«[1] »Ebenso wie menschliche Kinder zeigte Chantek [ein Orang-Utan] Anzeichen von Animismus, das heißt, er gab Gegenständen und Ereignissen Eigenschaften lebender Wesen. Obwohl keines dieser symbolischen Spielverhalten so ausgeprägt war wie bei den meisten menschlichen Kindern, bestand hier offenbar nur ein gradueller, aber kein grundsätzlicher Unterschied.«[2] »Ihre Gefährten beobachteten sie [Koko, ein fünf Jahre altes Gorillamädchen] dabei, wie sie zwischen zwei Gorillapuppen eine augenscheinlich von ihr erdachte Beziehung herstellen wollte. Sie machte das Zeichen ›schlecht, schlecht‹, während sie die eine Puppe anschaute, und ›Kuß‹, während sie die andere ansah. Dann machte sie die Zeichen ›jagen, kitzeln‹, stieß die beiden Puppen zusammen, balgte sich mit ihnen, und sagte ihnen in der Zeichensprache: ›Gut Gorilla, gut, gut.‹ Dann bemerkte sie, daß sie beobachtet wurde, und legte abrupt die Puppen beiseite.«[3] »Koko beweist ihre Kreativität oft durch phantasievolle Spiele. ... Dabei benutzt sie oft ihre aus Plastik hergestellten Spielzeugreptilien, und es geht darum, daß diese versuchen, sie zu ›beißen‹.« »Koko wurde mehrfach dabei beobachtet, wie sie aus den Händen ihrer Puppe Zeichen formte.«

Ähnlich wie die Kinder der Menschen scheinen auch die der Menschenaffen erste Kategorien für das Ordnen neuer Eindrücke zu entwickeln. Von Chantek, einem jungen Orang-Utan wird vom Beginn seiner Unterrichtung in der Zeichensprache berichtet:

> So verwendete er zum Beispiel das Zeichen ›Hund‹ für Hunde,

---

1 *Fouts, Fouts: Wie sich Schimpansen einer Zeichensprache bedienen,* 1994, S. 63

2 *Miles: Die Sprache der Orang-Utan: Die alte »Person« des Waldes,* 1994, S. 81f.

3 *Patterson, Gordon: Zur Verteidigung des Personenstatus von Gorillas,* 1994, S. 119, 112 und 97

> das Bild eines Hundes auf einem Bildschirm, Orang-Utans im Fernsehen, bellende Geräusche im Radio ... und das Motorengeräusch eines Hubschraubers, das offenbar wie das Bellen eines Hundes klang. Das Zeichen ›Käfer‹ bedeutete für Chantek auch Grillen, Küchenschaben, das Bild einer Küchenschabe, Wanzen, Schnecken, ... kleine braune Stücke Katzenfutter und kleinen Teile Kot.«[1]

Chantek hat offenbar alles, was klein ist und krabbeln kann in die Kategorie »Käfer« aufgenommen. Die Aufnahme kleiner unbelebter Objekte, wie Stücke von Katzenfutter und Kot, in die gleiche Kategorie, weist darauf hin, dass ihm die Grenzziehung zwischen belebt und unbelebt noch nicht recht gelingt – wie es auch kleinen Menschenkindern in dem Alter noch nicht gelingt.

Alle diese Beobachtungen passen zu dem schon angeführten Zitat von Lyn White Miles: »Obwohl keines dieser symbolischen Spielverhalten so ausgeprägt war wie bei den meisten menschlichen Kindern, bestand hier offenbar nur ein gradueller, aber kein grundsätzlicher Unterschied.«[2] Es scheint, magisches Denken hat vor der eigentlichen Menschheitsentwicklung seinen Anfang genommen.

Wenn die Kinder der Menschenaffen älter werden müssen sie die ursprünglichen Techniken für ihre Daseinsvorsorge – jammern, bitten, fordern – zunehmend einschränken, so wie auch Menschenkinder das müssen. Bei erwachsenen Menschenaffen in freier Wildbahn wurde nach meiner Kenntnis bisher kein Hinweis auf magisches Denken beobachtet, das dem von Menschen in dieser Lebensphase ähnlich ist. Es scheint, dass die magische Denkweise nach der Zeit des kindlichen Spielens bei ihnen verschwunden ist. Sind wir Menschen, im Vergleich zu Menschenaffen, kindlich geblieben?

---

1 *Miles: Die Sprache der Orang-Utan: Die alte »Person« des Waldes*, 1994, S. 79

2 Ebd. S. 81f.

3 Tabus, Gebote und magisches Denken

Regeln des Zusammenlebens und ihre Durchsetzung

In allen Kulturen müssen Jugendliche die Regeln des Zusammenlebens erlernen, bevor sie als Erwachsene das gesellschaftliche Leben mitbestimmen (dürfen). In vielen Kulturen werden die Kinder und Jugendliche geradezu traumatisiert, um die Befolgung der wichtigsten sozialen Regeln bei ihnen durchzusetzen.

Zentrale Tabus und Gebote

Menschen und Schimpansen ist gemeinsam, dass die Jugendlichen die Regeln des Zusammenlebens erlernen müssen, bevor sie als Erwachsene akzeptiert werden. Jane Goodall bezeichnet die Übergangszeit zwischen Kindheit und Erwachsenheit bei Schimpansen als Lehrzeit[1]. Die jungen Männchen werden massiv eingeschüchtert, sie werden nicht zur sozialen Fellpflege zugelassen und sie dürfen sich nicht den Weibchen nähern. Diese Phase kann Jahre dauern. Anders als die jungen Männchen bleiben die jungen Weibchen nicht in ihrer Geburtshorde. Sie wandern mit Beginn der Geschlechtsreife aus freien Stücken aus. Unter den erwachsenen Tieren herrscht weitgehend Frieden, nur ein Vorgang fällt heraus: das Oberhaupt der Gruppe, das Alphamännchen, wird brutal gestürzt, wenn seine Kräfte nachlassen. Dann wird es vertrieben. In der Regel überlebt es die Entmachtung nur kurze Zeit.

1 *Goodall: Wilde Schimpansen*, 1975, S. 146ff.

Exkurs 3: Zur Verbreitung der Tabus und Gebote

Nach Alfred W. Howitt sollen bei den Kurnai (Aborigines) Novizen, das sind Jungen auf dem Weg ins Erwachsenenleben, von nun an: 1. den alten Männern zuhören und ihnen gehorchen. 2. alles, was sie haben, mit ihren Freunden teilen. 3. friedlich mit ihren Freunden zusammenleben. 4. keinen Geschlechtsverkehr mit Mädchen oder verheirateten Frauen anstreben. 5. den Speiseverboten Folge leisten, bis sie von den alten Männern aufgehoben werden (*Howitt: The native tribes of south-east Australia,* (1904) 2010, S. 633). An anderer Stelle von Howitts Aufzeichnungen heißt die 4. Regel: Einem Novizen ist es verboten, sexuelle Kontakte zu Frauen aufzunehmen, die mit ihm verwandt sind (Ebd. S. 639). Diese Gebote gelten nach Howitt für alle von ihm untersuchten Stämme. Howitt führt noch einige aus der Unmenge der z.T. sehr befremdlichen Gebote an, wie: Ein Novize darf nicht die rechte Hand benutzen, bis es ihm ausdrücklich erlaubt wird, und: Ein Novize muss verhindern, dass auf ihn der Schatten einer Frau fällt.

Auf der Basis von damals zugänglichen Quellen über indigene Völker, über gegenwärtige Kulturen und über psychische Erkrankungen hat Freud die allgemeine Folgerung gezogen: »Die ältesten und wichtigsten Tabuverbote sind die beiden Grundgesetze des Totemismus: Das Totemtier [gemeint ist der Vater – S. B.] nicht zu töten und den sexuellen Verkehr mit den Totemgenossen des anderen Geschlechts zu vermeiden.« (*Freud: Totem* und *Tabu,* (1912-1913) 1960, S. 42)

Im *Alten Testament* (Lev 19, 32) steht: »Vor einem grauen Haupt sollst Du aufstehen und die Alten ehren.« Auch im Ägyptischen Totenbuch (um 1500 vor unserer Zeitrechnung) steht die Verehrung der Götter und Eltern an vorderster Stelle, alles Andere ist nachrangig: »1. Die Götter verehren. 2. Vater und Mutter ehren. 3. Nicht töten. 4. Nicht stehlen. 5. Kein sonstiges Unrecht begehen.« (*Wikipedia: 10* Gebote)

Bei den Berg-Arapesh reicht die Verehrung der alten Männer über deren Tod hinaus. Ihre Gebeine werden einige Wochen nach der Beerdigung wieder ausgegraben und »für schutzgewährende Magie verwandt« (*Mead: Jugend und Sexualität in primitiven Gesellschaften,* (1935) 1970, S. 138). Die Parallele zur Verehrung von Reliquien in Westeuropa ist auffällig.

John Heckenwelder, der vierzig Jahre mit nordamerikanischen Indianern zusammenlebte, schrieb, dass Kindern als erste und wichtigste Belehrung beigebracht wird (»this first and most important lesson«), die Alten zu ehren (*Heckenwelder:* History, *Manners and Customs of the Indian Nations,* (1819) 1876, S. 114f.). Erst danach bringen Eltern ihren Kindern die Unterscheidung von gut und böse bei (S. 115). Das Alter bestimmt den Rang bei ihnen, und Weisheit verleiht Macht (»age confers rank, wisdom gives power«) (S. 117). Heckenwelder ist der Überzeugung, dass es keine Nation auf Erden gibt, die einen größeren Respekt vor dem Alter hat als die amerikanischen Indianer (S. 163). Wer das Alter nicht ehrt, wird den Zorn des Großen Geistes auf sich ziehen (S. 163).

Raif Badawi aus Saudi Arabien schreibt über den Islam: »Wer die arabische Gesellschaft beobachtet, dem wird sich auf spektakuläre Weise zeigen, wie diese unter der Last der Theokratie ächzt, stöhnt und leidet, deren Kleriker nichts als den Satz ›Ich höre und gehorche‹ hören wollen.« (*Badawi:1000 Peitschenhiebe, weil ich sage, was ich denke,* 2015, S. 30)

In vielen Kulturen müssen die alten Frauen ebenfalls respektiert werden. Ein Matriarchat, in dem eine (Ehe-)Frau bei allen Familienangelegenheiten das letzte Wort hat und eine Ratsversammlung alter Frauen die Belange der Gemeinschaft regelt, wurde bisher nicht überzeugend nachgewiesen. Hohes Ansehen genießen alte Frauen aber beispielsweise bei den BaTonga (Afrika). Eine Frau sucht dort für den Sohn ihres Bruders (nicht für den eigenen Sohn) die Heiratspartnerin aus. Er muss gehorchen und darf nicht einmal die Stimme dagegen erheben (*Radcliffe-Brown: Structure and function in primitive society,* 1965, S. 17).

Zum Inzesttabu: Alfred Kroeber schrieb: »Wenn man heutzutage [1939 – S. B.] zehn Anthropologen aufforderte, eine universale menschliche Institution zu benennen, würden wahrscheinlich neun von ihnen das Inzestverbot angeben, gelegentlich wurde es sogar ausdrücklich als die einzige universale Institution bezeichnet.« (*Kroeber: Totem und Tabu im Rückblick,* (1939) 2012, S. 27)

Das ist bei Menschen anders: Das Oberhaupt der Gemeinschaft bzw. der Familie wird in der Regel nicht brutal gestürzt. Freud hat die Scheu vor dieser Revolte durch das Tabu, das Totemtier zu töten[1], erklärt – wobei mit dem Totemtier der Vater gemeint ist. Alfred W. Howitt berichtet von Aborigines in Australien, dass das zentrale Gebot, auf das die Jugendlichen bei ihrer

1 *Freud: Totem und Tabu,* (1912-1913) 1960, S. 42

Initiation eingeschworen werden, heißt[1]: »den alten Männern zuhören und ihnen gehorchen«.

Wenn man sich die unterschiedlichen Gesellschaften auf der Welt ansieht, wird man feststellen, dass dieses Tabu (das Totemtier zu töten) und das Gebot (den alten Männern zuhören und ihnen gehorchen) universal sind. Daraus kann man schließen, dass die Einhaltung des Tabus beziehungsweise des Gebots für eine Population einen Selektionsvorteil darstellte. Allerdings sind die Forderungen des Tabus und des Gebots nicht identisch. Das Tabu bezieht sich auf die (Groß-)Familie. Die Forderungen des Gebots beziehen sich auf größere Zusammenschlüsse. Das Gebot ist umfassender als das Tabu.

Das zweite der beiden von Freud als zentral bezeichneten Tabus ist das Inzesttabu. Es ist ebenso universal wie das erste[2]. Die Universalität weist darauf hin, dass seine Einhaltung ein Selektionsvorteil war. Auch dieses Tabu ist für Schimpansen ohne Bedeutung, sie müssen es nicht lernen, sie halten es instinktiv ein: die jungen Weibchen wandern mit der Geschlechtsreife aus.

Initiationsrituale

In jeder menschlichen Gesellschaft werden die Kinder von Erwachsenen darüber unterrichtet, dass die Alten zu achten sind, dass man sich nicht gegen sie auflehnen darf. Sie müssen lernen, wen man heiraten darf und wen nicht. Dafür müssen sie lernen, wer mit wem verwandt ist. Die Strafandrohungen bei einem Bruch der Tabus, Gebote oder sozialen Regeln müssen so unmissverständlich und glaubhaft den Jugendlichen mitgeteilt werden, dass sie das ganze Leben halten, oder die Androhungen müssen zeitlebens wiederholt werden. Später, wenn die Jugendlichen selbst Erwachsene sind, müssen sie in der Lage und willens sein, ihrerseits den Nachgeborenen, diese Regeln weiterzugeben, und sie müssen ihrerseits bei den Nachwachsenden die Einhaltung der Regeln durch Ermahnungen,

1 Siehe »Zur Verbreitung von Tabus und Geboten«, S. 32f.

2 Ebd.

Drohungen und Strafen erreichen.

Bei der Einführung der Tabus und Gebote muss der psychische Apparat entweder schon soweit entwickelt gewesen sein, dass die Einschüchterung der Jugendlichen nicht nur ein Leben lang anhält, sondern dass die Einschüchterung auch an die nächste Generation weitergegeben wird, oder es hat sich – unter dem Selektionsdruck, die Tabus und Gebote durchzusetzen, weil ihre Durchsetzung einen bedeutenden Selektionsvorteil bietet – ein psychischer Apparat mit den erforderlichen Eigenschaften in Ergänzung vorhandener Strukturen herausgebildet.

Wenden wir uns zunächst den Strategien zur Durchsetzung der sozialen Regeln in unterschiedlichen Kulturen zu. Nach John Dewey droht eine Gemeinschaft zu zerbrechen, wenn die sozialen Regeln erst im Falle eines Verstoßes ausgesprochen und angewandt werden[1]. Er folgert daraus, dass bei Naturvölkern die sozialen Regeln notwendigerweise den neuen Mitgliedern, d.h. den Jugendlichen, bei der Aufnahme in die Gemeinschaft der Gleichberechtigten unmissverständlich mitgeteilt werden müssen. Die Regeln müssen zudem, seiner Ansicht nach, notwendigerweise unumstößlich und nicht kritisierbar sein.

Bei den Aborigines im südöstlichen Australien werden den (männlichen) Jugendlichen (Novizen) die Regeln des Zusammenlebens in Initiationsriten beigebracht. Im ersten Teil des Rituals werden ihnen die sozialen Regeln erzählt, und die Strafen bei einem Vergehen werden ihnen glaubhaft mitgeteilt; im zweiten Teil wird geprüft, ob der Unterricht gefruchtet hat.

Das Ritual ist grausam. Bemerkenswert ist, dass grausame Initiationsrituale in vielen Regionen der Welt praktiziert wurden und zum Teil noch werden. Die Grausamkeit kann daher nicht zufriedenstellend mit Sadismus oder mit einer Entgleisung in einer Kultur der »Wilden« erklärt werden. Es ist vielmehr zu vermuten, dass sie eine gesellschaftliche Funktion hatte bzw. hat. Ob das zutreffend ist, kann man nur herausfinden, wenn man sich mit den Ritualen im Detail beschäftigt. Da

1 *Dewey*: *Some Stages of Logical Thought*, (1900) 1916, S. 189f.

solche Rituale weltweit anzutreffen sind, ist zu vermuten, dass sie auch in Vorläufern der »Kulturnationen« existierten. Wenn das zutreffend ist, stellt sich die Frage, ob Reste solcher Rituale in gegenwärtigen Kulturen nachzuweisen sind. Solche Reste – und ihre möglicherweise vorhandenen heutigen gesellschaftlichen Funktionen – lassen sich, denke ich, ebenfalls nur entdecken, wenn man sich den Ritualen der »Wilden« in Detail zuwendet.

Howitt berichtet, dass die Novizen der Aborigines bei der Unterrichtung nicht reden, keine Miene verziehen und kein Erstaunen zeigen dürfen. Die Zeremonie soll sie so stark beeindrucken und erschrecken, dass die Lehren das ganze zukünftige Leben bestimmen[1]. Zu Beginn der Zeremonie werden die Novizen in vielen Stämmen am offenen Feuer nahezu geröstet, das müssen sie ohne Regung hinnehmen. Weit verbreitet ist auch, dass den Novizen ein Zahn ausgeschlagen wird. Der gewollt zugefügte Schmerz soll die Ernsthaftigkeit der Unterrichtung bekräftigen. Später zeigt die Zahnlücke an, dass der Unterricht erfolgreich abgeschlossen wurde.

Die Novizen hören während der Initiation zum ersten Mal in ihrem Leben die Legenden des Stammes. Sie erfahren, dass Schamanen[2] Gegenstände über große Distanzen hinweg bewegen können, dass sie Krankheiten heilen und erzeugen, Wind und Regen beherrschen und durch Magie töten können. Die Novizen werden gewarnt, dass sie das Gehörte und Gesehene bei Todesstrafe nie Kindern oder Frauen erzählen dürfen. (Das zeigt, dass die Mädchen im entsprechenden Alter anders behandelt werden als die Jungen.)

Auf den ersten Teil der Initiationszeremonie, der mehrere Tage dauern kann, folgt bei den Stämmen im südöstlichen Au-

1 »The ceremonies are intended to impress and terrify the boys in such a manner, that the lesson may be indelible, and may govern the whole of his future life.« *Howitt: The native tribes of south-east Australia,* (1904) 2010, S. 532

2 Howitt verwendet den Ausdruck medicine-man, andere Autoren sprechen von Magier, Zauberer oder Schamane. Im Folgenden wird der Ausdruck Schamane verwendet, auch wenn der Ausdruck in einigen Fällen, strenggenommen, nicht zutreffend ist.

stralien unmittelbar der zweite Teil des Rituals, in dem die Novizen für Wochen, in manchen Stämmen für mehr als ein Jahr, in den Busch geschickt werden. Sie müssen sich allein ernähren und dabei Speiseverbote einhalten. Die sind so drastisch, dass sie im Anblick von ausreichender Nahrung Hunger leiden. In unregelmäßigen Abständen werden sie von ihren Betreuern besucht, die prüfen, ob sie die Verbote einhalten. Frauen dürfen sie in der Zeit nicht einmal ansehen. In das Lager dürfen sie nicht zurück. Erst wenn die alten Männer die Überzeugung haben, dass der Wille der Novizen gebrochen ist, dass die Novizen sich vorbehaltlos unterordnen und damit die Gewähr bieten, die Regeln des sozialen Zusammenleben auch ohne direkte Kontrolle einzuhalten, werden sie wieder aufgenommen[1]. Heiraten dürfen sie in der Regel erst Jahre später.

Das wichtigste Ziel der Zeremonie ist, bei den Novizen das Gebot, »den alten Männern zuhören und ihnen gehorchen«, durchzusetzen. Jegliches Infragestellen dieser Vorherrschaft, geschweige denn ein Aufbegehren dagegen, wird geahndet. Die Erwachsenen strafen, wenn sie ein Vergehen entdecken. Vergehen im Verborgenen »sieht« der Schamane (oder ein Geist, mit dem ein Schamane in Kontakt ist). Der Schamane straft mit Hilfe magischer Kräfte. Nichts entgeht ihm – angeblich.

Von besonderer Bedeutung erscheint mir, dass die Novizen den Sinn der Prüfungen und Torturen, die sie über sich ergehen lassen müssen, nicht erkennen. Beispielsweise wurde bei dem Stamm der Turrbal ein Junge getötet, falls er während der Zeremonie (im ersten Teil) spricht. Der Kopf der Jungen ist durch ein Fell verhüllt. Die Männer erzählen den Jungen, dass ihre Mutter sie ruft. Wer versucht, unter dem Fell hervorzuschauen, wird ebenfalls getötet. Es ist offensichtlich, dass diese Unterrichtung für das zukünftige Leben als Jäger und Sammler

1 *Howitt: The native tribes of south-east Australia,* (1904) 2010, S. 637. Die Textstelle lautet: »In short, they must remain away gaining their own living, learning lessons of self-control, and being instructed in the manly duties of the Kurnai, until the old men are satisfied that they are sufficiently broken in to obedience, and may be trusted to return to the community.«

ohne Nutzen ist. Gehorchen wird gefordert und sonst nichts. Es scheint, dass nur, wer sich fraglos den Anweisungen unterordnet, die Gewähr dafür bietet, auch im späteren Leben sich den »alten Männern« bedingungslos unterzuordnen. Unsinnig erscheinende Prüfungen und Schikanen, begleitet von glaubhaften Drohungen, werden von den Aborigines offenbar für zielführender angesehen als das geduldige Erklären sozialer Notwendigkeiten.

Zu Beginn einer Initiationszeremonie wählt die Versammlung derjenigen Horden, die eine Heiratsgemeinschaft bilden (das sind die Gemeinschaften, zwischen denen Frauen verheiratet werden), gemeinsam die Jugendlichen aus, die initiiert werden sollen. Diese Maßnahme verhindert, dass der Zeitpunkt der Weitergabe der Regeln des Zusammenlebens verpasst wird. Während der Initiation betreuen die Männer der einen Gruppe die Jungen der anderen Gruppe. Sie betreuen und kontrollieren den, der später einmal eine ihrer Töchter heiraten soll. Ein »richtig« initiierter Ehemann bietet die beste Garantie für die korrekte Weitergabe der sozialen Regeln an die nächste Generation.

In vielen Stämmen der Aborigines ist die Initiation kein einmaliger Akt, sondern wird in Stufen durchgeführt[1]. Dabei werden die zu Initiierenden oft ohne Vorwarnung regelrecht überfallen. Dann folgt, je nach Alter und Stamm, eine Beschneidung (Circumcision), eine teilweise Spaltung der Harnröhre (Subincision), das Ausreißen aller Bart- und Körperhaare, schrittweises Absengen der Kopfhaare und das Beibringen tiefer Hautverletzungen auf Brust und Rücken. In der Regel, so berichtet Howitt, werden die Verletzungen so durchgeführt, dass der Novize nicht erkennen kann, wer ihm die Schmerzen zufügt. Oft ist es ein Mann aus einer benachbarten Gemeinschaft. Auf diese Weise kann nach der Initiation Friede zwischen den Männern der eigenen Gruppe und besonders zwischen Vätern und Söhnen herrschen. Jeweils im Anschluss an eine dieser Prozeduren bleiben die Novizen für Monate allein im Busch

---

1 *Howitt: The native tribes of south-east Australia,* (1904) 2010, S. 643ff.

und müssen dabei Speiseverbote einhalten.

Die Maßnahmen zur Durchsetzung der Unterordnung sind äußerst hart und man könnte den Eindruck gewinnen, dass je brutaler die Maßnahmen sind, desto größer der Erfolg ist. Aus umfangreichen weltweiten Studien über heutige Erziehungsmaßnahmen ist allerdings bestens bekannt, dass dem nicht so ist. Schon der Volksmund weiß, dass übermäßiges Schlagen in der Kindheit eher zu einem verschlagenen Charakter führt als zu einem wertvollen Mitglied der Gemeinschaft. Die Aborigines, und auch die Menschen in anderen Kulturen mit brutalen Initiationsriten, konnten sich deshalb nicht allein auf harte Maßnahmen zur Durchsetzung ihrer Ziele verlassen. Ein weiteres wichtiges Element in der Erziehung und auch im Leben der Erwachsenen war und ist Magie. Im Leben dieser Menschen spielen Schamanen, legendäre Ahnen oder Geister eine sehr wichtige Rolle. Der Schamane hat Macht über jeden.

Bei den Initiationsriten der Xhosa in Südafrika geht es ähnlich zu wie bei den Aborigines. Magische Vorstellungen und drastische Einschüchterungen spielen eine große Rolle, Details der Riten werden geheim gehalten. Thomas Scheen berichtet folgendes[1]:

> »Einen Monat verbringen die Jungen im Alter zwischen sechzehn und zwanzig Jahren im Winter in improvisierten Lagern in den Bergen. In der Kälte gelten für die Gruppen von bis zu 25 jungen Männern strenge Regeln. Sie müssen fasten, Speisen mit Salz und Öl sind verboten. Nach einer Woche Einsamkeit taucht der Ingcibi auf, der Beschneider. Er trennt die Vorhaut ab und behandelt die Wunde ... Die Igcibi ... verweigern den Jugendlichen Wasser und Nahrung, weil sie der Ansicht sind, dass Ulwaluko [die Beschneidung – S. B.] in erster Linie ein Test der Leidensfähigkeit zu sein hat. 885 Tote waren in den vergangenen zehn Jahren [2004-2014 – S. B.] zu beklagen. Gestorben sind die Männer an Infektionen, Wassermangel, Unterernährung und Schock. Allein in diesem Jahr [2014 – S. B.] kamen bislang 78 junge Männer ums Leben. Die Zahl der Verstümmelten soll doppelt so hoch sein.«

---

1 *Scheen: Beschneidung, grausame Mutprobe in den Bergen,* 2014

Bei den Xhosa durfte (darf?) ein Mann, der nicht beschnitten ist, nicht heiraten, er konnte nichts erben, er galt nicht als vollwertiges Mitglied der Gesellschaft. Es ist daher verständlich, dass die Jugendlichen sich den Prozeduren unterwarfen und bis heute unterwerfen.

Die hohe Todesrate bei der Beschneidung ist nicht das Resultat von Unwissenheit: Die Beschneider »verweigern den Jugendlichen Wasser und Nahrung, weil ... [die Beschneidung] in erster Linie ein Test der Leidensfähigkeit zu sein hat«. Diese Feststellung wird von anderer Seite bestätigt: die »weniger schmerzhafte medizinische Beschneidung [wird] oft nicht anerkannt«[1]. Offensichtlich ist es nicht vordringlich wichtig, beschnitten zu sein, entscheidend ist, die Prozedur der rituellen Beschneidung im Busch überstanden zu haben. Unterordnung zu erreichen, ist offenbar das Ziel, Beschneidung ist nur das Mittel dazu. Nicht nur die Entbehrungen während der Initiation, sondern auch die vielen Todesfälle und Kastrationen sind offenbar erwünscht, denn viele der Todesfälle wären vermeidbar, wenn der Wunsch dazu vorhanden wäre. Die Xhosa haben eine hoch entwickelte Heilkunst. »Mehr als 3.000 [Pflanzen] setzen Heiler als Medizin ein.«[2] Daraus kann gefolgert werden, dass die Prozedur der Initiation mit Beschneidung als Höhepunkt traumatisch wirken soll, sie soll Opfer fordern.

Es ist offensichtlich, wer sich nicht unterordnet oder Zweifel an der Unterordnung erweckt, wird an der Reproduktion gehindert; denn wer nicht beschnitten ist, darf nicht heiraten, und wer an der Notwendigkeit der Unterordnung zweifelt, wird vom Beschneider sicher nicht bevorzugt behandelt. Das Risiko eines Zweiflers, kastriert zu werden oder sogar zu sterben, ist hoch. Zwei Ziele werden so erreicht:

Erstens, die sozialen Regeln der Gemeinschaft werden eingehalten und unverändert tradiert, weil die, die sich unterge-

---

1 http://www.beschneidung-von-jungen.de/home/maennliche-und-weibliche-beschneidung/ein-unzulaessiger-vergleich.html

2 *Morgenrath: Traditionelle Medizin in Südafrika,* 27.11.2007, SWR2 Wissen. Und: *Wikipedia, 2016: Uzara*

ordnet haben, dazu tendieren den Nachwachsenden die Schmerzen und Erniedrigungen nicht zu ersparen (»Schläge haben uns doch auch nicht geschadet« und, unausgesprochen, gefolgt von: »Seht, was für eine wertvolles Mitglied der Gemeinschaft aus mir geworden ist«)[1]. Zweitens, die Maßnahmen zur Weitergabe der Regeln werden mit der Zeit effizienter, weil die Prozedur eine sehr direkte Form der Selektion auf die vererbbaren Grundlagen all der Eigenschaften ist, die Unterordnung erleichtern.

Bei den Berg-Arapesh und benachbarten Stämmen werden die Novizen für einige Monate von den Frauen und Kindern getrennt. Sie werden beschnitten, laufen Spießruten durch eine Doppelreihe von Männern, die mit Brennnesseln auf sie einschlagen, müssen eine Blutmalzeit aus dem Blut der alten Männer trinken usw. Danach müssen die Novizen für etwa ein Jahr bestimmte Tabus, einschließlich Speiseverbote, beachten. Brechen sie eines der Tabus, müssen sie sich selbst bestrafen; außerdem wird ihnen gesagt, dass ein Novize, der Regeln bricht, »kein starker Mann werden [kann], der würdig ist, Vater von Kindern zu sein«[2]. Frauen und Kinder dürfen unter keinen Umständen in Details der Riten eingeweiht werden. Den Novizen der Küstenstämme wird gesagt, sie würden, falls sie Details verraten, an einem Baum aufgehängt und ihr Bauch würde aufgeschlitzt werden.

---

1 Ich denke, man kann Bischof Tutu zum Kreis der solcherart Geschädigten zählen: »Im Januar 2014 hob Bischof Desmond Tutu die kulturelle Bedeutung des Beschneidungsrituals als Erziehungsmaßnahme heraus, sie könne zur Bildung einer besseren Gesellschaft für alle beitragen.« *Wikipedia, 2016: Ulwaluko.* Vorbild für diese Einstellung könnten Textstellen im Alten Testament sein, wie *1. Mos. 17, 14*: »Und wo ein Mannsbild nicht wird beschnitten an seiner Vorhaut seines Fleisches, des Seele soll ausgerottet werden aus seinem Volk, darum daß er meinen Bund unterlassen hat.« Passend dazu: »Israel 2013. Ein Rabbinatsgericht verurteilt die Mutter, die ihren Sohn nicht beschneiden lassen will, zu einer Strafe von 140 $ täglich (!), die sich erhöht, bis sie ihren Sohn am Genital verstümmelt. Die mutige Frau ... will standhaft bleiben.« Edward von Roy: https://zottelhexe.wordpress.com/2014/02/. und: http://www.beyondthebris.com/2013/12/ethical-issues-in-israels-bizarre.html

2 *Mead: Jugend und Sexualität in primitiven Gesellschaften*, Bd. 3 (1935) 1970, S. 70ff.

Bei den Andamanern (ein Jäger-und-Sammler-Volk) werden während der Initiationszeremonie den Mädchen und den Jungen tiefe Hautverletzungen beigebracht. Sie müssen Speiseverbote beachten, leiden Hunger und Durst und werden am Schlafen gehindert[1]. Auch bei den Aché in Paraguay (ebenfalls ein Jäger-und-Sammler-Volk) werden den Jungen und Mädchen während der Initiation Hautverletzungen beigebracht. Den Jungen wird außerdem die Unterlippe durchbohrt, dann wird ihnen ein Lippenpflock eingesetzt. Das ist schmerzhaft und hinderlich. Ein Hinweis darauf, dass diese Prozedur primär Unterordnung erzwingen soll, kann der Beobachtung entnommen werden, dass der Lippenpflock nur von jungen Männern getragen wird[2]. In beiden Kulturen müssen die schmerzhaften Maßnahmen während der Initiation so und nicht anders durchgeführt werden, weil die legendären Ahnen, die Geister oder die Schamanen das so verlangen. Magisches Denken und magische Praktiken spielen in Leben der Menschen beider Kulturen eine zentrale Rolle.

Bei den Mädchen ist die Erzwingung der Unterordnung unter das zentrale Gebot in der Regel ebenfalls brutal, auf magische Praktiken wird allerdings weitgehend verzichtet. Margaret Mead berichtet, dass ein Mädchen der Berg-Arapesh in Neu-Guinea, sich selbst bei der ersten Menstruation ein großes Nesselblatt in die Scheide schieben musste. Das Mädchen wird auch mit Brennnesseln am ganzen Körper abgerieben. Drei Tage darf ein Mädchen weder essen noch trinken.

> »Am dritten Tag verläßt es die Hütte und stellt sich an einen Baum, während der Bruder seiner Mutter an den Schultern und Schenkeln des Körpers dekorative Schnitte anbringt.«[3]

Das Fasten soll möglichst sechs Tage dauern, aber wenn das Mädchen zu schwach ist und zu sterben droht, wird die Proze-

---

1 *Radcliffe-Brown: The Andaman islanders: a study in social anthropology,* 1922, S. 91ff. »Die Andamanen sind eine zum indischen Unionsterritorium Andamanen und Nikobaren gehörende Gruppe aus 204 Inseln in der Andamanensee.« *Wikipedia, 2016: Andamenen*

2 *Wikipedia, 2016: Aché*

3 *Mead: Jugend und Sexualität in primitiven Gesellschaften,* Bd. 3 (1935) 1970, S. 97

dur verkürzt. Die Schmerzen durch das Nesselblatt erinnern das Mädchen zeitlebens daran, dass sexuelles Verhalten bestimmten (Selbst-)Beschränkungen unterliegen soll. Dem Mädchen wird klar gemacht, dass die Erwachsenen, besonders die Männer der Gemeinschaft, das Sagen haben. Die »dekorativen Schnitte« zeigen zudem, dass das Mädchen nunmehr heiratsfähig ist und sie zeigen auch, zu welchem Clan es gehört. Auch für Frauen der Berg-Arapesh gilt offenbar: »den alten Männern zuhören und ihnen gehorchen«.

Bei den Aborigines ist nach Howitt die Initiation der Mädchen ebenfalls brutal. Sie demonstriert die Vorherrschaft der (alten) Männer sehr direkt, ohne Magie zu bemühen: Wenn die Mädchen geschlechtsreif werden, dann werden sie rituell von mehreren erwachsenen Männer vergewaltigt – ohne Vorwarnung. Die erwachsenen Frauen der Horde wissen davon, sie sind anwesend[1]. Baldwin Spencer und Francis James Gillen berichten Ähnliches von zentralaustralischen Stämmen. Bei den Arunta wird ein Mädchen kurz vor ihrer Verheiratung in den Busch geführt, an der Vulva operiert und dann in einer festgelegten Reihenfolge von dem Beschneider und seinen Begleitern vergewaltigt[2]. Anschließend wird sie geschmückt und verheiratet. Auch für Mädchen und Frauen gelten detaillierte Speiseverbote. Spencer und Gillen stellten eine Liste zusammen, in der die spezifischen Folgen bei einem Verstoß enthalten sind[3]. In einigen Stämmen der Aborigines werden den Mädchen zwei untere Schneidezähne ausgebrochen[4].

In vielen Regionen der Welt werden junge Mädchen an den Genitalorganen beschnitten. Die Prozedur ist äußerst brutal und endet nicht selten tödlich.

Mit Beginn der Pubertät werden die Mädchen weltweit

---

1 Wilpadrina Zeremonie der Dieri. *Howitt: The native tribes of south-east Australia,* (1904) 2010, S. 664f., und der Yerkla-mining, ebd. S. 667

2 *Spencer, Gillen: The native tribes of central Australia,* (1899) 1968, S. 93f.

3 Ebd. S. 472

4 *Howitt: The native tribes of south-east Australia,* (1904) 2010, S. 655. Bei den Himba in Namibia werden den Mädchen die unteren vier Schneidezähne von den Eltern ausgeschlagen. *Koene: Mit Gott sprechen.* 2012, S. 30

nicht mehr als Kinder behandelt. In indigenen Gesellschaften wurden sie häufig so eingesperrt, dass sie kein Sonnenlicht mehr sehen konnten[1]. Dem Sonnenlicht wird in vielen Legenden eine magische Wirkung zugedacht: Junge Mädchen sollen davon schwanger werden. Die Tatsache, dass besonders Männer, auch die der eigenen Familie, das Mädchen nicht mehr sehen dürfen, lässt vermuten, dass nicht das Sonnenlicht, sondern die Blicke der Männer die Gefahr sind[2]. Das Wegschließen kann Jahre andauern, bei den Ot Danoms auf Borneo bis zu 7 Jahre. Die Prozedur kann von Torturen begleitet sein, wie Schlagen, Quälen mit Ameisen (Bericht aus Guiana) und tagelangem Fasten, bis das Mädchen zum Skelett abgemagert ist. Häufig endet die Tortur mit einem Fest und der Heirat, aber nicht selten sind die Mädchen für ihr Leben geschädigt. Nicht wenige sterben an den Torturen. Das Ziel ist es offenbar den Willen und das Selbstwertgefühl der Mädchen zu brechen.

Ganz allgemein gilt: Die Mädchen werden nicht in den Busch geschickt, wie die Jungen, sondern eingeschlossen bzw. abgeschirmt. Die Torturen und Beschneidungen führen meist (alte) Frauen durch. Diese sind selbst den alten Männern untertan, aber sie handeln vermutlich auch im eigenen Interesse, sie sehen in den geschlechtsreif gewordenen Mädchen Konkurrentinnen heranwachsen. Da ist Wegschließen und danach umgehende Zwangsverheiratung naheliegend[3].

Spektakuläre Initiationsriten sind nicht von allen Kulturen bekannt. Beispielweise nicht von den Trobriandern, von denen Bronislaw Malinowski berichtet hat. Deren Kinder wachsen behütet auf, leben selbstbestimmt, werden nie geschlagen, den Jugendlichen werden sexuelle Abenteuer geradezu erleichtert.

---

1 *Frazer: Der Goldene Zweig,* (1922) 1989, S. 865ff.

2 *Frazer: Der Goldene Zweig,* (1922) 1989,S. 876. Aus einer kirgisischen Legende: Die Tochter des Königs wurde in einen Käfig eingesperrt, um sie vom Sonnenlicht fernzuhalten. Als es ihr gelang, die Welt draußen zu sehen, wurde sie umgehend schwanger, angeblich, weil Gott sie nun sah. »... und das Auge Gottes fiel auf das Mädchen und es wurde schwanger.« Bei den Tonga gibt es eine ähnliche Legende. *Fison: Tales from old Fiji,* 1904, S.33ff.

3 *Winterstein: Die Pubertätsriten der Mädchen,* 1928

Und dann kommt ein dem Leser unverständlicher Bruch: Die Jugendlichen werden zwangsweise verheiratet und fügen sich darein. Wenn sie später Ehebruch begehen und der bekannt wird, richten sie sich im Idealfall selbst, indem sie in voller Festkleidung von der höchsten Palme auf den Dorfplatz springen. Sogar ein unbegründetes Gerücht hat – so berichtet Malinowski – eine Frau in den Selbstmord getrieben[1]. Wie und wann es bei den Trobriandern zur Akzeptanz der sozialen Regeln und zu einer so starken Abhängigkeit von der Meinung der anderen Mitgliedern der Dorfgemeinschaft kommt, geht aus den Beschreibungen Malinowskis nicht hervor. Magisches Denken spielt im Alltag der Trobriander eine große Rolle. Welche Rolle es bei Durchsetzung der sozialen Regeln spielt, ist nicht erkennbar.

Paul Parin berichtet in *Der Widerspruch im Subjekt* über die Entwicklung der psychischen Instanzen Ich und Über-Ich bei den Dogon in Mali und den Agni an der Elfenbeinküste[2]. Man erfährt nur nebenbei[3], dass die Jugendlichen beschnitten werden, und zwar beide Geschlechter. Kastrationsängste werden nur kurz erwähnt. Welche Bedeutung die Beschneidung und die Kastrationsängste für die psychische und soziale Entwicklung haben, ist aus dem Bericht nicht erkennbar.

Vielleicht gibt es in vielen Völkern tatsächlich keine Initiationsriten, vielleicht wurden sie den Forschern aber nur nicht mitgeteilt. Howitt erwähnt, dass auch Forschern, die schon mehrere Jahre intensive Kontakte zu Aborigines hatten, bestimmte Legenden, Zeremonien und Bräuche nur so vage mitgeteilt wurden, wie sie Frauen und Kindern mitgeteilt werden, weil diese Forscher – anders als Howitt – als Nicht-Initiierte angesehen wurden[4]. Eine Weitergabe detaillierter Informationen an Nicht-Initiierte hat bei den Aborigines tödliche Folgen für beide Seiten.

---

1 *Malinowski: Das Geschlechtsleben der Wilden,* 1930, S. 87f.

2 *Parin: Der Widerspruch im Subjekt,* 1983. Untersuchungen zusammen mit Fritz Morgenthaler und Goldy Parin-Matthèy.

3 Ebd. z.B. S. 159

4 *Howitt: The native tribes of south-east Australia,* (1904) 2010, S. 496f. und S. 589

Durchsetzung der Tabus und Gebote in »Kulturnationen«

In vielen Kulturen wird mit Maßnahmen zur Vorbereitung der späteren Unterordnung schon sehr früh begonnen. In Südchina wurden den Kleinkindern

> »die Hände mit einem Band an den Seiten festgehalten,« berichtet Werner Muensterberger, »die Beine gestreckt und die Knie so zusammengebunden, daß die Bewegungsfreiheit der Beine beträchtlich eingeschränkt ist. Normalerweise werden Jungen einen Monat auf diese Weise behandelt. Die Mädchen werden in ihrer Bewegungsfreiheit noch stärker und für längere Zeit als die Jungen eingeschränkt. Nach Meinung vor allem älterer Leute wird das Kind auf diese Weise zum Gehorsam erzogen. Benimmt es sich schlecht, wenn es etwas größer geworden ist, kann man die Bemerkung hören: ›Hat deine Mutter vergessen, dir nach der Geburt die Hände einzubinden?‹ Tritt der Junge in seinem späteren Leben Höhergestellten gegenüber, dann nimmt er eine Haltung ein, die dem Eingebundensein stark ähnelt. ... Ungefähr mit dem Einsetzen der Latenz [etwa nach dem sechsten Lebensjahr – S. B.] wird dann mit entschlossenen Erziehungsmaßnahmen begonnen. ... ›Wenn ich irgend etwas falsch machte‹, berichtet ein befragter Südchinese, ›bekam ich immer von ihr [der Mutter, da der Vater abwesend war] Prügel.‹ Jahrhunderte hindurch legten die *Vierundzwanzig Beispiele kindlicher Liebe* die Richtlinien der Kindererziehung fest. Darin werden Gehorsam und Respekt gegenüber allen älteren Personen gefordert. ... Ein gut erzogener junger Mann ... gehorcht den Eltern unter allen Umständen. Er bleibt ihnen gegenüber immer ein ›Kind‹, auch wenn er inzwischen siebzig Jahre alt und selbst Großvater geworden ist. ... Es ist also kein Wunder, daß die Gewährsleute übereinstimmend die Ansicht vertreten, dass die Zeitspanne zwischen dem sechsten und dem zehnten Lebensjahr für den kleinen Chinesenjungen die schwierigste und peinlichste ist.«[1]
>
> Zur Mädchenerziehung: »So wird ihnen beispielsweise damit Angst gemacht, daß sie für ihre Missetaten später durch die

---

1 *Muensterberger: Oralität und Abhängigkeit, Charakterzüge unter Südchinesen,* (1951) 1974, S. 177ff. und S.183

> Schwiegermutter oder die Familie ihres zukünftigen Mannes büßen müssen.«

Auch in anderen Kulturen werden Säuglinge gestreckt und auf einer Unterlage festgebunden. In manchen Kulturen werden sie kalt gebadet und zum Stillen beugt sich die Mutter nur über das festgebundene Kind. Gestillt wird oft in regelmäßigen, zum Teil sehr großen Zeitabständen. Siegfried Bernfeld schrieb dazu:

> »Fügt man diese Einzelzüge zu einem Gesamtbild, so gewinnt man die Vorstellung einer Kinderpflege, die das denkbar vollständigste Gegenteil zur fötalen Situation darstellt.«[1] »... manches ist Feindseligkeit schlechthin, altruistisch gerechtfertigt durch den Hinweis auf den Zweck: um das Kind rechtzeitig an die Härten des Lebens zu gewöhnen.«[2]

Ich denke, wenn diese Maßnahmen nicht persönliche Entscheidungen der Familien sind, sondern von der sozialen Umgebung eingeforderte Maßnahmen sind, dann ist nicht persönliche (unbewusste) Ablehnung des Kindes der Grund solchen Handelns, sondern dann sind diese Maßnahmen Teil der Maßnahmen, die sich in dieser Gesellschaft herausgebildet haben, *um* eine spätere Unterordnung bei den Kindern zu erreichen. Sie sind in diesem Fall tatsächlich Maßnahmen, »um das Kind rechtzeitig an die Härten des Lebens zu gewöhnen.« Ein Säugling, der vergeblich nach Nahrung schreit, entwickelt Angst, und ein Säugling, der, anders als vor der Geburt, weder Arme noch Beinen bewegen kann, entwickelt ebenfalls Angst. Nie wieder erlebt ein Mensch ein solch vollständiges Ausgeliefertsein und eine solch unausweichliche Angst. Diese Ängste sind eine Konditionierung, sie sind die Grundlage für alle späteren Ängste, und darum sind diese Behandlungen von Säuglingen besonders gut geeignet, die lebenslange Unterordnung durchzusetzen. Anders gesagt: Es ist nicht erstaunlich, dass diese, dem Pflegeinstinkt der Mütter zuwiderlaufenden Maßnahmen,

---

1 *Bernfeld: Psychologie des Säuglings,* 1925, S. 6. Zur unterschiedlichen Behandlung von Säuglingen: S. 5ff.

2 Ebd. S. 8

sich weltweit in sehr unterschiedlichen Gesellschaften herausgebildet haben. Sie waren ein Selektionsvorteil[1].

Häufig wird mit Kinderbüchern die Erziehung zu Unterordnung fortgesetzt.

> »Struwwelpeter ist der Titel eines Werkes des Frankfurter Arztes und Psychiaters Heinrich Hoffmann aus dem Jahr 1845 ... Das Bilderbuch enthält mehrere Geschichten, in denen Kinder nach (angeblichem) Fehlverhalten drastische Folgen erleiden, die von einem Sturz ins Wasser bis zum Tod reichen.« Hoffmann hat das Buch für seinen dreijährigen Sohn geschrieben und gezeichnet. Er schrieb später darüber: »›Das Heft wurde eingebunden und auf den Weihnachtstisch gelegt. Die Wirkung auf den beschenkten Knaben war die erwartete ...‹«[2]

Wie gering der Unterschied zu Belehrungen der Novizen der Aborigines ist, zeigt die Geschichte vom Daumenlutscher im *Struwwelpeter.*

> »›Konrad!‹ sprach die Frau Mama, / ›Ich geh' aus und du bleibst da. / Sei hübsch ordentlich und fromm. / Bis nach Haus ich wieder komm'. / Und vor allem, Konrad, hör'! / Lutsche nicht am Daumen mehr; / Denn der Schneider mit der Scheer' / Kommt sonst ganz geschwind daher, / Und die Daumen schneidet er / Ab, als ob Papier es wär'.‹ / Fort geht nun die Mutter und / Wupp! den Daumen in den Mund. / Bauz! da geht die Thüre auf, / Und herein in schnellem Lauf / Springt der Schneider in die Stub' / Zu dem Daumen-Lutscher-Bub. / Weh! Jetzt geht es klipp und klapp / Mit der Scheer' die Daumen ab, / ... / Ohne Daumen steht er dort, / Die sind alle beide fort.«[3]

Der Schneider sieht offenbar alles, auch bei physischer Abwesenheit – wie ein Schamane der Aborigines, und er straft auch unmittelbar und brutal. Die Mutter weiß das, sie kennt die Fähigkeiten des Schneiders, sie akzeptiert seine Macht zu strafen. Offensichtlich soll die Drohung, die Daumen abzuschneiden, nachhaltig und d.h. traumatisch wirken, und das tat sie auch, was in der Bemerkung Hoffmanns, »die Wirkung auf den be-

---

1 In vielen Familien dient die Ernährung auch nach der Säuglingszeit zur Disziplinierung der Kinder.

2 *Wikipedia, 2016: Struwwelpeter*

3 *Hoffmann: Struwwelpeter,* 1845, S. 13f.

schenkten Knaben war die erwartete«, zum Ausdruck kommt. Ob nun tatsächlich die Daumen gemeint sind oder ob Kastration wegen Onanie angedroht wurde und auch von dem Kind so verstanden wurde, sei dahingestellt.

In dem überaus beliebten und Kindern gern vorgelesenen Buch *Max und Moritz* schrieb Wilhelm Busch, dass Bauer Mecke die beiden Knaben dabei erwischt, wie sie einen Kornsack aufschneiden. Der Bauer steckt sie daraufhin in einen Sack und bringt sie zur Mühle. Der Müller und der Bauer begehen geradezu feixend den Doppelmord:

> »›Her damit!‹ – Und in den Trichter / Schüttelt er die Bösewichter. – / Rickeracke! Rickeracke! / Geht die Mühle mit Geknacke. / Hier kann man sie noch erblicken / Fein geschrotet und in Stücken. / Doch sogleich verzehret sie / Meister Müllers Federvieh.« [1]

Busch beschreibt drastisch, wie die Knochen der noch lebenden Kinder im Mahlwerk knacken. Dann erleiden die Kinder – symbolisch – noch einen zweiten Tod, indem sie (als Schrot) von Müllers Gänsen gefressen werden. In diesem »letzten Streich« sterben die Kinder einen Foltertod, im Streich davor entkommen sie einem Foltertod nur durch ein Wunder: Als Strafe für den Versuch, zwei Brezeln zu stehlen, bei dem sie in ein Gefäß mit Brotteig stürzen, werden sie in voller Absicht, lebend, als Brote in den Ofen geschoben:

> »Eins, zwei, drei, eh man's gedacht, / Sind zwei Brote draus gemacht! / In dem Ofen glüht es noch – / Ruff! Damit ins Ofenloch! / Ruff! Man zieht sie aus der Glut; / Denn nun sind sie braun und gut! – / Jeder denkt sie sind perdü! / Aber nein – noch leben sie! /... / ›Ach herrje! da laufen sie!!‹ – «[2]

Der Bäcker bedauert, dass die Kinder seinen Mordanschlag überleben[3]. Die angedrohten Strafen bei einem Verstoß gegen die sozialen Regeln der Gemeinschaft sind offensichtlich ähnlich brutal wie die bei den »Wilden«.

---

1 *Busch: Max und Moritz,* (1865) 1960, S. 387f.

2 Ebd. S. 380f.

3 In der Bezeichnung »gut« in »Denn nun sind sie braun und gut« steckt sogar Kannibalismus.

Die Vorteile einer Verwendung »bewährter« Kinderbücher, wie *Struwwelpeter* und *Max und Moritz* für die Erziehung, liegen auf der Hand: Die Sammlung grundlegender sozialer Regeln ist umfassend, und die Strafandrohungen sind deutlich. Wenn Eltern in einer aktuellen Situation auf eine Verfehlung spontan mit einer Belehrung reagieren, dann fällt die selten so drastisch aus wie in diesen Büchern. Eltern müssen auch nicht auf einen aktuellen Anlass warten, um ein bestimmtes Gebot zu vermitteln; sie greifen zum Buch und verpassen damit den Zeitpunkt einer Belehrung nicht. Zudem kann die Belehrung jederzeit zur Auffrischung wiederholt werden, wobei die Eltern ein fröhliches Gesicht dazu machen können; nur im Buch passiert ja Schreckliches. Sind die Kinder dann erwachsen und haben selbst Kinder, sind sie also auf der »anderen Seite« angekommen, dann erinnern sie nur noch die lustige äußere Form, und nun halten sie es ihrerseits (unbewusst) für notwendig, ihre Kinder mit Hilfe drastischer Ermahnungen zu wertvollen Mitgliedern der Gesellschaft zu erziehen.

Der Erfolg von *Max und Moritz* beruht, meine ich, besonders darauf, dass die »lustige« äußere Form es erleichtert, den brutalen aber von den Erwachsenen unbewusst (!) für notwendig gehaltenen Inhalt Kindern zu vermitteln. Die äußere Form täuscht die Kinder aber nicht. Die Aussicht, bei einem Vergehen, wie dem Stehlen einer Brezel, lebendig gebacken oder in ein Mahlwerk geworfen zu werden, soll traumatisch wirken. Aus Angstträumen von Kindern ist bekannt, dass dies durchaus gelingt[1]. Es muss zu denken geben, dass *Max und Moritz*

---

1 Freud schrieb: »Über das Menschenkind wissen wir, daß es seine Entwicklung zur Kultur nicht gut durchmachen kann, ohne durch eine bald mehr, bald minder deutliche Phase von Neurosen zu passieren. Das kommt daher, daß das Kind so viele der für später unbrauchbaren Triebansprüche nicht durch rationelle Geistesarbeit unterdrücken kann, sondern durch Verdrängungsakte bändigen muß, hinter denen in der Regel ein Angstmotiv steht.« *Freud: Die Zukunft einer Illusion,* (1927) 1960, S. 366. Inzwischen gibt es Einsichten in die physiologische Basis der Traumatisierung: »Bestimmte Synapsen, an denen die Nervenzellen der Mandelkerne (Amygdalae) untereinander Botenstoffe austauschen, verstärken sich unter dem Einfluss eines Traumas so stark, dass Angstreize noch Jahre später eine erhöhte Glutamataus-

weltweit Verbreitung gefunden hat und in fast 300 Sprachen und Dialekte übersetzt wurde.

Max und Moritz war Wegbereiter der heutigen Comics, in denen Menschen, vermenschlichte Tiere und Außerirdische Abenteuer bestehen. Diese Abenteuer spiegeln durchsichtig die Allmachtsfantasie der Leser wider. Aber diese Geschichten werden selten Kindern vorgelesen oder nahegebracht, sie werden vielmehr häufig als Schund bezeichnet und von Kindern gern ferngehalten. Bemerkenswert ist, dass in diesen Geschichten die Kleinen und Schwachen zwar ebenfalls »Streiche« begehen, dafür auch manchmal bestraft werden, aber sie sterben nicht. Ist die fehlende »Moral« wegen Mangel an Bestrafung der Grund, warum Erwachsenen diese Geschichten Kindern vorenthalten wollen?

Mittlerweile hat sich einiges geändert: Für die Erziehung hat die Bedeutung von *Max und Moritz* und ähnlicher Bücher abgenommen, die Säuglingspflege hat sich geändert, in der Reinlichkeitserziehung geht es mit weniger Zwang ab, und in den Kindergärten und Schulen geht es erheblich verständnisvoller zu[1]. Allerdings ist der Druck auf Kinder hoch geblieben: 2015 haben in unserem Land 325 000 Schüler regelmäßig das Beruhigungsmittel Ritalin eingenommen[2], die Praxen der Kinderpsychotherapeuten sind nicht nur voll, die Probleme sind kaum zu bewältigen – und es gibt sehr viele solcher Praxen. Zudem erscheinen viele Kinder, deren zukünftige Probleme absehbar sind, gar nicht dort. Wenn dann der Schaden da ist, dann haben die Gene »schuld« oder die Verhältnisse oder die heutigen Anforderungen. Ich denke, es ist offensichtlich, dass wir die tatsächlichen Wirkungen der von uns verwendeten

---

schüttung und damit verbunden extreme körperliche Reaktionen auslösen können. Selbst Alltagssituationen verursachen bei diesen Menschen mitunter schwere Angstattacken und machen ihnen das Leben zur Hölle. In der psychosomatischen Medizin sprechen wir dann von einer posttraumatischen Belastungsstörung.« *Bauer: Unser flexibles Erbe,* 2012, S. 110

1 Schulunterricht und Initiationsriten werde ich noch gesondert vergleichen. Vgl. S. 122

2 *Böttcher, Bröckers: Die ganze Wahrheit über alles,* 2016, S. 198

Maßnahmen zur Sozialisation von Kindern und Jugendlichen immer noch (zu) schlecht verstehen. Zudem ist an der Umsetzung dessen, was bekannt ist, ein bemerkenswert geringes Interesse zu beobachten: bei Eltern, politischen Parteien und Behörden.

Die Macht des Schamanen und die innere Stimme

Physisch Überlegene können durch Furcht letztlich nicht eingeschränkt werden, wohl aber durch Angst, die auf dem Glauben an übernatürliche Kräfte des Gegenübers beruht. Diese Angst wird in Kindern und Jugendlichen durch Einschüchterung zu einer Zeit erzeugt, in der die kindliche Allmachtsfantasie noch das Denken beherrscht. Einschüchterung stattet eine Autorität, einen Schamanen, mit magischer Macht aus. Daraus entwickelt sich die innere Stimme. Die Inhalte der Tabus und Gebote, sind nicht ein Ergebnis rationalen Nachdenkens, sie sind nicht aus Einsicht in (soziale) Notwendigkeiten entstanden.

Wie der Schamane zu seiner Macht kommt

Ein Kind nimmt an, dass ein Erwachsener in es hineinsehen kann, wie das bereits angeführte Zitat von Ferenczi zeigt:

> »Die gedanklich gefassten Wünsche des Kindes sind ... noch so wenig zahlreich und von verhältnismäßig so unkomplizierter Art, daß es der aufmerksamen ... Umgebung leicht gelingt, die meisten der Gedanken zu erraten. Die das Denken (besonders bei Kindern) immer noch begleitenden mimischen Äußerungen machen den Erwachsenen diese Art des Gedankenlesens besonders leicht. ... Das Kind aber dünkt sich dabei wirklich im Besitz zauberhafter Fähigkeiten, befindet sich also in einer Periode *der magischen Gedanken und der magischen Worte.*«[1]

Wenn ein Kind feststellt, dass auch seine »schwarzen« Gedanken von Erwachsenen erraten und an ihrer Umsetzung gehindert werden, noch ehe sie ihm selbst so recht bewusst werden, dann trägt das beim Kind dazu bei, den Erwachsenen magische Fähigkeiten zuzusprechen, und zwar größere Fähigkeiten, als es selbst zu haben glaubt, weil es »in einer Periode der magischen Gedanken« lebt. Für ein Kind ist ja offensichtlich, dass es selbst die Fähigkeiten, die Wünsche anderer zu erkennen, nicht hat. Aus diesem Gefühl, beobachtet zu sein, entwickelt

---

1 *Ferenczi: Entwicklungsstufen des Wirklichkeitssinnes,* (1913) 1970, S. 158, kursiv im Original. Ferenczi weist an dieser Stelle auf Freuds *Traumdeutung* hin.

sich eine innere Stimme, die von der Umsetzung »schwarzer« Gedanken abhält. Ein Beispiel dafür schildert der Psychoanalytiker Hans Zulliger. Ein Kind erzählte ihm, dass es die mahnende Stimme seines Vaters zu hören vermeinte, als es in Begriff war, Kleingeld aus der Haushaltskasse für sich beiseite zu legen. Daraufhin hat es sich folgsam verhalten[1]. Howitt schildert, wie bei den Novizen der Aborigines die innere Stimme sich im Verlauf der Initiation bildet.

Im zweiten Teil der Initiation bleibt ein Novize allein im Busch. Er muss sich eigenständig ernähren und dabei Speiseverbote einhalten. In unregelmäßigen Abständen wird er von erwachsenen Männern besucht, die die Einhaltung der Verbote überprüfen. Wenn der Novize nun nur so lange gehorcht, wie er einen Beobachter sieht, wird er letztlich nicht überleben, irgendwann wird er bei einem Bruch eines Speiseverbots überrascht werden. Ein Novize lebt demnach in Todesangst. Es ist tatsächlich Todesangst, er weiß, dass ein Verstoß tödliche Folgen hat. In dieser Situation hilft es ihm anzunehmen, dass er ständig beobachtet wird. Es gibt also einen Selektionsdruck, ein Gefühl zu entwickeln, ständig beobachtet zu sein. Und es gibt den Selektionsdruck – ganz direkt –, nicht zu zweifeln an den magischen Fähigkeiten des Schamanen, in jeden hineinsehen zu können, und den Anweisungen des Schamanen Folge zu leisten. Der Glaube an die übernatürlichen Fähigkeiten des Schamanen garantiert die Einhaltung der Tabus und Gebote. Meine Hypothese ist: Eine Population, die die Tabus und Gebote befolgt, hat einen Vorteil gegenüber anderen Populationen, die das nicht tun. Für die Durchsetzung der Tabus und Gebote muss das magische Denken der Kindheit in das Erwachsenenleben übernommen werden. Damit wird erreicht, dass physisch Überlegene sich nicht auflehnen: Angst, die auf dem Glauben an übernatürliche Kräfte des Gegenübers beruhen, hält sie zurück.

Wenn bei den Aborigines in einer konkreten Situation die Furcht vor Bestrafung und die innere Stimme zu schwach sind,

---

1 *Zulliger: Gelöste Fesseln*, 1927, S. 172f.

mit anderen Worten: wenn der Schamane oder die legendären Ahnen nicht umgehend eingreifen, dann greifen die anderen Mitglieder der Horde ein und verhelfen den angeblichen magischen Kräften des Schamanen zum Erfolg. Ihre innere Stimme zwingt sie dazu, bei anderen die Einhaltung der Gebote einzufordern. Ein offenkundig gewordener Verstoß gegen ein Gebot weckt eigene Wünsche und auch die innere Stimme, die die Ausführung der Wünsche unter Strafe stellt. Freud formulierte das folgendermaßen:

> »Wenn einer es zustande gebracht hat, das verdrängte Begehren zu befriedigen, so muss sich in allen Gesellschaftsgenossen das gleiche Begehren regen; um diese Versuchung niederzuhalten, muß der eigentlich Beneidete um die Frucht seines Wagnisses gebracht werden, und die Strafe gibt den Vollstreckern nicht selten Gelegenheit, unter der Rechtfertigung der Sühne dieselbe frevle Tat auch ihrerseits zu begehen. Es ist dies ja eine der Grundlagen der menschlichen Strafordnung, und sie hat, wie gewiß richtig, die Gleichartigkeit der verbotenen Regungen beim Verbrecher wie bei der rächenden Gesellschaft zur Voraussetzung.«[1]

Der Vergleich mit Menschenaffen legt nahe, dass bei unseren Vorfahren, in grauer Vorzeit, das magische Denken mit dem Erreichen der eigenständigen Daseinsvorsorge geendet hat oder zumindest an Einfluss stark verloren hat. In einem späteren Stadium unserer Evolution dagegen ist das magische Denken im Erwachsenenleben erhalten geblieben. Die wesentlichen Gründe dafür waren, denke ich, erstens, dass die Einschüchterungen traumatisch waren, und zweitens, dass sie zu einem Zeitpunkt vorgenommen wurden, zu dem das magische Denken der Kindheit noch nicht beendet war. Die Kinder wurden noch von Erwachsenen versorgt und beschützt. Für heutige Schimpansen, beispielsweise, treffen die beiden Bedingungen nicht zu. Die Einschüchterungen der (männlichen) Heranwachsenden sind mitunter hart. Die Heranwachsenden entwickeln Furcht, aber, so legt ihr Verhalten nahe, keine unrealistisch große Angst. Und: Die Einschüchterungen werden zu ei-

1 *Freud: Totem und Tabu,* (1912-1913) 1960, S. 89

nem Zeitpunkt vorgenommen, zu dem die heranwachsenden Schimpansen schon selbständig für sich sorgen und daher – vermutlich – das magische Denken der Kindheit (weitgehend) hinter sich gelassen haben.

Zum Ursprung der Tabus und Gebote

Das Gebot, »den alten Männern zuhören und ihnen gehorchen«, konnte, als es erstmals eingeführt wurde, sicher nicht mit Argumenten begründet werden – zumal es Sprache vermutlich bestenfalls rudimentär gab. Auch das Inzestverbot war in der damaligen Gesellschaft nicht mit Argumenten begründbar. Weder der Schamane noch sonst ein Mitglied der Gesellschaft kann diese und weitere, heute als moralische Gesetze bezeichneten sozialen Regeln rational begründen. Sie waren »schon immer« da, hört man bei Nachfragen[1]. »Moralisch« heißt in diesem Zusammenhang: Befolge diese soziale Regel, sie ist bindend, sie bedarf keiner Begründung. Was in der Vergangenheit – zum Teil bis heute – als besonders abscheuliches Verbrechen verurteilt wurde, ist rational nicht immer leicht nachvollziehbar.

Der biblische Abraham, der seinen Sohn vorsätzlich – und ohne dass der Sohn irgendeine Schuld auf sich geladen hätte – abschlachten soll, der dieser Forderung auch zustimmt und der nicht aus innerem Antrieb, sondern durch Einschreiten anderer von seinem Vorhaben ablässt[2], ist nicht als abschreckendes

---

1 Wird ein Dieri (Aborigines) befragt: »Warum machst du das?«, wird er, nach Howitt, antworten: »Unser Mura-Mura machte es so.« Und das ist in den Augen des Dieri eine endgültige und schlüssige (»final and conclusive«) Antwort. *Howitt: The native tribes of south-east Australia*, (1904) 2010, S. 644. Mura Muras sind die legendären Ahnen, die im Glauben der Aborigines noch heute existieren. Ebd. S. 475

2 *1. Mos. 22*: »2. Und er [Gott] sprach: Nimm Isaak, deinen einzigen Sohn, den du liebhast, und gehe hin in das Land Morisa und opfere ihn daselbst zum Brandopfer auf einem Berge, den ich Dir sagen werde. 3. Da stand Abraham des Morgens früh auf und gürtete seinen Esel und nahm mit sich zwei Knechte und seinen Sohn Isaak und spaltete Holz zum Brandopfer ... 9. ... und band seinen Sohn Isaak, legte ihn auf den Altar oben auf das Holz. 10. und reckte seine Hand aus und faßte das Messer, daß er seinen Sohn

Monster in die Geschichte eingegangen, wohl aber Ödipus, der unwissentlich seinen Vater im Kampf tötet und unwissentlich seine Mutter heiratet[1]. Von Bedeutung hier ist der Unterschied in der Bewertung der Taten bzw. der Wünsche von Ödipus und Abraham durch uns heute. Wäre es die Aufgabe des Tabus, allgemein Mord in Familie und Horde zu verhindern, dann wären Sohnesmord und Vatermord in gleicher Weise verdammungswürdig[2]. Dem ist aber nicht so, in keiner Gesellschaft. Erinnert sei daran, dass bei den Aborigines Novizen getötet werden, wenn sie – (uns) – kleinlich und unsinnig erscheinende Anordnungen nicht widerspruchslos befolgen. Das ist Mord an Kindern. Von Vatermorden aus ähnlich kleinlichen Anlässen berichtet Howitt nichts. Auch in »Kulturnationen« werden widerspenstige Kinder von ihren Eltern äußerst hart bestraft, und es gibt bis heute dabei auch ungesühnte Todesfälle. Vatermord wurde und wird hingegen immer bestraft. Die beiden zentralen Tabus sind offenbar Richtlinien für unsere moralischen Vorstellungen geworden.

Auch die 10 Gebote des *Alten Testaments* waren nicht das Resultat von Diskussionen in einer Ratsversammlung der Älte-

---

schlachtete. 11. Da rief ihm der Engel des Herrn vom Himmel ... « Abraham opferte darauf einen Widder »an seines Sohnes Statt«.

1 Auch bei den Aborigines hätte Unwissenheit Ödipus nicht vor Strafe geschützt. Ein Verstoß gegen das Inzestverbot hat tödliche Folgen: Wenn ein Mann, beispielsweise, auf einem Kriegszug eine Frau erbeutet hat und sie zu seiner Frau macht, und es stellt sich im Nachhinein heraus, dass beide zur gleichen Heiratsklasse gehören, dann werden beide getötet. *Fison, Howitt: Kamilaroi and Kurnai,* (1880) 1991, S. 66ff. und 344f.

2 Nach Radcliffe-Brown wird die Familie als etwas Heiliges angesehen, und daher sind Inzest, Vater- und Muttermord ein Sakrileg (»The family is normally regarded as something sacered; incest, like patricide and matricide, is sacrilege.«) *Radcliffe-Brown, Forde: African Systems of Kinship and Marriage,* (1950) 1964, S. 70. Interessanterweise kommt in seiner Aufzählung Sohnes- und Tochtermord nicht vor. Kinder sind Objekte, Eltern haben die vollständige Gewalt über sie. Das erklärt auch die Unbekümmertheit, mit der ein Kind in die Sklaverei verkauft werden kann, wie es von manchen Bantu-Stämmen berichtet wird. *Richards: Some types of family structure amongst the central Bantu,* (1950) 1964, S. 249. Nachbarstämme der Tchambuli verkauften einige ihrer Kinder, die dann von den jungen Söhnen der Tchambuli rituell getötet wurden (vgl. S. 87).

sten. Mose brachte angeblich die Gebote vollständig vom Berg Sinai mit, sie waren unumstößlich, nicht kritisierbar, Gesetzesnovellen waren nicht vorgesehen. Bekanntlich wurden die Gebote nicht begeistert aufgenommen. Fasst man die Einführung der Gebote im übertragenen Sinne auf, dann sind die Triebstrebungen in einem Jeden durch das unwillige Volk repräsentiert und die innere Stimme durch die Gesetzestafeln.

Ich denke, die zentralen Tabus und Gebote sind nicht aus rationalen Überlegungen entstanden, sondern haben ihren Ursprung in Verhaltensweisen unserer Ahnen, die sich in der Population erhalten und fortentwickelt haben, weil sie für die Population ein Selektionsvorteil waren. W. Robertson Smith drückte das ähnlich aus: Die Regeln einer Gesellschaft haben ihre Grundlage in Präzedenzfällen, und die Weiterexistenz der Gesellschaft war der hinreichende Grund dafür, dass ein Präzedenzfall, der einmal stattgefunden hat, weiterhin befolgt wurde[1].

Schuldgefühle

Wenn, wie hier vermutet wurde, die Einhaltung der Tabus und Gebote ein Selektionsvorteil war[2], dann sollte es eine Selektion darauf gegeben haben, dass schon der Wunsch, ein Tabu zu brechen, Vorstellungen und Gefühle erzeugt, die diese Tat verhindern können. Ungerechtfertigte Schuldgefühle, erzeugt von einer inneren Stimme auf den Wunsch hin zu einem Regelbruch, wären in dieser Hinsicht geeignet; sie haben die Funktion, den Wunsch zu einer Tat zu bewerten und gegebenenfalls seine Ausführung zu verhindern, auch dann, wenn die Chance verschwindend gering ist, bei seiner Ausführung entdeckt zu werden. Die Einführung der Tabus und Gebote hat, dieser Vorstellung zufolge, den psychischen Apparat in der Weise modi-

---

1 »The rules of society were based on precedent, and the continued existence of the society was sufficient reason why a precedent once set should continue to be followed.« *Smith: Lectures on the Religion of Semites,* S. 17, zitiert nach *Radcliffe-Brown: Structure and function in primitive society,* 1965, S. 156

2 Vgl. S. 34

fiziert, dass solche Schuldgefühle entstehen können; vorher waren diese Schuldgefühle nicht nötig und wurden auch vermutlich nicht erzeugt.

Bei der Durchsetzung des Inzesttabus sind Schuldgefühle mit dieser Eigenschaft, denke ich, nachweisbar. In vielen Gesellschaften töten die männlichen Mitglieder einer Familie ihre unverheiratete Schwester bzw. Tochter, wenn sie vermuten, dass sie nicht mehr Jungfrau ist. Man nennt das »Ehrenmord«.

> »In Jordanien zeigen Autopsien, dass bei 80 % der Verdächtigten gar keine unerlaubte sexuelle Beziehung bestanden hatte, die als Mord-Begründung angeführt wurde.«[1]

Diese Mädchen wurden selbstverständlich von ihren Familien geliebt. Dass es trotzdem zum Mord kam, lässt sich mit starken Inzestwünschen der männlichen Familienangehörigen und mit dementsprechend starken Schuldgefühlen erklären. Die Schuldgefühle entstanden – in den meisten Fällen zumindest – nicht nach der Tat (dem Inzest), sondern beim Wunsch zur Tat[2]. Bewältigt wurden die Schuldgefühle offenbar durch Projektion: dem tatsächlich völlig unschuldigen Mädchen wurden Verfehlungen angedichtet. Die Furcht vor realer Bestrafung nach dem Mord und das Schuld*bewusstsein* nach dem Mord haben eine geringere Bedeutung als die Schuld*gefühle* wegen der Inzest*wünsche*.

Die Ausführenden, oft Minderjährige, handeln auf Anweisung der »alten Männer« der Familie. Die alten Männer verteidigen die »Ehre« der Familie und das heißt: die Einhaltung der zentralen sozialen Regeln. Die, die den Mord begehen, rechtfertigen ihre Tat ihr Leben lang vor sich selbst damit, dass die überkommenen Regeln unantastbar seien. Zweifel an den Regeln würde sie schuldig machen. Die Leugnung einer Schuld

---

1 *Wikipedia, 2012: Ehrenmord*

2 »Bei den heutigen Kabylen muß das heranwachsende Mädchen ihre Brüste nicht nur fest einschnüren, sie mußte sich vielmehr in Gegenwart ihres Vaters und ihres älteren Bruders dadurch ›asexuell‹ machen, daß sie die Arme über der Brust kreuzt.« *Bourdieu: The Sentiment of Honour in Kabyle Society.* In: *Honour and Shame,* London 1965, S. 224. Zitiert nach: *Duerr: Traumzeit. Über die Grenze zwischen Wildnis und Zivilisation*, 1985, S. 259

erhält auf diese Weise die Regeln von Generation zu Generation. Auch an diesem Beispiel ist erkennbar, dass die beiden größten Verbrechen in der Horde nicht Mord und Inzest sind, wie man häufig liest, sondern Vatermord und Inzest. Der Mord an einer Frau und an einem Kind – ein junges Mädchen steht damit am Ende der Bedeutungsskala – gelten als kaum verdammungswürdig.

Magisches Denken und Gewissen

Kleine Kinder glauben an ihre eigene Machtvollkommenheit, nicht an die von Geistern. Erst mit der erzwungenen Anerkennung der Macht anderer – in erster Linie der Eltern – entsteht ein Glaube an überaus große magische Kräfte von erfundenen Personen, von Riesen und von Geistern, die sogar mächtiger sind als die Eltern. Auch die magischen Techniken erfahren eine Änderung. Frazer beschreibt die magischen Vorstellungen bei Erwachsenen. Man kann, schreibt er,

> »die Grundlagen der Ideen ... auf welchen die Magie beruht ... in zwei Teile gliedern: einmal, daß Gleiches wieder Gleiches hervorbringt oder daß eine Wirkung ihrer Ursache gleicht; und dann, daß Dinge, die einmal in Beziehung miteinander gestanden haben, fortfahren, aus der Ferne aufeinander zu wirken, nachdem die physische Berührung aufgehoben wurde. ... Aus dem ersten dieser Grundsätze schließt der Magier, dass er allein durch Nachahmung jede Wirkung hervorbringen kann, die er hervorbringen will [etwa: Wasser durch ein Sieb gießen bringt Regen herbei – S. B.]; aus dem zweiten folgert er, daß alles, was er einem stofflichen Gegenstand zufügt, ebenso auf die Person wirkt, die einmal mit diesem Gegenstand in Berührung gestanden hat, mag er nun ein Teil ihres Selbst gewesen sein oder nicht.«[1]

Besonders die zweite Technik muss einem Novizen und auch einem Erwachsenen Angst einjagen. Wer dagegen wie ein kleines Kind »im glücklichen Wahn der Allmacht« lebt, bleibt unbeeindruckt. Ein Beispiel für die zweite Form von Magie findet sich im Bericht von Mead über die Berg-Arapesh. An sie zu

---

1 *Frazer: Der Goldene Zweig,* (1922) 1989, S. 15f.

Glauben muss, folgerichtig, ein Kind angehalten werden.

> »Mit etwa fünf Jahren werden die Kinder gewarnt: ›Du darfst nie eine angebissene Frucht dort herum liegen lassen, wo Fremde sind‹« [es folgt hier eine Aufzählung von Abfall, ›dirt‹, bis hin zu Speichel, der Fremden unzugänglich bleiben muss, weil ›dirt‹ zu Zauberei verwendet werden kann; Zauberer sind insbesondere Angehörige der benachbarten Flachland-Arapesh – S. B.]. Um den Zugang Fremder zu ›dirt‹ zu verhindern, bekommt jedes Kind ein Gefäß, das es ständig bei sich haben muss. In dieses Gefäß kommen die Nahrungsreste usw., bis sie ungesehen beseitigt werden können. »Die Arapesh sind geradezu besessen von dieser Angst vor ›dirt‹.« Mead spricht von einer »Zwangsvorstellung für den erwachsenen Arapesh«. »Nicht nur Krankheit und Tod, sondern auch Unglück – Jagdunfälle, Brandschäden, Ehebruch der Frau – wird auf die Macht des Zauberers aus der Ebene [Flachland-Arapesh – S. B.] zurückgeführt.«[1]

Im animistischen Stadium der Erwachsenen sind, denke ich, zwei Vorstellungen vereint: die kindliche animistische Vorstellung von der eigenen Allmacht und die Anerkennung der magischen Vormacht anderer, dazu gehören reale Personen wie Schamanen und nur vorgestellte Personen, wie die verstorbenen Ahnen und Geister.

Die Anerkennung der magischen Macht von Geistern oder Schamanen ist die Voraussetzung für die Entwicklung der inneren Stimme, die zunächst sogar in der Tonlage der Autoritätsperson spricht. Wenn dann die innere Stimme nicht mehr mit einer konkreten Tonlage und einem konkreten Wortlaut auf einen Wunsch zum Regelbruch Einfluss nimmt, sondern mit: »Das tut man nicht« reagiert, kann man von Gewissensangst reden und vom Aufbau der psychischen Instanz Über-Ich mit der Funktion des Gewissens, der Selbstbeobachtung[2]

1 *Mead: Jugend und Sexualität in primitiven Gesellschaften*, Bd. 3 (1935) 1970, S. 64f. und S. 30

2 Seneca schrieb dazu: »Nicht zum Himmel braucht man die Hände zu erheben, nicht den Tempelhüter anzuflehen, daß er uns, als könnten wir so mehr erhört werden, zum Ohr des Götterbildes hintreten lasse: die Gottheit ist dir nahe, sie ist bei dir, sie ist in dir. Ja, mein Lucillius, das behaupte ich, es wohnt in uns der heilige Geist, ein Beobachter und Wächter alles Guten und

(als Voraussetzung für Richten und Strafen) und vom Aufbau eines Ich-Ideals (der Idealvorstellung, der man nachstrebt). Aus der Furcht vor Bestrafung ist Gewissensangst geworden. Zur Einhaltung der sozialen Regeln ist die Aussicht auf reale Bestrafung nun nur noch zur Stützung der Gewissensangst notwendig. Bis heute läuft die Gewissensbildung nicht ohne äußere Hilfe ab. Wenn diese Hilfe inadäquat ist, entsteht dissoziales Verhalten.

> »Das Maß dieser Verinnerlichung [des äußeren Zwanges]«, schrieb Freud, »ist nun für die einzelnen Triebverzichte sehr verschieden. Für die erwähnten ältesten Kulturforderungen [Verbot von Mord und Inzest] scheint die Verinnerlichung ... weitgehend erreicht. Dies Verhältnis ändert sich, wenn man sich zu den anderen Triebanforderungen wendet. Man merkt dann mit Überraschung und Besorgnis, daß eine Überzahl von Menschen den diesbezüglichen Kulturgeboten nur unter dem Druck des äußeren Zwanges gehorcht, also nur dort, wo er sich geltend machen kann und solange er zu befürchten ist. Dies trifft auch auf jene sogenannt moralischen Kulturforderungen zu, die in gleicher Weise für alle bestimmt sind. Das meiste, was man von der moralischen Unzuverlässigkeit der Menschen erfährt, gehört hierher. Unendlich viele Kulturmenschen, die vor Mord und Inzest zurückschrecken würden, versagen sich nicht die Befriedigung ihrer Habgier, ihrer Aggressionslust, ihrer sexuellen Gelüste, unterlassen es nicht, den Anderen durch Lüge, Betrug, Verleumdung zu schädigen, wenn sie dabei straflos bleiben können, und das war wohl seit vielen kulturellen Zeitaltern ebenso.«[1]

Vermutlich war der Weg zur Entwicklung der inneren Stimme, des Über-Ichs, in der Evolution bei Männern und Frauen nicht gleichartig. Novizen, die mit Speiseverboten in den Busch geschickt werden, überleben nur, wenn sie die magische Macht von Geistern oder Schamanen anerkennen und in Folge davon eine »innere Stimme« entwickeln, die sie auch später, wenn sie erwachsen sind, davon abhält, die Tabus und Gebote zu brechen. Für den sozialen Zusammenhalt (in diesem Stadium der Evolution) scheint dagegen eine Internalisierung der äußeren

---

Bösen an uns.« *Seneca: Vom glückseligen Leben*, 1918, S. 156

1 *Freud: Die Zukunft einer Illusion*, (1927) 1960, S. 332f.

Autorität bei den Mädchen nicht notwendig gewesen zu sein, zumindest nicht die Bedeutung gehabt zu haben wie bei den Jungen, weil Frauen bis ins Erwachsenenalter unter physischem Druck standen. In vielen Kulturen werden die Mädchen mit Beginn der Geschlechtsreife von der Familie getrennt. Eine Art der Trennung ist die frühe zwangsweise Verheiratung, die sie in Abhängigkeit von ihrem Ehemann und der Familie ihres Ehemanns bringt. Eine andere, bei der sie länger in der Familie verbleiben können, ist, wie oben dargestellt, die oft äußerst brutale Einsperrung innerhalb der Familie bis zum Zeitpunkt der Verheiratung. Beides schützt die Mädchen vor Vergewaltigung durch Familienangehörige[1], beides traumatisiert sie, beides beinhaltet bedingungslose Unterwerfung. Eine Internalisierung der äußeren Autorität, die Ausbildung einer »inneren Stimme«, die die von außen gesetzten Verbote und Gebote unterstützt, könnten die »Schicksalsschläge« vielleicht erträglicher machen, aber notwendig für den sozialen Zusammenhalt scheint sie bei den Mädchen (in diesem Stadium der Evolution) nicht gewesen zu sein.

1 »Die Vereinigung der Frauenanwälte Bangladeschs verweist darauf, daß fast alle Mädchen ab 10 Jahren irgendwann Opfer sexueller Belästigungen auf verbaler oder gar handgreiflicher Ebene werden ... Aus Angst vor Übergriffen werden sie von den Eltern früh verheiratet.« (*Berger: Schutz von »Kinderehen«*, 2012, S. 15) Im Haus ihres (zukünftigen) Ehemanns ist ein kleines Mädchen offenbar sicherer als im Haus ihrer Eltern. Ich sehe nur einen Grund dafür, warum das so sein könnte: Nach der Übersiedlung ist Inzest ausgeschlossen.

Daseinsvorsorge und magische Denkweise

Die Vorteile des magischen Denkens bei der Durchsetzung der Tabus und Gebote waren nicht zu haben ohne die Nachteile des magischen Denkens bei der Daseinsvorsorge.

Es ist ein Faktum, dass bei allen Völkern magisches Denken eine große Rolle spielt. Es hat sich durchgesetzt, obwohl es bei der Daseinsvorsorge nachteilig ist.

Erwachsene Menschenaffen befolgen keine solche Rituale. Ihr Handeln und Denken ist weniger komplex, aber offenbar realitätsgerechter. Es lässt sich also kaum von der Hand weisen: Unsere Vorfahren haben mit der Übernahme des magischen Denkens in das Erwachsenenalter weniger realitätsgerecht gedacht und gehandelt als vor diesem Schritt. Ein Rückschritt also? Ist das überhaupt möglich oder liegt hier ein Denkfehler vor?

Ohne Frage war bei unseren Vorfahren zu der fraglichen Zeit all das, was unter Daseinsvorsorge zusammengefasst werden kann, wie der Zugang zu Nahrung und der Schutz vor Naturgewalten und Feinden, eminent wichtig; aber offensichtlich war der Erhalt beziehungsweise die Fortentwicklung ihrer Sozialstruktur und die Fähigkeit, sich (als Population) neuen Lebensbedingungen anzupassen[1], für sie ebenfalls sehr wichtig. Dafür, so wird hier vertreten, ist das magische Denken im Erwachsenenalter ein Selektionsvorteil gewesen. Das Problem unserer Ahnen war dann vermutlich, dass das magische Denken aus der Kindheit nur in seiner Gesamtheit in das Erwachsenenleben übernommen werden konnte – oder gar nicht[2].

1 Siehe auch »Zur Entwicklung der Tabus und Gebote«, S. 100f.

2 Malinowski hat für die Trobriander zusammengestellt, wofür Magie verwendet wird. Liest man diese Zusammenstellung, dann fragt man sich, welcher Bereich denn nicht von Magie beherrscht wird: »Man zieht sie [die Magie] zu Rate bei Gartenbau und Fischfang, beim Bauen eines großen

(Selbstverständlich handelte es sich nicht um bewusste Entscheidungen. Ein neues Verhalten entsteht weitgehend zufällig und bleibt – unter günstigen Umständen – erhalten, wenn es der Population einen Vorteil verschafft.) Damit ergab sich zwangsläufig ein Problem bei der Daseinsvorsorge: Die Vorteile des magischen Denkens bei der Durchsetzung der Tabus und Gebote waren nicht zu haben ohne die Nachteile des magischen Denkens bei der Daseinsvorsorge. Notwendig war offenbar, dass bei jedem der vielen kleinen Schritte, die schließlich zu den heute zu beobachtenden Zuständen geführt haben, die Vorteile die Nachteile immer (ein wenig) überwogen haben, sonst hätte die fragliche Population einen Selektionsnachteil im Vergleich zu benachbarten Populationen erlitten. Die Übernahme der magischen Denkweise in das Erwachsenenalter hat einer Gemeinschaft vermutlich nicht nur dadurch Vorteile verschafft, dass sie die Tabus und Gebote einhalten konnte, sondern auch dadurch, dass für die Durchsetzung der Tabus und Gebote die Kommunikation komplexer werden musste. Das könnte zu einem unvorhergesehenen Effekt geführt haben: Der Selektionsdruck zur Durchsetzung der Tabus und Gebote könnte die Entwicklung von Sprache und den Umgang

---

Kanus und beim Tauchen nach wertvollen Muscheln, bei der Regelung von Wind und Wetter, im Krieg und in Liebesdingen, wenn man sich gegen Gefahren auf See schützen oder den Erfolg eines großen Unternehmens sichern will und last not least, wenn es gilt, die eigene Gesundheit zu schützen oder einem Feind Krankheit zuzufügen. Erfolg und Sicherheit auf all diesen Gebieten hängt hauptsächlich und manchmal ausschließlich von Magie ab und kann durch deren richtige Anwendung geregelt werden. Glück oder Unglück, Not oder Überfluß, Gesundheit oder Krankheit beruhen nach Gefühl und Glauben der Eingeborenen zum größten Teil auf den richtigen Umständen richtig angewandter Magie.« (*Malinowski: Das Geschlechtsleben der Wilden*, 1930, S. 30) Allerdings, der Unterschied zum Verhalten in »Kulturnationen« ist nicht groß. Weit verbreitet ist, toi, toi, toi zu sagen, den Daumen zu halten, die 13 zu meiden, Glücksbringer zu beachten usw. Ich denke, all das passt zu der Hypothese, dass die magischen Vorstellungen der Kindheit in ihrer Gesamtheit in das Erwachsenenleben übernommen wurden und dann Stück um Stück, je nach sozialer und persönlicher Gegebenheit, auf- oder abgewertet wurden.

mit Symbolen gefördert haben[1], und beides hat dann im Gegenzug Populationen gefördert, die die Tabus und Gebote einzuführen versuchten.

1 Siehe »Zur Evolution von Sprache«, S. 102f.

Ist der Schamane ein Betrüger?

Manche Schamanen sind psychisch krank, manche sind Betrüger, und wieder andere wissen vermutlich, dass sie zwar nicht immer die Wahrheit sagen, aber sie wissen auch, dass in ihrem Sozialsystem ihr Wirken eine wichtige Funktion erfüllt.

Nach Frazer sind erfolgreiche Schamanen notwendigerweise Betrüger:

> »Denn man darf niemals außer acht lassen, daß jede einzelne Behauptung und Forderung, welche der Magier als solcher aufstellt, falsch ist. Keine einzige kann ohne bewußte oder unbewußte Täuschung aufrecht erhalten werden. Infolgedessen ist der Zauberer, welcher an seine eigenen überschwenglichen Behauptungen glaubt, in weit größerer Gefahr, und es besteht mehr Wahrscheinlichkeit, daß er seine Laufbahn aufgeben muss, als der bewußte Betrüger. ... Das allgemeine Ergebnis ist also, daß in dem geschilderten Stadium der sozialen Entwicklung die höchste Gewalt gewöhnlich Männern von schärfstem Verstand und skrupellosestem Charakter zufällt.«[1]

Andere Wissenschaftler halten Schamanen (schon) deshalb nicht für Betrüger, weil sie sie für krank halten:

> »Zusammen mit Kroeber und Linton bin ich [George Devereux] der Meinung, daß der Schamane psychisch krank ist. ... Seine normalen Stammesbrüder weisen dieselben Konflikte auf wie er und empfinden deshalb seine Abwehrmanöver (Symptome, Rituale) als Selbstbestätigung.«[2]

Howitt stellt sich ebenfalls die Frage, ob die Schamanen der Aborigines glauben, dass sie übernatürliche Kräfte besitzen. Er kommt nach Beobachtungen und Gesprächen mit Schamanen zu dem Schluss, dass sie mehr oder weniger fest daran glauben solche Kräfte zu besitzen, und zwar – so vermutet er – deshalb, weil sie an die magischen Kräfte der Anderen glauben. Der

---

1 *Frazer: Der Goldene Zweig,* (1922) 1989, S. 66

2 *Devereux: Normal und anormal: Der Schlüsselbegriff der Ethnopsychotherapie,* 1974, S. 73f.

Glaube an Magie sei so tief im Alltagsleben der Aborigines verwurzelt, dass selbst die, die betrügen, an der magischen Kraft anderer Schamanen nicht zweifeln. So kämen sie leicht zu dem Schluss, dass, wenn ihre Magie keinen Erfolg hat, offenbar ein Gegenzauber den Erfolg verhindert hat[1].

Nach Hans Peter Duerr beherrschen Schamanen tatsächlich magische Techniken, weil sie, ebenso wie unsere Ahnen, Zugang zu tiefen Schichten ihrer Persönlichkeit haben.

> »*Sie* [die archaischen Menschen] haben bzw. hatten noch die Kenntnis von ›Tiefenschichten‹ der Persönlichkeit, die *wir* längst von uns abgetrennt haben.«[2] Einen Weg zu diesen Tiefenschichten gäbe es auch für uns Heutige noch: »Aber wir können mit Schnee-Eulen [als Beispiel für übernatürlich erscheinende Kommunikation – S. B.] kommunizieren, wenn wir – und dabei können uns bewußtseinserweiternde Drogen behilflich sein – die Grenzen zu unserer eigenen ›Tiernatur‹ und damit die Grenzen, die uns von den Schnee-Eulen trennen, *auflösen*.«

Franz Boas[3] berichtet von einem Indianer aus der Gegend von Vancouver, Kanada, namens Quesalid, der nicht an die Magie von Schamanen glaubte. Er wollte ihre Betrügereien aufdecken und beschloss deshalb, sich in ihre Techniken einweihen zu lassen. Die Schamanen weihten ihn tatsächlich ein und verrieten ihm ihre Tricks. Dann wurde er selbst zu Kranken gerufen, und ihm gelang die Heilung – mit einem ganz bewusst eingesetzten Betrug –, wo ein anderer Schamane mit seinen Tricks versagt hatte. Das wiederholte sich in den folgenden Jahren mehrfach. Er wusste, dass er betrog, aber der Heilerfolg belehrte ihn, dass mit Aufklärung oder Aufdeckung des Betrugs den Menschen nicht geholfen ist. Nach Lévi-Strauss verstand er sich schließlich als ein Element in einem Dreieck, das aus dem Patienten, dem Arzt/Schamanen und der Gesellschaft gebildet wird. Er erfüllte eine, in dieser Gesellschaft, notwendige Funk-

---

1 *Howitt: The native tribes of south-east Australia*, (1904) 2010, S. 356

2 *Duerr: Traumzeit. Über die Grenze zwischen Wildnis und Zivilisation*, 1985, S. 393; folgendes Zitat S. 172. Kursivierung im Original.

3 Franz Boas, 1930, zitiert nach *Lévi-Strauss: Strukturelle Anthropologie*, (1958) 1969, S. 192ff.

tion. Im Laufe seines Lebens wurde Quesalid ein hoch geehrter Schamane. Der berufliche Erfolg brachte ihn schließlich dazu seinen (täglichen) Betrug aus den Augen zu verlieren, berichtet Boas.

Nach Lévi-Strauss kann der in der Bevölkerung vorhandene Glaube an Magie auch ohne Beteiligung eines Schamanen Wirkungen entfalten. Über ein Volk am Amazonas schrieb Lévi-Strauss:

> »Ein Individuum, dass sich bewußt wird, Objekt einer Verhexung zu sein, ist aufgrund der feierlichen Tradition seiner Gruppe zutiefst überzeugt, daß es verdammt ist; Verwandte und Freunde teilen diese Gewißheit. Von da an zieht sich die Gemeinschaft zurück ... man verhält sich ihm gegenüber, als sei er nicht nur bereits tot, sondern ein Gefahrenherd für die ganze Umgebung. ... Der Verzauberte ... kapituliert nun vor dem vereinten Wirken des intensiven Terrors, des plötzlichen und totalen Rückzugs der vielfältigen Bezugssysteme ...«[1]

Schließlich stellte sich der Tod ein. In diesem Fall war der Glaube an die Wirkung der Magie der entscheidende Faktor, ein Schamane spielte, falls überhaupt, nur eine Nebenrolle. In diesem Stadium der sozialen Entwicklung gilt: Ist jemand verhext, so wird er krank, und: Ist jemand krank, dann liegt das daran, dass er oder sie verhext ist. Mead berichtet aus Samoa: »Erkrankt jemand, so wird eine Erklärung für die Krankheit zuerst in der Einstellung der Angehörigen gesucht.«[2] Howitt berichtet, dass ein Novize, der während der Monate dauernden Initiation – allein im Busch – eines der Speiseverbote bricht, von seinem Gewissen so geplagt werden kann, dass er krank wird oder sogar stirbt[3]. Sogar in »Kulturnationen« kann

---

1 *Lévi-Strauss: Strukturelle Anthropologie,* (1958) 1969, S. 183

2 *Mead: Jugend und Sexualität in primitiven Gesellschaften,* Bd. 1 (1928) 1970. S. 118

3 *Howitt: The native tribes of south-east Australia,* (1904) 2010, S. 639. Howitt drückt sich vorsichtig aus: Die schwerwiegenden oder sogar tödlichen Effekte wurden hervorgerufen von etwas, das man wohl als Gewissen bezeichnen muss (»serious and even fatal effects, produced by what one must call conscience«). An anderer Stelle berichtet Howitt von einem Jungen vom Stamm der Kurnei, der ein weibliches Opossum gegessen hatte, bevor es ihm von

die Erwartung den Verlauf einer Krankheit bestimmen. Magnus Heier schrieb:

> »Sam Shoeman hatte nicht sterben müssen. Aber er war überzeugt davon, todkrank zu sein. Seine Ärzte gaben ihm nur wenige Monate. Und so schnell starb er auch. Allerdings nicht an seinem Tumor. Der war am Ende nicht bedrohlich. Shoeman starb an der Überzeugung, sterben zu müssen.
> Derek Adam hatte sterben wollen. Er nahm 29 Kapseln eines Antidepressivums, die er im Rahmen einer Medikamentenstudie bekommen hatte. Die Überdosis war zu hoch, die Ärzte konnten ihm nicht mehr helfen. Bis sich herausstellte: Seine Überdosis waren nur Placebos – er gehörte zur Kontrollgruppe der Studie. Doch er war sicher, sich tödlich vergiftet zu haben. Als er erfuhr, dass er nur ein Scheinmedikament geschluckt hatte, verschwanden die Symptome sofort. Adam war geheilt.«[1]

Der Glaube kann nicht nur Berge versetzen, er kann offenbar auch töten und heilen. Ein Schamane ist oft nur die Projektionsfläche für eigene Wünsche und Befürchtungen, und daher kann er seine Funktion erfüllen, wenn er weise, gerissen oder aber psychisch krank ist.

---

den alten Männern erlaubt war. Die Männer sagten ihm daraufhin, dass er nie zu einem erwachsen Mann heranwachsenen werde. Der Junge war stark und gesund, wurde aber umgehend krank und starb nach drei Wochen. Ebd. S. 769f. Von weiteren ähnlich gelagerten Fällen bei Aborigines und Fijians s. *Fison, Howitt: Kamilaroi and Kurnai,* (1880) 1991, S. 247 und *Fison: Tales from old Fiji, 1904, S. xxxiii*

1 *Heier: Nocebo: Wer's glaubt wird krank,* 2012, S. 7. »Placebos wirken auch, wenn Patienten wissen, dass sie nur ein Scheinpräparat nehmen. Allerdings gilt dies nur dann, wenn sie vorher über den Placebo-Effekt aufgeklärt wurden.« http://www.spiegel.de/wissenschaft/medizin/studie-auch-offen-verabreichte-placebos-koennen-helfen-a-1170817.html#ref=nl-dertag

Wortmagie

Worte dienen nicht nur der Kommunikation, einem Wort wird nicht selten magische Kraft zugedacht. Ein »gegebenes« Wort bindet.

> »Im Anfang war das Wort, und das Wort war bei Gott, und Gott war das Wort. Dasselbe war im Anfang bei Gott. Alle Dinge sind durch dasselbe gemacht, und ohne dasselbe ist nichts gemacht, was gemacht ist.« So beginnt das Evangelium des Johannes. Im ersten Buch Mose heißt es: »Und Gott sprach: Es werde ... und es ward ...«

Nicht mit einer Tat soll alles begonnen haben, was existiert, sondern durch ein Wort. Dieses Wort ist offensichtlich weit mehr als ein Kommunikationsmittel: es hat magische Kraft.

Für Kinder muss es eine großartige Erfahrung sein, wenn sie endlich sagen können, was sie wollen[1]. Wohl jeder Erwachsene stand schon ratlos vor einem brüllenden Kind mit der Frage: Was fehlt ihm? Will es trinken? Sind die Windeln nass? Die falsche Entscheidung steigert das Brüllen. Monate später kommt die Erlösung: Worte wie: Mama, Papa, komm, ja und nein, führen dazu, dass die »Riesen« tatsächlich genau das tun, was man will. Wünsche werden ohne Verzögerung zu Realität. Physisch sind Kinder unterlegen, aber mit dem richtigen Wort bewegen sie die Welt. Ich denke, diese Erfahrung trägt erheblich dazu bei, Allmachtsfantasien zu entwickeln und dem gesprochenen Wort Macht beizumessen.

Unseren Vorfahren muss das ähnlich gegangen sein, als sie Wort für Wort ihre Sprache entwickelten. Worte dienen bis heute nicht nur der Kommunikation, sie haben offensichtlich eine weitere wunderbare Eigenschaft: sie vermitteln Macht über andere. Sogar der Hund kommt, wenn man ihn mit dem richtigen Wort ruft. Hü und Hott wird den Zugtieren zugerufen, die erheblich stärker sind, als man selbst ist, und sie reagieren in der gewünschten Weise. Einflussnahme durch ein ge-

1 Vgl. S. 25

sprochenes Wort steht, kann man sagen, auf halbem Wege zwischen dem Versuch einerseits, allein mit Hilfe von Gedanken, und andererseits mit Hilfe von Körperkräften Einfluss zu gewinnen. Für physisch Unterlegene bietet sich Wortmagie in Form von Beschwörungen, Beten und Verfluchen geradezu als Mittel der Einflussnahme an. Das Wort ist die Waffe der Unterlegenen. Die Mächtigen fürchten es, und das nicht nur, weil es dabei hilft, die Schwachen gegen die Mächtigen zu vereinen, sondern weil ein Wort unmittelbare Wirkung haben kann. Wer verflucht wird, leidet, stirbt vielleicht sogar. Bei den Aborigines wird den Novizen am Ende der Initiation ein neuer Name gegeben, der alte Name darf nie wieder erwähnt werden. Ein Name wird als Teil der Person angesehen, schreibt Howitt. Wer ihn kennt, kann damit schwarze Magie betreiben und die Person schädigen[1]. Dem ausgesprochenen Wort »Teufel« oder »Satan« wird zugetraut, den Teufel herbeizurufen. Lange Zeit wurde daher vorsichtshalber vom Gottseibeiuns, vom Widersacher, Verführer oder Leibhaftigen gesprochen, wenn es unvermeidlich war, den Teufel zu erwähnen. In *Harry Potter* haben alle, bis auf Harry Potter selbst, Angst davor, den Namen des absolut Bösen, Lord Voldemort, direkt auszusprechen – er wird »You-Know-Who« genannt –, weil sie ihn damit herbeirufen könnten. »Die magische Kraft steckt vor allem in den Worten der Formel«[2] schreibt Malinowski von der Trobriandern. Der genaue Wortlaut entscheidet über die Wirkung. Daher gehört das Magiesystem »natürlich zu den geschätztesten Eigenheiten und Besitztümern eines … Clans.«

---

1 *Howitt: The native tribes of south-east Australia,* (1904) 2010, S. 440ff. und S. 736. Bei den Waramunga (im zentralen Australien) darf eine Frau nach dem Tod ihres Mannes mehrere Monate nicht sprechen. Ihren Worten wird magische Kraft beigemessen. Besonders der Name des Verstorbenen darf nicht ausgesprochen werden. Erlaubt ist der Frau aber die Kommunikation mit Gesten. Diese Sprache ist so hoch entwickelt, dass Frauen sie gelegentlich für alltägliches Plaudern verwenden. Zweifellos kann die Witwe mit Gesten den Namen ihres verstorbenen Mannes ausdrücken. Offensichtlich hat aber nur das gesprochen Wort eine magische Wirkung. *Spencer,* Gillen: The native tribes of central Australia, (1899) 1968, S. 500f.

2 *Malinowski: Das Geschlechtsleben der Wilden,* 1930, S. 30, das folgende Zitat: ebenfalls S. 30

Selbst der Teufel ist von Worten abhängig. Faust, in Goethes *Faust*, bittet den Teufel einzutreten, der kann aber nicht: »Du mußt es dreimal sagen«, sagt er. Erst als das erfolgte, konnte der Teufel eintreten. Im Märchen »Der Teufel und seine Großmutter« der Gebrüder Grimm gelang es drei Soldaten, die sich dem Teufel verschrieben haben (das sind Worte (!) auf Papier), nicht in die Hölle einzufahren, indem sie ein Rätsel lösten (sie fanden die richtigen Worte). Der Teufel hält sich (wütend) an sein gegebenes Wort. Auch Rumpelstilzchen fühlte sich an sein Wort gebunden, als die Königin seinen Namen aussprach.

> »Die Uranfänge von *Wort* liegen wohl im religiösen Bereich«, schrieb der Sprachwissenschaftler Theo Stemmler. »Das Wort hat Macht, und daher steht ein ›Macht-Wort‹ in besonderem Maße der Gottheit zu. Diese Vorstellung kann sich derart zuspitzen, dass einem besonderen Wort magische Kräfte zugemessen werden. Bekanntestes Beispiel: die heilige Silbe *om* der Brahmanen und Buddhisten, die für die höchste geistige Kraft steht«[1].

Aktuelle Beispiele für Wortmagie sind z.B. »Entsorgung« und »Endlager«. Die Begriffe sollen über die Gefahr durch die wachsenden Berge von Müll und radioaktiven Abfall hinwegtäuschen. Und das gelingt. Von den meisten Bürgern werden solche Verharmlosungen gern angenommen. Die bewusst eingesetzte Wortmagie hilft, die tatsächlich vorhandenen Befürchtungen zu beschwichtigen und die, in diesem Fall bereitwillig erfolgte, Übernahme der Beschwichtigungen der heutigen »alten Männer« entlastet das eigene Gewissen.

Für die Wirksamkeit magischer Rituale muss der Wortlaut einer verwendeten Beschwörungen nicht verständlich sein: In Märchen heißt es: »Abrakadabra, dreimal schwarzer Kater«, in *Harry Potter* werden Zaubersprüche in lateinischer Sprache verwendet, und früher wurde der Gottesdienst in der katholischen Kirche in Latein gehalten. Es scheint, dass eine dunkle, orakelhafte, weitgehend unverständliche Sprache für die Wirk-

1 *Stemmler, T.: Wie das Eisbein ins Lexikon kam. Ein unterhaltsamer Gang durch die deutsche Wortgeschichte,* 2007, S. 211. Siehe auch »Zur Evolution von Sprache«, S. 102f.

samkeit von bedeutenden Aussagen und Beschwörungen geradezu notwendig ist. Was leicht zu verstehen ist, kann keinen »tiefen« Sinn haben. Alan Sokal und Jean Bricmont haben Beispiele dafür bei modernen französischen Philosophen gefunden:

> »Dagegen erfahren wir hier – ohne jede Erklärung – von Lacan, daß die Struktur des neurotischen Subjekts exakt dem Torus entspricht ..., von Kristeva, daß poetische Sprache durch die Mächtigkeit des Kontinuums theoretisch zu erfassen ist ... und von Baudrillard, daß der moderne Krieg in einem nichteuklidischen Raum stattfindet ... Der Zweck besteht darin, wissenschaftlich nicht vorgebildete Leser zu beeindrucken und – vor allem – einzuschüchtern. Selbst manche Kritiker aus Hochschulen und Medien fallen darauf herein: Roland Barthes ist beeindruckt von der Präzision der Arbeiten Julia Kristevas ... und *Le Monde* bewundert Paul Virilios Gelehrsamkeit.«[1]

Alan Sokal hat die Probe aufs Exempel gemacht und einen völlig unsinnigen »philosophischen« Artikel geschrieben, der voll von unangebrachten physikalischen und mathematischen Begriffen war. Der Artikel wurde von einer angesehenen Fachzeitschrift sogar in einer Sonderausgabe publiziert[2]. Als der Autor dann bekannt machte, dass es sich um eine Parodie handelt, war das Erschrecken groß.

---

1 *Sokal, Bricmont: Eleganter Unsinn. Wie die Denker der Postmoderne die Wissenschaften mißbrauchen,* 2001, S. 21

2 *Sokal: Die Grenzen überschreiten: Auf dem Weg zu einer transformativen Hermeneutik der Quantengravitation.* Ursprünglich englisch: Duke University Press, 1996. Deutsche Fassung abgedruckt in: *Sokal, Bricmont: Eleganter Unsinn. Wie die Denker der Postmoderne die Wissenschaften mißbrauchen,* 2001

Brüderlichkeit

Hat eine Gruppe von Menschen einen gemeinsamen Feind, dann rückt sie zusammen: Es entsteht Brüderlichkeit. Dabei wird die ambivalente Einstellung zu Mitmenschen zeitlich stabil aufgeteilt in eine friedliche Einstellung zu den »Brüdern« und eine feindliche Einstellung zu den Anderen. Diese Denk- und Verhaltensweise – sie wird Ambivalenzaufspaltung genannt – wird bei den Heranwachsenden durch ritualisierte Kämpfe gegen Mitglieder benachbarter Gemeinschaften eingeübt. Nicht nur bei Menschen findet man diese Verhaltensweise, sondern auch bei Schimpansen – was auf den weit zurückliegenden Ursprung der Ambivalenzaufspaltung hinweist.

Ambivalenzaufspaltung

Wie konnte im Verlauf der Evolution erreicht werden, dass die Erwachsenen einer Horde sich nicht gegenseitig bekämpften? Wie wurde Brüderlichkeit und damit Zusammenhalt in einer Horde erreicht? Allen Eltern ist bekannt, dass bei kleinen Kindern Hilfsbereitschaft und Aggression schnell wechseln können. Ein Spielgefährte kann eben noch freundlich behandelt werden und im nächsten Augenblick mit aller zur Verfügung stehenden Macht geschlagen werden. Auch die Eltern werden in schnellem Wechsel geliebt und gehasst. Man spricht von einer ambivalenten Einstellung zu einer Person. Ungezügelte Aggression unter Erwachsenen aber kann sich keine Gesellschaft leisten, sie zerbricht daran. Es muss also spätestens beim Übergang ins Erwachsenenleben eine Veränderung im Verhalten stattfinden. Aggression ist ein Trieb, der, nach allem, was man weiß, nicht vollständig einzuschränken ist. Aggressionen lassen sich aber umlenken. Beispielsweise kann ein Teil der Aggressionen in sportliche Betätigungen einfließen oder in Handlungen wie Holzhacken, Haareschneiden oder mit spitzer Feder Literaturkritiken schreiben. Es ist auch möglich, im Innern einer Gruppe *Frieden* zu erreichen, wenn gleichzeitig *Aggressionen* gegen Außenstehende gerichtet werden. Mit den Worten Freuds:

»Es ist immer möglich, eine größere Menge von Menschen in Liebe aneinander zu binden, wenn nur andere für die Aggression übrig bleiben. ... Das überall versprengte Volk der Juden hat sich in dieser Weise anerkennenswerte Verdienste um die Kulturen ihrer Wirtsvölker erworben; ...«[1]

Gustav Berking hat das allgemeiner formuliert:

»... die Brüderlichkeit wird erst möglich mit der Ambivalenzaufspaltung. Sie [die Brüderlichkeit] ist nicht allgemeine Menschenliebe. ... Brüderlichkeit entsteht ... zusammen mit dem Fremdenhass. Die polare Entmischung geht soweit, dass dem Freunde, dem nächsten Nächsten, alles Gute zugestanden wird, alle ›Schwächen‹ nachgesehen werden, sofern man sie überhaupt wahrnimmt; und für ihn, aus Freundschaft, begeht man sogar unerlaubte, unmoralische Handlungen (›Pferde stehlen‹),... Dem Feinde wird demgegenüber zunächst alles Schlechte zugetraut, ihm werden alle großen Leistungen abgesprochen usw., das heißt, man sieht ihn so, dass er den Hass und die Verachtung, die ihn treffen, auch verdient hat. Er muss die Quelle allen Übels sein, und die Welt wäre endlich (wieder) ein Paradies, wenn es ihn nicht gäbe.«[2]

Die Fähigkeit, in Kategorien von Freund und Feind, von wir und die, zu denken (d.h. die Fähigkeit zu einer »polaren Entmischung« der Ambivalenz), entwickelt sich am Ende der Kindheit, in der sogenannten Latenzperiode. Fremd Aussehende werden dann, ohne Grund, misstrauisch und feindselig betrachtet und auch abwertend behandelt.

»Die Wurzeln für fremdenfeindliche Einstellungen liegen nach Erkenntnissen des Jenaer Psychologen Andreas Beelmann oft schon in der Kindheit. ... Eine Auswertung von 113 Studien weltweit habe ergeben, dass Kinder vor allem im Alter von fünf bis sieben Jahren verstärkt ethnische oder nationale Vorurteile entwickeln –

---

1 *Freud: Das Unbehagen in der Kultur,* (1930) 1960, S. 473f.

2 *Berking, G.: Grundlegung einer psychoanalytischen Pädagogik. Aufgaben und Möglichkeiten eines Schulversuchs,* (1954) 2016, S. 124. Joseph Roth schrieb: »Die meisten Menschen, die ihr Vaterland oder ihre Nation lieben, sind arme Blinde. Sie sind nicht nur nicht imstande, die typischen Fehler ihrer Nation und ihres Landes zu sehen, sondern sogar geneigt, diese Fehler als Muster menschlicher Tugend zu empfinden. Das nennt man dann, sehr stolz: ›Nationales Selbstbewußtsein‹.« *Roth: Europa ist nur ohne das Dritte Reich möglich,* (1934) 2003, S. 73

danach ebbe dies häufig wieder ab.«[1]

Mead berichtet, wie Kinder der Berg-Arapesh zur Ambivalenzaufspaltung angehalten werden.

> »Für die Arapesh-Kinder besteht die Welt aus zwei großen Kategorien: Die eine bildet die Verwandten – etwa drei- bis vierhundert Menschen ... ferner aus der großen Zahl der Frauen und Kinder von ... Tauschhandelspartnern des Vaters; die andere Kategorie sind die Fremden und Feinde ... Diese spielen im Leben eines Kindes die Doppelrolle des gefürchteten ›schwarzen Mannes‹ und des Feindes, den man hassen, verspotten, überlisten, kurz, dem man all das Böse zufügen darf, das gegenüber den eigenen Leuten verboten ist.«[2]

Bei den Aborigines wird dem Feind ebenfalls ganz konkret »alles Schlechte zugetraut«. Eine Krankheit ist für sie das Resultat von schwarzer Magie, verursacht, in erster Linie, durch ein Mitglied eines benachbarten, verfeindeten Stammes. Stirbt der Erkrankte, dann muss folglich sein Tod gerächt werden. In vielen Stämmen, so berichtet Howitt, ziehen die Verwandten und Freunde los und erschlagen einen Angehörigen des beschuldigten Stammes. Es muss nicht der sein, der der Tat beschuldigt wurde, jedes (männliche) Stammesmitglied ist geeignet, die (angebliche) Tat zu sühnen. Das bewirkt Blutrache, und die stabilisiert die Ambivalenzaufspaltung[3]. Diese Denkweise

---

1 *Wiener Zeitung*, 30.1.2012

2 *Mead: Jugend und Sexualität in primitiven Gesellschaften*, Bd. 3 (1935) 1970, S. 64f. und S. 30

3 *Howitt: The native tribes of south-east Australia*, (1904) 2010, S. 326ff. und S. 446ff. Auch den eigenen Stammesgenossen wird Mord zugetraut. Stirbt ein Mann, während seine Freunde abwesend sind, erwarten die Männer im Lager die zurückkommenden Freunde des Toten mit gesenktem Kopf. Die schlagen jeden mit einem Knüppel auf den Kopf. Dabei, so berichtet Howitt, sei schon mal ein Mann getötet worden (Ebd. S. 451). Kropotkin berichtet, dass die Aleuten innerhalb ihren Gemeinschaften Frieden halten, aber zwischen Gemeinschaften kann es zu Blutrache kommen: » ... zu der Zeit als Veniaminoff [*Veniaminoff: Denkwürdigkeiten über den Bezirk Unalaschka* (russisch), drei Bände, St. Petersburg 1840] schrieb (1840), [war] ein einziger Mord seit dem letzten Jahrhundert in einer Bevölkerung von 60 000 Seelen vorgekommen ..., und [es war] ... unter 1800 Aleuten nicht ein einziger Verstoß gegen das gemeinsame Recht in vierzig Jahren bekannt geworden. ... Und doch ist

hat sich bis heute weltweit erhalten. Wenn es an der Grenze eines Territorium zu einem Scharmützel kommt, tatsächlich oder nur behauptet (Überfall auf den Sender Gleiwitz, der Tonking-Zwischenfall), steht das Volk wie »ein Mann« auf, um – nicht selten euphorisch überdreht – »die Ehre der Nation« zu verteidigen. Klar ist von Anfang an, dass dabei viele, in »Kulturnationen« vielleicht Tausende, sterben können. Dieses Wissen verhindert die Blutrache nicht. Der gemeinsame Feind schweißt zusammen, macht aus Bürgern Brüder.

Die Berg-Arapesh, bei denen ebenfalls der Tod eines ihrer Mitglieder immer das Resultat von schwarzer Magie ist, haben eine virtuelle Blutrache erfunden:

> »Stirbt einer ihrer jungen Männer [ohne erkennbaren äußeren Grund – S. B.], so legen die Arapesh diesen Tod möglichst keinem Angehörigen ihrer Gemeinschaft zur Last; und statt Rache zu üben, bezahlen sie ihrerseits die Flachland-Leute [die anerkannte Zauberer sind – S. B.], damit sie einen anderen jungen Mann in einer entfernten Gegend [fiktiv! – S. B.] töten. So ist der hergebrachten Form Genüge getan und sie können dem Geist sagen: ›Kehre zurück, du bist gerächt!‹. Die Berg-Arapesh haben damit Mord und Haß aus ihren Grenzen verbannt, können alle Männer ›Bruder‹ nennen und vertrauensvoll mit ihnen aus einer Schüssel essen.«[1]

Die Entwicklung nationaler Stereotypen (»Schotten sind geizig«) sind nach Jan Berting und Christiane Villain-Gandossi das Resultat einer Entmischung friedlicher und aggressiver Einstellungen:

> »Sie [nationale Stereotypen] verstärken die Bindung zwischen den Mitgliedern der Gemeinschaft ... Sie können genutzt werden, um in positiver Weise zu unterstreichen, daß ›unsere‹ Gemeinschaft sich von anderen unterscheidet ... Sie dienen einer Nation, um in Krisenzeiten einen ›Sündenbock‹ zu finden.«[2]

---

es nichtsdestoweniger sicher, daß ... sie den Regeln der Blutrache streng gehorchen.« *Kropotkin: Gegenseitige Hilfe in der Tier- und Menschenwelt.* (1902) 1999, S. 104f.

1 *Mead: Jugend und Sexualität in primitiven Gesellschaften,* Bd. 3. (1935) 1970, S. 133

2 *Berting, Villain-Gandossi: Rolle und Bedeutung von nationalen Stereotypen in*

Das, was Edward Said als »Othering«[1] bezeichnet, die Geringschätzung »einer anderen Kultur, eines anderen Volkes«, hat seine Grundlage, in Ambivalenzaufspaltung:

> »Der springende Punkt beim ›Othering‹ besteht ... darin, dass der (oder das) Andersartige, Fremde nicht die gleichen Rechte besitzt, bzw. nicht gleichermaßen Mensch ist wie jene, die ihn als ›andersartig‹ absondern.« Das »Othering« bereite Übergriffen jeglicher Art den Boden mit dem Resultat: »gewaltsame Vertreibung, Landraub, Invasion und Okkupation«.

Umberto Eco hat sich mit dem gleichen Thema befasst und kommt zu ähnlichen Schlüssen. Er geht besonders auf die ein, die andere ausgrenzen und was das für diese Personen bedeutet.

> »Einen Feind zu haben ist nicht nur wichtig, um die eigene Identität zu definieren, sondern auch, um sich ein Hindernis aufzubauen, an dem man das eigene Wertesystem demonstrieren und durch dessen Bekämpfung man den eigenen Wert beweisen kann. Deshalb muss man, wenn man keinen Feind hat, sich einen fabrizieren. Erinnern wir uns nur daran, mit welcher Flexibilität sich die Skinheads von Verona jeden zum Feind erkoren, der nicht zu ihrer Gruppe gehörte, solange sie nur selbst als Gruppe erkennbar waren. Daher geht es mir hier nicht so sehr um das quasi naturgegebene Phänomen der Identifizierung eines Feindes, der uns bedroht, sondern um den Prozess der Konstruktion, Fabrikation und Dämonisierung des Feindes. ... Die Feinde sind anders als wir und richten ihr Verhalten nach Sitten und Bräuchen, die nicht die unseren sind. Ein Andersartiger par excellence ist der Fremde, der Ausländer. Doch von Anfang an werden nicht nur diejenigen Andersartigen, die uns direkt bedrohen (wie angeblich die Barbaren), als Feinde aufgebaut, sondern auch diejenigen, bei denen jemand ein Interesse daran hat, sie als bedrohlich hinzustellen, auch wenn sie uns nicht direkt bedrohen, mit der Folge, dass nicht so sehr ihre Bedrohlichkeit ihr Anderssein unterstreicht, sondern ihr Anderssein zum Zeichen ihrer Bedrohlichkeit wird.«[2]

---

internationalen Beziehungen: Ein interdisziplinärer Ansatz, 1998, S. 26

1 Dies und das Folgende zitiert nach *Klein: »Lasst sie doch absaufen«,* 2016, S. 107.

2 *Eco: Die Fabrikation des Feindes,* 2014, S. 9ff.

Um die »eigene Identität zu definieren«, ist, nach Eco, ein Feind nötig. »Deshalb muss man, wenn man keinen Feind hat, sich einen fabrizieren«. So sah das auch Samuel Huntington:

> »Samuel Huntington, der mit der CIA eng zusammenarbeitet, [hat] gesagt, wir brauchen wieder als westliche Gesellschaft wirklich einen Gegner, den wir hassen, denn ohne Hass kann man keine Gesellschaft stabilisieren, schon gar nicht kann man sie an die Regierung binden.«[1]

Damals, unmittelbar nach 9/11, wurde der »Islamist« zum Hassobjekt. Es gelang tatsächlich, die Bevölkerung besser an die Regierung zu binden: Der Widerstand gegen die Beteiligung an Kriegen wurde geringer, die zunehmende Einschränkung individueller bürgerlicher Freiheitsrechte wurde akzeptiert, und die Bevölkerung wurde erfolgreich davon überzeugt, den Gürtel enger zu schnallen.

Nach Eco ist die »Identifizierung eines Feindes« ein »quasi naturgegebene[s] Phänomen«. Das wäre ein entmutigender Ausblick. Ich denke, die Aussage ist nur so lange zutreffend, wie die Mehrheit der Bevölkerung noch so denkt. Doch vielen Zeitgenossen ist die Definition der eigenen Identität nicht mehr ein so dringendes Bedürfnis, dass sie einen Feind mit all den misslichen Konsequenzen, die damit verbunden sind, für ihren Seelenhaushalt benötigen. Diese Zeitgenossen sind dann auch in der Lage, die entsprechende Propaganda zu durchschauen.

Einübung von Brüderlichkeit und Fremdenhass

Bei vielen Stämmen der Aborigines findet am Ende der Initiationszeremonie ein ritueller Kampf statt[2]. Dazu werden die Novizen nach dem ersten Teil der Prüfungen, die die Novizen der verschiedenen Horden zusammen durchleben, in horden- und stammesspezifischer Weise geschmückt, und dann beginnen sie gegeneinander zu kämpfen. Später nehmen die erwachsenen Männer, die in den Riten bisher gemeinsam gehandelt ha-

1 Nach Andreas von Bülow, zitiert in: *Feist: Cui Bono? Oder Die CIA erfindet einen Krieg*, 2002, S. 252

2 *Howitt: The native tribes of south-east Australia*, (1904) 2010, S. 595ff.

ben, daran Teil, und in einigen Stämmen auch die Frauen. Ein Kampf kann, mit Unterbrechungen für die Jagd (zur Ernährung), Tage dauern. Die gerade noch bei den Riten eng zusammenarbeitenden Horden stehen sich nun (wieder) feindlich gegenüber. Bei einem Stamm, so berichtet Howitt, war der Kampf beendet, als ein Mann seinen Verletzungen erlag. Dieser Mann wurde dann von allen gemeinsam verspeist. In einem anderen Fall gab es fünf Tote und mehrere Verletzte, ehe der Kampf beendet wurde. Kannibalismus erwähnt Howitt in diesem Fall nicht.

Ich denke, der rituelle Kampf bewirkt bzw. festigt bei den Novizen – und auch bei den Erwachsenen – die Ambivalenzaufspaltung. Der Eindruck drängt sich auf, dass der Kampf inszeniert wird, *um* diese Aufspaltung bei den Novizen zuverlässig zu erreichen. Ein Novize kann sich brüderlich in seiner Horde verhalten, wenn er gemeinsam mit den anderen Männern seiner Horde gegen einen Feind gekämpft hat. Zu den Feinden gehören auch die Novizen aus den anderen Horden, die soeben noch Leidensgenossen waren. Sind erst einmal Verletzungen zu beklagen, dann ist eine eventuell entstandene Freundschaft zwischen Mitgliedern verschiedener Horden dahin – und das soll so sein. Der Kampf schweißt die Novizen mit den Männern der Horde zusammen, *weil* ein Feind klar auszumachen ist. Das Einstehen im Kampf für einander, gegen die »Anderen«, bewirkt Friede zwischen den Männern einer Horde auch dann, wenn es einmal Probleme geben sollte[1]. Man

1 Howitt berichtet von einem Überfall auf eine in das Territorium der Kurnai eingedrungene Horde eines benachbarten Stammes. Vor dem Angriff schickten die Männer die Frauen und Kinder fort und tanzten dann schweigend bis zum Aufbruch. Nach einigen Tagen erreichten sie das Lager der »Feinde«. Unmittelbar vor dem Angriff legten sie Kriegsbemalung an und tanzten erneut schweigend. Der Überfall geschah in der Nacht. Alle »feindlichen« Männer wurden getötet, die Frauen wurden zu (weiteren) Ehefrauen gemacht und die Kinder (vermutlich) adoptiert. *Fison, Howitt: Kamilaroi and Kurnai,* (1880) 1991, S. 213f. Ich denke, der Tanz und die Bemalung des Körpers haben die Ambivalenzaufspaltung reaktiviert. Das ermöglichte ihnen in der Rage des Tötens ihre Stammesgenossen zu erkennen und die persönlichen Querelen mit ihnen hintan zu stellen.

darf auch nicht vergessen, dass die Novizen während der Initiation Demütigungen und Schmerzen, auch von den Männern der eigenen Horde, ohne Zeichen der Auflehnung hinnehmen mussten. Da ist es verständlich, dass ein Angebot, ja die Aufforderung, den Aggressionen freien Lauf zu lassen, angenommen wird. Ohne Aggressionsabfuhr und ohne Aggressionslenkung auf Feinde könnten die Jugendlichen für die eigene Horde problematisch werden – die Erwachsenen selbstverständlich auch. Der gemeinsame Kampf bewirkt bei den Erwachsenen eine Aktivierung der Ambivalenzaufspaltung.

Bei den nördlichen Aché in Paraguay war solch ein Kampf das für sie wichtigste Ritual. Jedes Jahr, oder alle zwei Jahre, versammelten sich die Mitglieder *verschiedener* Horden, und dann schlugen die Männer mit Keulen, die eine geschärfte Kante haben, sich gegenseitig auf den Kopf. Das führte zu Schädelbrüchen. Jedes Jahr gab es tödliche Verletzungen. Zuschauer, einschließlich die anwesenden Frauen, verhinderten, dass Väter und Söhne oder Brüder aufeinander treffen. Innerhalb der Horden gab es mitunter auch spontane Schlägereien mit Keulen, beispielsweise, wenn ein Ehebruch bekannt wurde. Ein Hinweis auf gelungene Ambivalenzaufspaltung könnte sein, dass diese Kämpfe nie ein tödliches Ende gefunden haben sollen[1].

Bei der beliebtesten Veranstaltung (»favourite tribal game«) der Nuba (Afrika) kämpfen 18-20 Jährige verschiedener Clans gegeneinander. Sie versuchen, einander mit schweren Messingarmbändern, die sie am rechten Armgelenk tragen, auf den Kopf zu schlagen (»bracelet-fighting«). Das Armband hat scharfe Kanten. Der Kampf führt nicht selten zu schweren Verletzungen[2].

Bemerkenswert ist, dass die Kämpfe bei den Aborigines, den Aché und den Nuba nicht um Besitz oder Territorien geführt werden. Krieg, so scheint es, hat seinen Ursprung nicht im Bestreben nach Bereicherung oder Ausweitung des eigenen

---

1 *Wikipedia, 2016: Aché* (englische Version)

2 *Nadel: Dual descent in the Nuba hills,* (1950) 1964, S. 338

Territoriums. Bereicherung, Versklavung Unterworfener und Ausdehnung des eigenen Herrschaftsbereichs scheinen »Nutzeffekte« der lange vorher vorhandenen, regelmäßig stattfindenden Kriege zwischen benachbarten Gemeinschaften zu sein. Primäres Ziel der Aggressionslenkung war anscheinend, eine Befriedung innerhalb einer Gemeinschaft zu ermöglichen (wobei, wie noch diskutiert werden wird, Befriedung im Innern durchaus Hinnahme von Herrschaft beinhalten kann). Unvermeidliches Beiprodukt der Befriedung im Innern ist der Krieg mit den Nachbarn. Nach dem Kampf herrscht daher notwendigerweise nur Waffenstillstand, nicht Frieden. Eine dauerhafte Verbrüderung der Horden würde den Frieden im Innern und damit den Bestand der Gemeinschaft gefährden.

Weit verbreitet ist eine gänzlich andere Auffassung über die Entstehung von Krieg:

> »Wenn wir uns in der Verwandtschaft der Menschen, unter den Anthropoiden, umblicken, so sind die unter ihnen nächsten Verwandten, die Menschenaffen, besonders friedliche Vegetarier«, schrieb Alexander Mitscherlich. »Es sieht so aus, als wären die ur- und vorgeschichtlichen Menschen Sammler ähnlich friedlicher Art gewesen. Erst mit der Entwicklung des Besitzes beginnt jene Tragödie, die von neidvoll rivalisierenden Aggressionen gespeist ist, die uns so vertraut ist, weil sie bis in die verborgenen Winkel unserer Sozialwelt eindringen.«[1]

Wie im Folgenden noch gezeigt werden wird, sind unsere nächsten Verwandten, die Schimpansen, nicht so friedlich, wie man damals annahm. Unbestritten ist, dass die ungleiche Verteilung von Besitz zu »rivalisierenden Aggressionen« führt. Die Feststellung, dass sie »bis in die verborgenen Winkel unserer Sozialwelt eindringen«, ist, denke ich, ein Hinweis darauf, dass diese »rivalisierenden Aggressionen« viel älter sind als Besitz und als die gefühlte Notwendigkeit, Besitz verteidigen zu müssen.

Die Begeisterung vieler Kriegsfreiwilliger am Beginn des Ersten Weltkriegs, die überheblichen und herabwürdigenden

---

1 *Mitscherlich: Die Idee des Friedens und die menschliche Aggressivität*, 1970, S. 21f.

Reden über den »Feind« lassen sich kaum mit einer gefühlten Notwendigkeit, den eigenen Besitz verteidigen zu müssen, erklären. Es ging vielmehr um Blutrache. Dass die Mächtigen in den beteiligten Ländern andere Ziele hatten, ist unbestritten, aber »vom Zaun brechen« ließ sich der Krieg nur durch Rückgriff auf das archaische Erbe der Ambivalenzaufspaltung.

Heute haben wir weltweit ritualisierte Kämpfe zwischen Nationen in Form von Sportveranstaltungen. Hier wird Ambivalenzaufspaltung eingeübt und ausgelebt. Das zur Zeit beste Beispiel sind Fußballspiele. Die Spieler sind in »hordenspezifischer« Weise gekennzeichnet, der Gruppenzusammenhalt ist wichtiger als eine Einzelleistung, was schon daran erkennbar ist, dass »eingekaufte« afrikanische und asiatische Spieler als zu »uns« gehörig angesehen werden – zumindest so lange, wie sie auf dem Spielfeld sind. Die Kämpfe auf dem Spielfeld sind hart – es gibt Verletzte –, aber vom Anspruch her fair. Anders als bei den »Wilden« nehmen in zivilisierten Ländern heute die meisten nur als Zuschauer an den Kämpfen teil. Ungeachtet dessen sind die Emotionen der Zuschauer oft so stark, als ob sie selbst kämpften. Die Identifikation mit den Spielern geht soweit, dass sie Sieg oder Niederlage persönlich nehmen: »Deutschland hat gesiegt, wir haben gesiegt«. Bei öffentlichen Übertragungen solcher Spiele fallen sich dann einander Fremde der eigenen (!) Gemeinschaft in die Arme. Genau das ist das Resultat einer Ambivalenzaufspaltung. Einigen sogenannten Hooligans reicht die identifikatorische Teilnahme am Kampf nicht aus, sie schreiten während oder nach dem Spiel selbst zur Tat. Geeint geht es gegen die »Anderen«[1].

---

1 Richard Gebhardt: »Hooligans interpretieren Fußball nicht als Kunst, sondern als Kampf. ›Wir‹ kämpfen erbittert gegen ›die anderen‹ – frei und bierernst nach dem vielzitierten Motto der Liverpooler Trainerlegende Bill Shankly, wonach Fußball keine Frage von Leben und Tod sei – sondern viel wichtiger. Shankly übrigens war Sozialist und Pionier eines Fußballs, in dem der Sieg immer auch das Resultat einer kollektiven Anstrengung ist. ... ›You'll never walk alone‹. ... Radikal rechts agieren breite Teile der Hooligans, wenn sie im Fankulturkampf autoritären Druck auf Abweichler ausüben – hier treffen sie sich mit den rechten Aktivisten ... Auch die militärische Komponente war dem Spiel sowohl auf dem Rasen als auch auf den

Seine in einem zeremoniellen Kampf gefallenen Freunde bzw. Feinde zu verspeisen, galt in vielen Stämmen der Aborigines als große Ehrerbietung ihnen gegenüber[1]. Die gemeinsame Mahlzeit erzeugte vorübergehend Brüderlichkeit unter den verfeindeten Horden. Heute hat ein Arbeitsessen von Regierungsmitgliedern verschiedener Nationen die Funktion einer Beschwörung von Gemeinsamkeiten; wem Brot und Salz angeboten wird, der wird nicht (mehr) als Feind betrachtet, sondern (vorübergehend) unter die »Brüder« aufgenommen. Beim gemeinsamen Abendmahl werden die Beteiligten »Brüder in Christo«. In vielen indigenen Kulturen gab es Totemmahlzeiten, bei denen ein sonst unter das Speiseverbot fallendes Tier von allen erwachsenen Männern gemeinsam gegessen wurde. Niemand durfte sich ausschließen. Das gemeinsame Mahl dient der Abgrenzung zwischen Brüdern und Nicht-Brüdern.

Länderübergreifende Gedenken der im Kriege Gefallenen sind – wie das gemeinsame Verspeisen eines im zeremoniellen Kampf Gefallenen – keineswegs endgültige Verbrüderungen mit den ehemaligen Feinden. Ausdrücklich werden die unterschiedlichen Uniformen und »Ehrenzeichen« gezeigt, das sind Belege für getötete Gegner bzw. Belege für besondere Fähigkeiten, den Tod von Gegnern zu erreichen. Die Ordensträger werden geehrt, sie werden keineswegs von der jeweils anderen Seite als Massenmörder bezeichnet. Das Totengedenken hat, denke ich, die Funktion die Ambivalenzaufspaltung in Friedenszeiten auf allen Seiten wach zu halten.

> »Freundschaft zwischen Soldaten verschiedener Länder in den Ruhepausen des Friedens schwächt nicht die Entschlossenheit dieser Freunde, im Kriege gegeneinander zu kämpfen; vielmehr verklärt sie diesen Kampf, da sie ihn in eine tragische Pflicht, ein

---

Rängen immer schon beigemischt ... Fußball ist ohne das zumindest ironische Spiel mit der ›Feinderklärung‹, der Rivalität, der Diskriminierung des Gegners gar nicht denkbar.« *Gebhardt: Archaische Reste,* 2017. S. 12f. Aus: *Gebhardt (Hg.): Fäuste, Fahnen, Fankulturen. Die Rückkehr der Hooligans auf der Straße und im Stadion,* Köln 2017

1 *Howitt: The native tribes of south-east Australia,* (1904) 2010, S. 470

höchstes Opfer umwandelt.«[1]

Diese »tragische Pflicht« empfinden vermutlich auch die Novizen am Beginn des rituellen Kampfes der Horden gegeneinander, wenn sie sich einem bisher befreundeten Leidensgenossen aus einer anderen Horde gegenübersehen. Die von der Gemeinschaft erzwungene Aggressionslenkung fordert dann »ein höchstes Opfer« von ihnen.

Von vielen indigenen Völkern wird berichtet, dass ein junger Mann erst dann heiraten darf, wenn er im Kampf einen Gegner getötet hat[2]. Peter Kropotkin schrieb,

> »..., daß ein junger Mann [der Dayaks in Borneo – S. B.] weder heiraten noch für volljährig erklärt werden konnte, ehe er nicht den Kopf eines Feindes erobert hatte. ... der angebliche ›Kopfjäger‹ [wird] nicht im geringsten von persönlicher Leidenschaft angetrieben ... Er handelt, angetrieben von dem, was er als moralische Verpflichtung gegen den Stamm betrachtet ...«[3]

---

1 Das schrieb Siegfried Kracauer (*Kracauer: Von Caligari bis Hitler,* (1947) 1958, S. 171) in einem Kommentar zum Film *Berge in Flammen* (1931) von Louis Trenker. Auch beim Fußball gibt es vorübergehend Freundschaften zwischen verfeindeten Fans: »Das Gemeinschaftserlebnis im Fußball ist dabei nicht notwendigerweise ein Rückfall in alte Verhaltensmuster. Nicht jeder agiert wie ein Nachfahre der Stammeskrieger. Wenn Fans von Borussia Dortmund gemeinsam mit Fans der Reds ›You'll never walk alone‹ anstimmen, wird das solidarische Potential deutlich, dass diesem Sport eben auch innewohnt.« *Gebhardt: Archaische Reste,* 2017. S. 13. Das, denke ich, zeigt das gemeinsame Singen nicht. Es zeigt vielmehr, dass der Gegner als Kämpfer geachtet wird, aber er bleibt Gegner und muss das auch bleiben: nur so verhilft er zum Gemeinschaftsgefühl. Erst dann, denke ich, wird das »solidarische Potential deutlich, dass diesem Sport eben auch innewohnt«: wenn die Vereinsfahne keine Bedeutung mehr hat.

2 »Erst wenn die Jünglinge der Chatten einen Feind erschlagen hatten, war es ihnen erlaubt, das wallende Haar abzuschneiden. Cf. Tacitus, ...[Germania] §31. Vorher waren sie dem Totengott Odin geweiht und standen ›außerhalb‹ ...« *Duerr: Traumzeit. Über die Grenze zwischen Wildnis und Zivilisation*, 1985, S. 405. Die Novizen der Chatten lebten auf sich gestellt außerhalb der sozialen Ordnung der Erwachsenen.

3 *Kropotkin: Gegenseitige Hilfe in der Tier- und Menschenwelt*. (1902) 1999, S. 112. Bei den Fidschis wird ein Jüngling erst dann als Mann anerkannt, wenn er einen Angehörigen eines anderen Stammes erschlagen hat. Er muss nicht einen Krieger im Kampf töten, es genügt, eine alte wehrlose Frau zu töten, der er im Busch auflauert. *Fison: Tales from Fijii,* 1904, S. xxif.

Die übliche Interpretation ist, dass ein Mann Mut beweisen müsse, ehe er heiraten darf. Ich denke, er beweist damit in erster Linie seine Gesellschaftsfähigkeit. Die Tötung eines »Feindes« wird als Nachweis einer vollzogenen Ambivalenzaufspaltung gewertet. Der Getötete hat ihm vermutlich gar nichts getan, er war nur deshalb ein Feind, weil er zu den »Anderen« gehörte. Notwendigerweise herrscht zwischen solchen Horden ständig der Kriegszustand, und zwar ohne dass es ein Streben nach Bereicherung gibt. Diese Behauptung wird durch eine Beobachtung von Mead gestützt: Die Tchambuli (Neuguinea) haben, nachdem ihnen die Kopfjagd von der Kolonialverwaltung verboten wurde, eine Abwandlung dieses Brauchs entwickelt, bei dem das eigentliche Ziel der Kriegführung, die Aktivierung der Ambivalenzaufspaltung, weiterhin erreicht wird:

> »Jeder heranwachsender Knabe der Tchambuli mußte in seiner Jugend ein Opfer töten, und zu diesem Zweck wurden Kinder aus Nachbarstämmen erworben. Das Opfer durfte auch ein Kriegsgefangener oder ein Verbrecher [z.B. ein Nahrungsmitteldieb – S. B.] sein. Der Vater führte dem Knaben die Hand mit dem Speer ... Der Kopf wurde wie bei den im Krieg getöteten Feinden ... im Kulthaus als eine Trophäe des Ruhms aufgehängt.«[1]

Um eine daran anschließende Blutrache in Form von Kopfjagd zu vermeiden, wurde dem Dorf, dem ein getöteter Verbrecher angehörte, eine Zahlung überbracht.

Zusammengefasst: Bevor Jugendliche in die Gemeinschaft der Erwachsenen aufgenommen werden, müssen sie den Nachweis erbringen, dass sie ihre ambivalente Einstellung zu Mitmenschen zeitlich stabil aufgeteilt haben in eine vorwiegend friedliche zu nahen Verwandten und Hordenmitgliedern und eine vorwiegend feindlich zu allen anderen, die nicht zum Wir gehören. Wer *grundlos* aggressiv gegen Personen, die nicht zum Wir gehören, ist, von dem wird angenommen, dass er sich friedlich innerhalb der Gemeinschaft verhalten kann.

---

1 *Mead: Jugend und Sexualität in primitiven Gesellschaften,* Bd. 3 (1935) 1970, S. 220

Entstehung von Brüderlichkeit im Laufe der Evolution

Die Fähigkeit zu einer Ambivalenzaufspaltung hat sich möglicherweise schon vor der eigentlichen Menschheitsentwicklung herausgebildet. Jedenfalls zeigen Schimpansen ein Verhalten, das sich als Ambivalenzaufspaltung deuten lässt.

Männliche Schimpansen leben zeitlebens in ihrer Geburtsgruppe, die weiblichen Schimpansen wandern mit Beginn der Geschlechtsreife aus. Die heranwachsenden Männchen müssen also in ihrer Geburtsgruppe vom kindlichen zum erwachsenen Verhalten gelangen. Den kleinen Schimpansenkindern werden Aggressionen gegen Erwachsene weitgehend nachgesehen, den Jugendlichen nicht. Übermütige heranwachsende Männchen werden von den erwachsenen Männchen in ihre Schranken verwiesen. Die Aggressivität ist damit aber nicht verschwunden[1]. Als wichtigstes friedenstiftendes und friedenerhaltendes Verhalten unter Erwachsenen gilt die soziale Fellpflege (grooming). Die heranwachsenden Männchen sind vom Grooming ausgeschlossen. Mit 7 bis 8 Jahren erreichen männliche Schimpansen die körperliche Reife, aber erst einige Jahre später haben sie den sozialen Status von erwachsenen Männchen erreicht und werden zum gemeinsamen Grooming zugelassen: damit gilt ihre »Lehrzeit« (Jane Goodall) als beendet. Man könnte sagen, sie haben den Status eines Bruders bekommen.

In ihrer Lehrzeit sehen sich die heranwachsenden Schimpansenmännchen viele Verhaltensweisen von den erwachsenen

1 Jane Goodall (In: *Wilde Schimpansen,* 1975, S. 148) berichtete von einem Schimpansenjungen, der zusehen musste, wie erwachsene Männchen geschenkte Bananen essen, ohne ihm eine abzugeben. Er litt sichtlich, entfernte sich dann und trommelte wild und aggressiv an einen Baum. Dann kam er erleichtert zurück »... und setzte sich, jetzt ganz gelöst und ruhig wirkend, wieder hin; von diesem Tag an sahen wir ihn häufig allein davonlaufen, um das beschriebene Schauspiel an dem Baum zu wiederholen, wenn ihm die Gegenwart der älteren Artgenossen unerträglich wurde.«

Männchen ab, meist aus der Ferne, da sie diese Männchen mit Recht zu fürchten haben. Die Territorialverteidigung ist dabei eine Ausnahme. Jane Goodall schrieb:

> »Patrouillen an den Grenzen durchführen ist eine der vielen Pflichten, die ein Schimpansenjunge lernen muß, wenn er zu einem nützlichen Glied der Gesellschaft werden will.«[1] »Mindestens einmal die Woche suchen die Männchen von Gombe [dem Forschungsgebiet von Goodall – S. B.], meistens in Gruppen von nicht weniger als dreien, die Randgebiete ihres gemeinschaftlichen Wohngebietes auf.«[2]

Treffen patrouillierende Männchen – vereinzelt wurden auch junge Weibchen in solchen Patrouillen gesichtet – verschiedener Gruppen aufeinander und ist keine Gruppe der anderen deutlich überlegen, dann »schleudern sich die Mitglieder beider Seiten über einen Abstand von ein paar hundert Metern Drohungen entgegen«[3]. Angriffe gibt es, wenn eine Seite der anderen deutlich überlegen ist. Solche Überfälle werden lautlos vorbereitet, bis die Opfer nicht mehr entkommen können. Die Angriffe sind äußerst brutal und enden meist tödlich für die Überfallenen.

> »Es besteht überhaupt kein Zweifel daran, daß Zusammenstöße zwischen den Gesellschaften für einige Männchen, vor allem, wenn sie zwischen vierzehn und achtzehn Jahre alt sind, einen großen Reiz haben.«[4] »Es scheint ..., als wären die Angriffe Ausdruck des Hasses, der sich bei den Schimpansen einer Gesellschaft beim Anblick eines Mitglieds einer anderen Gesellschaft entwickelt. Fremde beiderlei Geschlechts lösen diese Feindseligkeit aus ...«[5]

---

1 *Goodall: Ein Herz für Schimpansen,* 1991, S. 134

2 Ebd. S. 120

3 Ebd. S. 121

4 Ebd. S. 123. Nahezu gleichlautend berichtet Mead von den Peri (Bewohner der Admiralitätsinseln, Pazifik): »Die alten Männer führten die kriegerischen Unternehmungen an, und die jungen Leute mordeten mit Genuß ...« Grund zum Kriegführen bestand immer. Die alten Männer fühlten sich unter dem Zwang, »einen Mann zu töten oder zumindest gefangen zu nehmen, um Lösegeld fordern zu können.« *Mead: Jugend und Sexualität in primitiven Gesellschaften.* Bd. 2 (1930) 1970, beide Zitate S. 147

5 *Goodall: Ein Herz für Schimpansen,* 1991, S. 122. Ähnliche Reaktionen zeigen

Jugendliche Schimpansen werden offenbar zu Kämpfen gegen fremde Artgenossen angehalten. Dass sie Aggressionswünsche gegen die eigenen Hordenmitglieder haben, ist leicht nachvollziehbar, wenn man weiß, wie sie von den erwachsenen Männchen – außer bei Kriegszügen – behandelt werden. Bei den Kriegszügen ist Brutalität nicht nur erlaubt, sondern sogar gefordert. Es scheint also, dass die *gemeinsame* Aggression gegen Fremde den Frieden im Innern zumindest festigt, wenn nicht sogar erst ermöglicht[1], und dass Jugendlichen Aggressionslenkung beigebracht wird. Das Grooming, zu dem die jungen Schimpansenmännchen erst nach der Einübung von Aggression gegen Mitglieder anderer Horden zugelassen werden, dient offensichtlich (nur?) zur Aufrechterhaltung der Ambivalenzaufspaltung, nicht zu seiner Einführung.

Bemerkenswert in diesem Zusammenhang ist, dass die Schimpansen nahe der Gombe-Station vergleichsweise friedlich mit Pavianen zusammenleben, die durchaus Nahrungskonkurrenten der Schimpansen sind. Es ist also nicht Nahrungskonkurrenz, die Schimpansen zu aggressivem Verhalten gegen Artgenossen von Nachbarhorden treibt.

Goodall berichtet auch von der Bildung einer neuen Schimpansenhorde durch Abspaltung von einer vorhandenen. Nach wenigen Monaten begann das Band der jahrelang gewachsenen Freundschaften zu zerreißen, schließlich brach tödliche Feindschaft aus[2]. Das Beispiel zeigt, dass bei Schimpansen – ähnlich wie bei Menschen – Freundschaften nur erhalten bleiben, wenn sie gepflegt werden.

Über Bonobos ist erheblich weniger bekannt als über Schimpansen, zum Teil deshalb, weil Bonobos deutlich schlechter in freier Wildbahn zu beobachten sind. Bonobos sind friedlicher

---

Rechtsradikale beim Anblick von Fremden, Flüchtlingen; es scheint, die Fähigkeit zu einer Ambivalenzaufspaltung ist schon sehr alt.

1 »Nach Hans Kummer beginnen Kämpfe zwischen verschiedenen Banden freilebender Mantelpaviane oftmals dann, wenn Angehörige einer Bande einen Streit unter sich ›schlichten‹, indem sie gemeinsam den Mitgliedern einer anderen Bande drohen.« *de Waal: Wilde Diplomaten*, 1993, S. 266f.

2 *Goodall: Ein Herz für Schimpansen*, 1991, S. 118

als Schimpansen. Sie haben ebenfalls Territorien. »Gelegentlich [gibt es] Verletzungen unter den Männchen bei Scharmützeln zwischen Gruppen, aber kein einziger Todesfall [wurde bisher] vermeldet.«[1] Bonobos, die wie die Schimpansen Promiskuität praktizieren, haben täglich mehrfach homo- und heterosexuelle Kontakte mit Mitgliedern der eigenen Gruppe. Beobachtungen legen nahe, dass solche Kontakte von ihnen »absichtlich« eingesetzt werden, um Konflikte beizulegen. Ob die jugendlichen Männchen ebenfalls angehalten werden sich aggressiv gegen Nachbarn zu verhalten, ist mir nicht bekannt.

Viele Autoren vermuten, dass die Erkenntnis, dass »gegenseitige Hilfe« (Kropotkin) von Vorteil bei der Daseinsvorsorge ist, zur Bildung von Gemeinschaften bei Menschen geführt hat:

> »Der gegenseitige Schutz, der in diesem Fall [durch gegenseitige Hilfe – S. B.] erreicht wird, die Möglichkeit, ein hohes Alter zu erreichen und Erfahrungen zu sammeln, die höhere Entwicklung des Intellekts und das Weiterwachsen der geselligen Sitten sichern die Erhaltung der Art, ihre Ausdehnung und ihre weitere fortschreitende Entwicklung. Die ungeselligen Arten dagegen sind zum Untergang verurteilt.«[2]

Aus der Beobachtung von gegenseitiger Hilfe bei Tieren schloss Kropotkin, dass auch bei unseren Ahnen der Vorteil solchen Verhaltens bei der Daseinsvorsorge zur Bildung von Gemeinschaften geführt habe, und (erst) dann habe sich die Einsicht durchgesetzt, dass ein Fortschreiten auf diesem Weg auch weiterhin von Vorteil ist.

Nach Michael Tomasello und Mitarbeitern[3] hat im ersten Schritt die Erkenntnis, dass Zusammenarbeit Vorteile bringt

---

1 *de Waal: Der Affe in uns,* 2009, S. 195

2 *Kropotkin: Gegenseitige Hilfe in der Tier- und Menschenwelt.* (1902) 1999, S. 266. Die englischsprachige Originalausgabe von 1902 hatte den Titel: *Mutual Aid. A Factor of Evolution.* »Für den von Kropotkin selbst geprägten ... Begriff ›mutual aid‹ hat sich im Deutschen der Begriff ›gegenseitige Hilfe‹ eingebürgert, den Gustav Landauer, der Übersetzer der deutschen Ausgabe, gewählt hatte.« H. Ritter im Vorwort zu *Gegenseitige Hilfe,* ebd. S. 7

3 *Tomasello et al.: Two Key Steps in the Evolution of Human Cooperation. The Interdependence Hypothesis,* 2012, S. 673ff.

und die Einsicht von gegenseitiger Abhängigkeit bei bestimmten Tätigkeiten zur Kooperation von einzelnen Personen geführt, beispielsweise zur Zusammenarbeit bei der Nahrungsbeschaffung. In einem zweiten Schritt habe es mit dem Anwachsen der Gruppengröße Konkurrenz zu anderen Gruppen gegeben. Dies habe dazu geführt, dass ein Gruppengefühl entstanden sei, und das habe die Kooperation innerhalb der Gruppe befördert. Dieses Gruppengefühl habe »kulturelle Konventionen, Normen und Institutionen« hervorgebracht. Eine soziale Selektion habe die Reputation desjenigen erhöht, der gut mit anderen zusammenarbeiten konnte.

Nach Hans Peter Duerr waren unsere Ahnen zu der »Einsicht« gelangt, dass nur, wer die Ordnung im Innern der Gemeinschaft von außen her gesehen hat, diese Ordnung schätzen und erhalten kann:

> » ... die archaischen Menschen [hatten] noch die Einsicht, daß man seine Welt verlassen muß, um sie erkennen zu können, daß man nur ›zahm‹ werden konnte, wenn man zuvor ›wild‹ gewesen war, ... Um also innerhalb der Ordnung leben zu können, um mit Bewußtsein zahm zu sein, mußte man in der Wildnis verweilt haben, man konnte nur wissen was das *drinnen* bedeutet, wenn man *draußen* gewesen war.«[1]

Ich denke dagegen, die Beobachtungen an Schimpansen legen nahe, dass die Bildung von Gemeinschaften vor der eigentlichen Menschwerdung begonnen hat. Es war nicht die Fähigkeit, rational abwägen zu können, ob Kooperation Vorteile bringt, und es war auch nicht die »Einsicht, ... daß man nur ›zahm‹ werden konnte, wenn man zuvor ›wild‹ gewesen war«, sondern es war eine durch Selektion geförderte Fähigkeit die ambivalente Einstellung zu Mitgliedern der gleichen Art auf-

1 *Duerr: Traumzeit. Über die Grenze zwischen Wildnis und Zivilisation*, 1985, S. 76. Ebd., S. 124: »Sie [die archaischen Menschen] erfuhren die Auflösung der Ordnung und damit erfuhren sie erst die Ordnung. In diesem elementaren Sinne sind wir Heutigen viel unwissender über uns selbst und unseren Horizont als die Menschen von einst, da wir zu der naiven Meinung neigen, mit Bewußtsein leben zu können, ohne den Preis des ›kleinen Todes‹ [der Initiation – S. B.] gezahlt zu haben.«

zuteilen in eine (vorwiegend) freundliche Einstellung zu nahen Verwandten, und dann irgendwann zu allen Hordenmitgliedern, und eine (vorwiegend) feindliche zu allen Anderen. Die Fähigkeit zu einer zeitlich (relativ) stabilen Ambivalenzaufspaltung ermöglichte es, den selektiven Vorteil von Gemeinschaftsbildungen zu nutzen.

Initiationsriten und Folter

Aus der bewussten physischen und psychischen Verletzung von Jugendlichen, durchgeführt, um ihre bedingungslose Unterwerfung zu erzwingen, hat sich vermutlich die Folter entwickelt – ein Alleinstellungsmerkmal der Menschen.

Jane Goodall kommt nach eingehenden Studien an Schimpansen zu dem Schluss:

> »...nur wir [sind] fähig, wirklich grausam zu sein – anderen Lebewesen absichtlich körperlichen und seelischen Schmerz zuzufügen, trotz oder sogar wegen unserer genauen Kenntnis des damit verbundenen Leidens. Nur wir sind zur Folter fähig.«[1] Seneca schrieb: »Sie [die Tiere] werden durch Hunger und Furcht zum Kampf genötigt; nur dem Menschen macht es Freude, den Menschen zu verderben.«[2]

Es liegt nahe, anzunehmen, dass Foltern sich aus den Praktiken bei den Initiationsriten entwickelt hat. Es gab eine Selektion darauf, dass Menschen es lernten, andere Menschen – besonders die eigenen Kinder – mit voller Absicht und genauen Kenntnissen der Wirkung, zu quälen, um eine Unterordnung unter das zentrale Gebot, »den alten Männern zuhören und ihnen gehorchen«, durchzusetzen[3]. Ketzer und Aufrührer wurden bei lebendigem Leibe gekreuzigt oder auf einem Scheiterhaufen verbrannt. Ein Verbrecher wurde in der Regel anders behandelt, er wurde – gegebenenfalls – schlicht getötet. Diese Unterscheidung gibt es noch heute in vielen Gesellschaften. Ob es sich um einen Staat oder eine Verbrecherorganisation handelt, gemeinsam ist ihnen: Wer die Vormachtstellung der aktuell Mächtigen in Frage stellt, ist der größte denkbare Feind. Unterordnung wird auch heute noch durch extrem grausame

---

1 *Goodall: Ein Herz für Schimpansen*, 1991, S. 246

2 *Seneca: Vom glückseligen Leben*, 1918, S. 187

3 Howitt berichtet, dass die Anzahl der Schläge, mit der dem Novizen ein Schneidezahn ausgeschlagen wird, hoch ist, wenn der Novize vor Beginn der Initiation sich für die Frauen der Horde interessiert hat. *Howitt: The native tribes of south-east Australia*, (1904) 2010, S. 541 und S. 616

Handlungen erzwungen. Wenn jemand zu Tode gefoltert wird, dann soll das jeder wissen, um die Auflehnung bei anderen im Keim zu ersticken.

Wann wurden die zentralen Tabus und Gebote eingeführt?

Das Inzesttabu hat seine Wurzeln in der vormenschlichen Entwicklung. Das Tabu, das Totemtier zu töten, und das etwa gleichwertige Gebot, »den alten Männern zuhören und ihnen gehorchen«, haben sich erst in der eigentlichen Menschheitsentwicklung herausgebildet.

Die Frage, wann die zentralen Tabus und Gebote eingeführt wurden, lässt sich aus mehreren Gründen nicht befriedigend beantworten. Aller Voraussicht nach begann ihre Einführung vor der Fähigkeit, Aufzeichnungen zu machen; und die Einführung war sicher ein langwieriger Prozess, der sich wahrscheinlich über Jahrtausende erstreckte. Man kann sogar mit gutem Grund die Ansicht vertreten, dass dieser Prozess bis heute nicht abgeschlossen ist. Freud hat in *Totem und Tabu* nicht den Versuch unternommen, einen Zeitpunkt für die Einführung der Tabus anzugeben, aber er hat einen sozialen Prozess für ihre Einführung vorgeschlagen:

> »Eines Tages [hier eine Fußnote von Freud[1], siehe unten] taten sich die ausgetriebenen Brüder zusammen, erschlugen und verzehrten den Vater und machten so der Vaterhorde ein Ende. ... Sie widerriefen ihre Tat, indem sie die Tötung des Vaterersatzes, des Totem, für unerlaubt erklärten, und verzichteten auf deren Früchte, indem sie sich die freigewordenen Frauen versagten. So schufen sie aus dem Schuldbewußtsein des Sohnes die beiden fundamentalen Tabus [Mord und Inzest] des Totemismus, die eben darum mit den beiden verdrängten Wünschen des Ödipus-Komplexes über-

1 Freuds Fußnote: »Zu dieser Darstellung, die sonst mißverständlich würde, bitte ich die Schlußsätze der nachfolgenden Anmerkung als Korrektiv hinzuzunehmen.« Diese Schlusssätze lauten: »Die Unbestimmtheit, die zeitliche Verkürzung und inhaltliche Zusammendrängung der Angaben in meinen obenstehenden Ausführungen darf ich als eine durch die Natur des Gegenstandes geforderte Enthaltung hinstellen. Es wäre ebenso unsinnig, in dieser Materie Exaktheit anzustreben, wie es unbillig wäre, Sicherheiten zu fordern.« *Freud: Totem und Tabu*, (1912-1913) 1960, S. 171f.

einstimmen mussten.«[1]

Diese Hypothese war in der Fachwelt umstritten. Viele Wissenschaftler nahmen an, so etwa Radcliffe-Brown, es gebe bei Menschen eine angeborene Abneigung zu Inzest[2]. Das Problem mit dieser Hypothese ist aber die Tatsache, dass in primitiven Gesellschaften Inzest direkt oder durch »übernatürliche« Sanktionen bestraft wird[3]. Warum das nötig ist, wenn Inzest instinktiv abgelehnt wird, blieb von allen Befürwortern dieser Hypothese unbeantwortet.

Heute, 100 Jahre nach Totem und Tabu, sind neue Erkenntnisse, besonders über das Sozialverhalten unserer nächsten Verwandten im Tierreich, den Schimpansen, Bonobos und Gorillas, hinzugekommen, die eine modifizierte Sicht auf die Einführung der Tabus nahelegen[4].

Zum Inzesttabu: Wie bereits erwähnt, verlassen bei Menschenaffen die geschlechtsreif gewordenen Jugendlichen die Horde (bei Schimpansen und Bonobos nur die jungen Frauen). Das verhindert Inzest. Bei den gemeinsamen Vorfahren von Menschenaffen und Menschen war das vermutlich ähnlich, und das heißt, dass die Vermeidung von Inzest lange vor dem »Mord an dem Urvater« begann.

Bei Schimpansen wandern die jungen Frauen mit Beginn der Geschlechtsreife aus, womit Inzest zwischen Vater und Tochter vermieden wird. Mutter und Sohn bleiben dagegen zeitlebens in der gleichen Horde, ihre Bindung bleibt eng, aber ihre inzestuösen Interessen sind bemerkenswert klein, und das, obwohl die Mutter ihre Kinder mehrere Jahre stillt, das Abstillen zu mitunter dramatischen Szenen führt, und schon einjähri-

---

1 *Freud: Totem und Tabu,* (1912-1913) 1960, S. 171f.

2 »... the repugnance of incest is instinctive ... and is therefore inborn, not acquired.« *Radcliffe-Brown, Forde: African Systems of Kinship and Marriage,* (1950) 1964, S. 70

3 »In many primitive societies it is thought that incest will be punished by supernatural sanctions.« Ebd, S. 70

4 Diskutiert im Detail in: *Berking, S.: Evolution des Menschen. Wie entstanden unsere psychische Organisation und unser Sozialsystem?* 2013. Siehe auch »Zur Entwicklung der Tabus und Gebote« S. 100f.

ge Schimpansenmännchen starke genitale sexuelle Interessen haben. Ein Ödipuskomplex entwickelt sich offenbar nicht. Einer der Gründe, warum er sich bei Menschen ausbildet, ist vermutlich unsere Art der Partnerwahl. Typisch für Menschen ist die Wahl eines Partners nach dem Bild der engsten Angehörigen[1]. Das führt, denke ich, unvermeidbar zu einer starken Versuchung zu Inzest und damit zur Ausbildung eines Ödipuskomplexes. Hinzu kommt, dass Töchter und Söhne lange in der Familie verbleiben. Da die Vermeidung von Inzest ein Selektionsvorteil ist, haben sich Gegenmaßnahmen herausgebildet, und schließlich ein verbal formuliertes Inzesttabu.

Zum Tabu, das Totemtier zu töten, und zum zentralen Gebot, »den alten Männern zuhören und ihnen gehorchen«: Ganz anders verlief die Entwicklung zu diesem Tabu und diesem Gebot. Beides gab es nicht beim gemeinsamen Vorläufer von Menschen und Schimpansen, auch nicht eine Vorform davon. Das Alphamännchen wurde gestürzt, wenn seine Kräfte schwanden. Der Grund für die Entwicklung des Tabus und des zentralen Gebots ist vermutlich die veränderte Lebensweise unserer Vorfahren, besonders die (durch ein Zusammenspiel von natürlicher und sexueller Selektion geförderte) Entwicklung von Familien von langer Dauer mit einer Paarbindung der Eltern. Die Paarbindung ist, nach allem, was man weiß, nicht direkt aus einem Harem hervorgegangen[2]. Zwischen dem Sturz des Haremoberhaupts und dem Beginn von Paarbindungen lag vermutlich eine Phase mit promiskuitivem Verhalten. Sie könnte mehrere Millionen Jahre angedauert haben. Das heißt, der Sturz des Haremoberhaupts, des Urvaters, hat nicht das Tabu bewirkt. Das Tabu (und später daraus das Gebot) ist vermutlich als Reaktion auf Beseitigungswünsche der Söhne entstanden, *um* eine Familie zu ermöglichen, die langen Bestand hat.

Wenn das Tabu und das Gebot vor der Entwicklung von

---

1 Siehe »Zur Entwicklung der Tabus und Gebote« S. 100f.

2 Argumente dazu in: *Berking, S.: Evolution des Menschen. Wie entstanden unsere psychische Organisation und unser Sozialsystem?* 2013

Sprache befolgt wurden, dann ist der frühestmögliche Zeitpunkt für die Einführung von beiden völlig im Dunkeln. Der spätestmögliche Zeitpunkt ist leichter zu bestimmen. Da dieses Tabu und das Gebot universal sind, werden sie spätestens vor dem Beginn des Auswanderns von *Homo sapiens* aus Afrika entstanden sein, und das heißt, nach heutiger Kenntnis, vor mehr als 70 000 Jahren. Wenn Sprache notwendig war, um die Tabus und Gebote durchzusetzen, dann könnte der Zeitpunkt, zu dem der Umgang mit Symbolen nachweislich begann, den frühestmöglichen Zeitpunkt markieren. Nach Tattersall begann dieser Prozess beim *Homo sapiens* vor etwa 80 000 Jahren[1].

---

1 *Tattersall: Masters of the Planet*, 2013, S. 213

Exkurs 4: Zur Entwicklung der Tabus und Gebote

Es gibt keinen Konsens darüber, was zur Entwicklung der Tabus und Gebote geführt hat. Meine Vorstellung dazu ist in *Evolution des Menschen. Wie entstanden unsere psychische Organisation und unser Sozialsystem?* ausgeführt und hier kurz zusammengefasst.

Nach heutigem Kenntnisstand änderte sich vor etwa 6 Millionen Jahren das Klima im Osten Afrikas. Die Wälder schrumpften und es entstanden Savannen. Unsere Ahnen verließen die Wälder, und es änderten sich ihre Anatomie, ihre Physiologie und ihr Verhalten als Anpassung an die neuen Lebensbedingungen. Die Anpassung gelang vermutlich im Wesentlichen durch eine – zufällig entstandene und dann durch Selektion geförderte – Änderung im Paarungsverhalten: Anstelle von Promiskuität trat Schritt für Schritt eine Paarbindung. Als Partner wurde dabei jemand bevorzugt, der den engsten Angehörigen ähnelt (positive assortative Paarung), allerdings unter Ausschluss der engsten Angehörigen, besonders der Familienangehörigen selbst (Vermeidung von Inzest und damit von Inzucht mit seinen negativen Folgen). Es ist uns meist nicht bewusst, aber bis heute gibt es weltweit diese Vorliebe bei der Partnerwahl. Diese Art, einen Partner zu wählen, führt zur Selbstverstärkung von in einer Population vorhandenen kleinen Gestaltunterschieden, beispielsweise in der Körpergröße: Wenn Gleichgroße bevorzugt unter sich heiraten, gibt es in der Folge in der Population zunehmend mehr besonders kleine und besonders große Personen. Wenn eine solche Population dann z.B. Lebensbedingungen vorfindet, die nur von besonders kleinen Personen genutzt werden können, dann gibt es schneller nur noch kleine Personen, als wenn die Größe bei der Partnerwahl keine Rolle spielte. Das zeigt: Unsere Art, einen Partner zu wählen, hat die schnelle Anpassung an neue Lebensbedingungen ermöglicht. Unsere nahen Verwandten im Tierreich, einschließlich der Gorillas, Bonobos und Schimpansen, zeigen bei der Partnerwahl keine Vorliebe für Artgenossen, die den eigenen engen Angehörigen ähneln; zudem verlassen die Jugendlichen mit Beginn der Geschlechtsreife ihre Geburtsgruppe (bei Bonobos und Schimpansen nur die jungen Weibchen) und schließen sich einer benachbarten Gruppe an oder gründen eine neue Gruppe. Das Aussehen und die körperlichen Eigenschaften von Menschenaffen sind damit homogener als bei den Menschen. In einer Umwelt, die sich wenig verändert, ist ein solches Paarungsverhalten ein Selektionsvorteil.

Eine Wahl nach dem Bild der engsten Angehörigen setzt voraus, dass die Jugendlichen sich das Bild ihrer Angehörigen einprägen. Das gelingt besonders gut, wenn die Eltern in Paarbindung leben und die Kinder lange in der Familie verbleiben. Der Übergang von der Promiskuität zur Paarbindung war daher ein Selektionsvorteil. Die Prägung auf das Bild der engsten Angehörigen für die spätere Partnerwahl ist dann effizient, wenn die Jugendlichen den gegengeschlechtlichen Elternteil sexuell attraktiv finden; doch das führt zu einem Konflikt, der von Freud als Ödipuskomplex bezeichnet wurde. Allerdings ist diese Vorliebe nur dann ein Selektionsvorteil, wenn sie nicht zum Tragen kommt. Mit anderen Worten: Der Selektionsvorteil, der mit der Bildung des Ödipuskomplexes ermöglicht wurde, war nur dann tatsächlich gegeben, wenn gleichzeitig ein Inzesttabu errichtet wurde (das alle nahen Verwandten einschließt, nicht nur die Eltern). Ein Schutz vor Inzest ergab sich auch damit, dass die Inzestwünsche unbewusst wurden – was heute weitestgehend der Fall ist. Gegen die gängige Auffassung halte ich den Ödipuskomplex nicht für ein lästiges Beiprodukt des langen Verbleibs der Kinder in der Familie. Ich denke, *um* eine Prägung effizient werden zu lassen, hat sich ein Ödipuskomplex entwickelt. Das war der wesentliche Grund, warum die Kinder lange in der Familie verbleiben mussten. Auch der Untergang des Ödipuskomplexes war und ist ein Selektionsvorteil. Die Vermeidung eines Ödipuskomplexes ist dagegen kein Vorteil. Dass ein langer Verbleib in der Familie eine lange Lernzeit ermöglicht, war ein – sich positiv auswirkendes – Nebenprodukt dieser Entwicklung.

Die Ehe ist weltweit eine Institution. Eheschließungen und Partnerwahl werden in sehr vielen – früher, so die Hypothese, in allen – Kulturen von den Eltern bestimmt. Ich denke, auch diese im Tierreich sonst unbekannte Verhaltensweise war für uns Menschen ein Selektionsvorteil. Eltern sind in der Lage, besser nach den Kriterien der assortativen Paarung einen Partner auszusuchen als die Jugendlichen selbst, die Eltern werden von der sexuellen Attraktivität eines potentiellen Ehepartners weniger abgelenkt als die eigentlich Betroffenen. Damit Eltern sich in diesem Sinne verhalten, muss die Prägung (und damit ein Ödipuskomplex) in ihrer eigenen Jugend stark gewesen sein, und die Tabus und Gebote der Gemeinschaft müssen stabil internalisiert worden sein. Das gelingt nur, wenn sich eine innere Stimme und damit ein Über-Ich mit der Funktion Gewissen und Ich-Ideal entwickelt. Wie diese Entwicklung und dieses Verhalten zustande gekommen sein kann, wird im vorliegenden Text vorgestellt und diskutiert.

Exkurs 5: Zur Evolution von Sprache

Die Entwicklung von Sprache hing von mehreren Bedingungen ab: Es mussten die anatomischen Voraussetzungen für eine Artikulation von Worten vorhanden sein, es mussten die mentalen Voraussetzungen für Wortbildung und Grammatik vorhanden sein und es musste ein Grund vorhanden sein, Sprache als zusätzliches Kommunikationsmittel zu entwickeln.

Anatomische Voraussetzungen

Ein wesentlicher Grund, warum Menschenaffen Sprache nicht entwickelt haben, ist, dass ihnen entscheidende anatomische Voraussetzungen dafür fehlen. Der Biologe Erich Steitz schrieb: »Während der Kehlkopf [des Menschen] die Stimme erzeugt, wird sie im Ansatzrohr oberhalb desselben zu Sprachlauten artikuliert. Dieses Ansatzrohr in der Rachenhöhle fehlt den Tieren und auch den Affen, da bei ihnen der Kehlkopf mit dem Kehldeckel unmittelbar an die innere Nasenöffnung anschließt, wodurch die Nahrungs- und Atmungswege völlig getrennt sind. So ist es auch beim menschlichen Säugling, der bekanntlich gleichzeitig atmen und trinken kann, ohne sich zu verschlucken. Im Laufe des ersten Lebensjahres kommt es dann beim Menschen zum Abstieg des Kehlkopfes, der sich über mehrere Jahre erstreckt ... [Beim erwachsenen Menschen muß] der Weg in die Lunge ... beim Schluckakt durch einen komplizierten Sicherungsmechanismus verschlossen werden. Dies ist gewiss ein Nachteil gegenüber den übrigen mit Kehlkopf ausgestatteten Tieren, also den übrigen Säugern.« (*Steitz: Die Evolution des Menschen*, 1993, S. 120f.)

Allein in Japan sterben jedes Jahr mehr als 4000 Menschen dadurch, dass sie sich beim Essen verschlucken (*Tattersall: Masters of the Planet*, 2013, S. 212). Da drängt sich die Frage auf, worin der Selektionsvorteil, der diesen Nachteil offenbar mehr als kompensiert hat, bestand. Es muss ihn gegeben haben, sonst hätte es ja diese Strukturänderungen nicht gegeben bzw. sie hätten sich nicht in der Population unserer Ahnen erhalten. Gewiss haben sich diese Änderungen nicht deshalb Schritt für Schritt herausgebildet, um am Ende das Sprechen möglich zu machen. Es gibt einen weiteren Grund, warum Menschenaffen nicht sprechen können: Ihr Kehlkopf ist anders gebaut. Einer der wichtigsten Unterschiede ist, dass Menschenaffen (und andere Säugetiere) mit einem Ringmuskel den Eingang der Luftröhre verschließen. Menschen entwickeln in der Embryogenese zunächst auch eine ringförmige Anlage dieses Muskels. Dann werden daraus die Stimmlippen mit einer großen Anzahl von Einzelmuskeln. Das erlaubt Menschen ein sehr schnelles

Öffnen und Schließen des Zugangs zur Lunge, und das ermöglicht es, Laute in sehr unterschiedlichen Tonlagen hervorzubringen. »Ihre Stimmlippen öffneten und schlossen die Glottis [Fläche zwischen den beiden Stimmlippen] 1568-mal pro Sekunde« berichten Bernhard Richter und Matthias Echternach von direkten Filmaufnahmen mit einer eingeführten Sonde am Kehlkopf einer singenden Opernsängerin (*Richter, Echternach: Leistungssport Gesang,* 2014, S. 36). Dieser schnelle Schließmechanismus hat sich sicher nicht entwickelt, um Sprechen und Koloraturgesang zu ermöglichen. Wozu aber dann?

Ich denke, die Entstehung des Ansatzrohres und des spezifisch menschlichen Baus des Kehlkopfes ist das Resultat einer Anpassung an eine Lebensweise, die Menschen von Menschenaffen unterscheidet. Konsens unter heutigen Wissenschaftlern ist, dass die Menschheitsentwicklung vor etwa 6 Millionen Jahren in Ostafrika begann. Zu der Zeit hat eine Klimaänderung ursprünglich bewaldete Regionen in Steppen verwandelt. Anders als unsere tierischen Verwandten haben sich unsere Vorfahren aus den Wäldern heraus in die neu entstandenen Savannen ausgebreitet. Die neue Lebensweise hat zu Anpassungen in der Morphologie, der Physiologie und im Verhalten geführt; irgendwann gehörten die Ausbildung des Ansatzrohrs und die dargestellten Veränderungen im Kehlkopf dazu.

Gemeinsam ist beiden Veränderungen, dass sie das Überleben in staubiger Umgebung erleichtern. Beim Atmen durch die Nase werden Partikel im feuchten Naseninnenraum herausgefiltert. Das Nasensekret fängt viele Partikel auf. Beim Atmen durch den Mund entfällt dieser Filter. Das ist problematisch, da Primaten – einschließlich Mensch und Schimpanse – außer in Ruhe vorwiegend durch den Mund atmen. Eine zweite Möglichkeit, Partikel abzufangen, bietet das Ansatzrohr; es ist ebenfalls feucht und eng, und in ihm läuft das Nasensekret an den Wänden entlang in den Magen. Menschen produzieren 1 bis 2 Liter Nasensekret pro Tag. Die Feuchtigkeit im Ansatzrohr bindet Partikel bei der Nasen- und bei der Mundatmung. Zusätzlich wird durch das Ansatzrohr noch Speichel in den Magen befördert, der ebenfalls Partikel binden kann. Darüber hinaus trägt ein Ansatzrohr dazu bei, die Atemluft zu befeuchten. Das schützt die Lunge bei trockener Luft. Partikel in der Atemluft, die es bis zum Kehlkopf geschafft haben, können durch ein schnelles Schließen der Stimmlippen davon abgehalten werden, die Lunge zu erreichen. »Die hauptsächliche Funktion des Kehlkopfes ist ... nicht die Stimmerzeugung. Er kontrolliert vielmehr den Weg der Atmungsluft von außen zur Lunge und umgekehrt von der Lunge nach außen. Der Kehldeckel hat eine Schutzfunktion, denn er sorgt dafür, dass feste oder flüssige Nahrung nicht in die Luftröhre und somit in das empfindliche Lungengewebe gelangt.« (*Wikipedia, 2015: Artikulation*) Die Stimmlippen der Menschen können erheblich schneller als der ursprüngliche Ringmuskel reagieren und können damit effizienter die empfindliche Lunge schützen.

Diese Betrachtungen führen zu folgender Hypothese: Die Atemluft unserer Ahnen enthielt mehr Staub als die Atemluft im Wald, aus dem unsere Ahnen ursprünglich kamen. Populationen unserer Vorfahren, bei denen ein Ansatzrohr sich per Zufall durch Mutationen herausbildete (und schrittweise länger wurde) und die einen schnellen Schließmechanismus der Glottis im Kehlkopf entwickelten, konnten die neuen Nahrungsquellen in der neuen Umgebung mit geringerem Schaden für ihre Gesundheit nutzen als ihre »konventionell« ausgerüsteten Verwandten.

Nun ist eine grüne, grasbewachsene Savanne nicht staubig. Staubig wird sie, wenn sie trocken wird und wenn sie brennt. Wenn es zutreffend ist, dass sich unsere Vorfahren während der periodisch auftretenden Trockenheiten von Organismen ernährten, die von Steppen- und Buschbränden aufgescheucht oder getötet wurden (*Berking, S.: Vom aufrechten Gang und vom Ackerbau,* 2010), dann kann man die Herausbildung dieser anatomischen Änderungen verstehen. Demzufolge sind diese Änderungen zwar entscheidende Voraussetzungen für die spätere Entwicklung von Sprache, aber sie sind aus einem ganz anderen Grund entstanden.

Mentale Voraussetzungen

Die mentalen Voraussetzungen für die Entwicklung von Sprache waren vor der Fähigkeit zur Artikulation von Worten vorhanden, worauf die Erfahrungen mit der erfolgreichen Unterrichtung von Orang-Utans, Gorillas und Schimpansen in der Taubstummensprache hinweisen (vgl. S. 17). Hier noch einige Beispiele, die diese Folgerung stützen: »Tests haben gezeigt, dass die Gorillas das gesprochene Wort ebenso gut verstehen wie die Worte der Zeichensprache. Bei einem Standardtest, dem sogenannten Assessment of Children's Language Comprehension, wurden den Gorillas neue Wortverbindungen mit einem dazugehörigen Bildersatz vorgelegt. ... Die Anzahl der richtigen Antworten ... war doppelt so hoch, als man es hätte erwarten können, wenn sie zufällig entstanden wären, und in ihren Leistungen zeigte sich kaum ein Unterschied, ob die Anweisungen nur in der Zeichensprache oder nur in Englisch gegeben worden wären.« (*Patterson, Gordon: Zur Verteidigung des Personenstatus von Gorillas,* 1994, S. 97) Beispiele für

Gespräche: »(13.6.1984) Lehrer: ›Was ist verrückt?‹ Koko [ein Gorilla]: ›Aufregung, Überraschung‹. (8.2.1985) Lehrer: ›Wann sagen die Leute verdammt?‹ Koko: ›Arbeit, abscheulich‹. (21.4.1883) Lehrer: ›Was ist nach deiner Meinung hart?‹ Koko: ›Stein ... Arbeit.‹« (Ebd. S. 103)

Es scheint, dass die anatomischen Gegebenheiten die Ausbildung von Sprache bei den großen Menschenaffen verhindert haben, dass es nicht die mentalen Gegebenheiten waren. Da ist die Frage naheliegend: Warum haben sie dann nicht eine Zeichensprache entwickelt? »Die genaue Beobachtung und Analysen der kommunikativen Gesten, die von ›nicht unterrichteten‹ Gorillas im Zoo verwendet werden, zeigen, dass ihr eigenes auf Gesten basierendes Kommunikationssystem sehr viel komplexer ist, als man bisher angenommen hat.« (*Patterson, Gordon: Zur Verteidigung des Personenstatus von Gorillas,* 1994, S. 120)

Der große Erfolg, mit dem Menschenaffen in der Taubstummensprache unterrichtet wurden, zeigt, denke ich, dass das, was Noam Chomsky als Universalgrammatik bezeichnet hat – Chomskys Theorie ist, dass jedes Menschenkind mit der Anlage zu einer Universalgrammatik auf die Welt kommt, die dann für das Erlernen einer konkreten Sprache genutzt wird –, seinen Anfang schon lange vor der eigentlichen Menschheitsentwicklung genommen hat.

Der Grund zur Entwicklung von Sprache

»Der Sprechapparat ist in seiner im modernen Menschen vorliegenden Form etwa 150 000 Jahre alt.« (*Wikipedia, 2015: Artikulation*) Wann er vorher, wenigstens ansatzweise funktionsfähig gewesen sein könnte, ist (noch) unbekannt. Festzuhalten ist: Ein Selektionsdruck oder ein Grund zur Bildung von Sprache wäre vor der anatomischen Fertigstellung ohne Erfolg geblieben. Vermutlich hatten die anfangs hervorgebrachten Laute nur eine emotionale Bedeutung, dann bekamen die »Lautketten«, wie Sprachwissenschaftler sagen, eine konkrete Bedeutung. Es entstand ein neues Kommunikationssystem neben dem mit Gesten vorhandenen. Die mentalen Voraussetzungen für diesen Prozess, einschließlich einer primitiven Grammatik, waren längst – seit Millionen von Jahren – vorhanden. Es bleibt daher »nur« die Frage zu beantworten, aus welchem Grund die Lautketten eine Bedeutung für die Kommunikation erhielten. Ich denke, die Lösung von Problemen bei der Partnerwerbung, der gemeinsamen Jagd, der Kenntnisvermittlung bei der Werkzeugherstellung und beim Sammeln von Nahrung, erforderten die Entwicklung von Sprache nicht. Ausschließen kann man selbstverständlich nicht, dass Sprache sich auf diesem Wege herausgebildet hat. Für die Vermittlung der Kenntnis von Verwandtschaftsbeziehungen ist Sprache dagegen vermutlich unabdingbar gewesen. Einen Hinweis darauf liefern die Sprachen indigener Völker. Beispielsweise sind die Sprachen der Aborigines sehr detailliert, was Verwandtschaftsbeziehungen angeht, viel detaillierter als alle europäischen Sprachen. (*Fison, Howitt: Kamilaroi and Kurnai.* (1880) 1991, S. 61f.) Bei den Nyakyusa (Afrika) kennen die Häuptlinge ihre Abstammung über 12 bis 13 Generationen (maximal 19 Generationen) in der männlichen Abstammungslinie. Das sei für Heiraten, Beerdigungen und andere Rituale von Bedeutung (*Wilson: Nyakyusa Kinship,* (1950) 1964, S. 114). Bei den Ashanti (Afrika) gelten Heiraten zwischen Personen mit gemeinsamen Ahnen bis zur vierten Generation (in einigen Clans maximal bis zur zehnten Generation der mütterlichen Abstammungslinie) als Inzest. Inzest wurde früher mit dem Tod bestraft (*Fortes: Kinship and marriage among the Ashanti,* (1950) 1964, S. 255f.).

Ich denke, Sprache war für die Einhaltung des Inzesttabus und die Weitergabe der Taburegeln an die nächste Generation erforderlich. Für die Vermittlung des Glaubens an die magische Macht des Schamanen und für die Weitergabe dieses Glaubens von einer Generation zur nächsten war Sprache vermutlich ebenfalls notwendig – hier nähere ich mich der Vorstellung des Sprachwissenschaftlers Theo Stemmler: »Die Uranfänge von *Wort* liegen wohl im religiösen Bereich.« (*Stemmler, T.: Wie das Eisbein ins Lexikon kam. Ein unterhaltsamer Gang durch die deutsche Wortgeschichte,* 2007, S. 211. Vgl. auch S. 73) Ich halte es für plausibel, dass der Selektionsdruck zur Einführung des Gebots, »den alten Männern zuhören und ihnen gehorchen«, des Inzesttabus und des Tabus, das Totemtier zu töten, zu einer Ergänzung der vorhandenen Zeichensprache durch Sprache mit Worten führte. Vorher allerdings mussten sich die anatomischen Grundlagen fürs Sprechen herausgebildet haben.

4 Archaische Denkweisen heute

In diesem Kapitel wird der Frage nachgegangen, inwieweit die in den vorhergehenden Kapiteln entwickelten Hypothesen zur Evolution von Denkweisen und Sozialverhalten, die weitgehend anhand von Beobachtungen an Gemeinschaften überschaubarer Größe, wie Sammler-und-Jäger-Kulturen, entwickelt wurden, geeignet sind, Verhalten in gegenwärtigen »Kulturnationen« besser zu verstehen. Das Ziel ist es, herauszufinden, welche Rolle die zentralen Tabus und Gebote heute spielen und welche Rolle die Ambivalenzaufspaltung heute spielt[1].

Animistische Weltsicht und Religion

In Gemeinschaften mit animistischer und auch in Gemeinschaften mit religiöser Weltsicht werden Jugendliche zum Glauben an Autoritäten mit übernatürlichen Kräften angehalten bzw. gezwungen. Vordringliches Ziel der Erziehung ist es, das Gebot durchzusetzen, »den alten Männern zuhören und ihnen gehorchen«, wobei die »alten Männer« der eigenen Gesellschaft gemeint sind. Das stabilisiert das jeweilige Sozialsystem und erleichtert Kriege.

Niemand wird bestreiten, dass Religion etwas mit magischem Denken zu tun hat. Es wird auch niemand bestreiten, dass das Gebot, »den alten Männer zuhören und ihnen gehorchen«, eine

1 Vereinzelt habe ich diesen Denkansatz schon verwendet, beispielsweise bei der Diskussion der Bedeutung von Kinderbüchern, wie *Max und Moritz,* für die Erziehung zur Unterordnung oder der Diskussion der Bedeutung von Sportveranstaltungen für die Stabilisierung der Ambivalenzaufspaltung.

zentrale Rolle in Religionen spielt. Umstritten ist dagegen, ob Angsterzeugung oder eher Angstreduktion zum Wesen von Religion gehört. Untersuchenswert ist auch, ob von Religionen eher die Aktivierung der Ambivalenzaufspaltung gefördert wird oder eher das friedliche Miteinander – »liebe deinen Nächsten« – über Grenzen hinweg.

Angsterzeugung und Angstreduktion

Im animistischen Stadium der Kindheit gibt es keine Geister. Erst Jugendliche und Erwachsene entwickeln diese Vorstellung. Bei den Aborigines führt anscheinend die Initiation dazu. Die Novizen werden gezwungen, den Geboten auch dann zu folgen, wenn die Schamanen und die an der Initiation beteiligten Männer abwesend sind. Sie hören dann in sich die Ermahnungen und Drohungen, vermutlich sogar den genauen Wortlaut und die Stimmlage des Schamanen. Wer diese Fähigkeit nicht entwickelt, hat nur eine geringe Chance zu überleben. Wer sich hingegen vollständig unterworfen hat, hört das ganze Leben über diese Stimmen in seinem Innern. Wenn der Novize dann selbst zu den alten Männern gehört, sind diejenigen, deren Stimmen er in sich hört und deren Gebote er befolgt, längst gestorben. Aber für ihn sind sie noch existent, weil er ja ihre Stimmen in sich hört. Von dieser Erfahrung zum Glauben an legendäre, aber immer noch existente Ahnen, von denen die Gebote abstammen sollen, ist es nur ein kleiner Schritt. Die Maßnahmen zur Durchsetzung der Gebote und Tabus haben hiernach zum Glauben an Geister geführt.

Folgerichtig sind es die legendären Ahnen der männlichen Abstammungslinie, die strafen. Genau das ist die Vorstellung der »Eingeborenen in der Transkei«[1]. Die legendären Ahnen der mütterlichen Linie dagegen sollen angeblich nur helfen und schützen, niemals strafen sie. Das passt zum Aufwachsen der Kinder: Bis zum Zeitpunkt der Initiation wachsen Kinder behütet unter der Aufsicht ihrer Mutter heran. Mit der Initiati-

1 *Radcliffe-Brown: Structure and function in primitive society*, 1965, S. 26ff.

on und ihren Grausamkeiten übernehmen die Männer die Regie. Die Ähnlichkeit zum liebenden und strafenden Gott-Vater der Christen und dem als stärker beschützend und vermittelnd angenommenen Einfluss der Mutter Maria ist auffällig.

Nach übereinstimmenden Berichten bestimmt Angst vor Geistern und Magie das Leben im animistischen Stadium der Jugendlichen und Erwachsenen. Beispielsweise leben nach Howitt die Kurnai (Aborigines) in ständiger Angst vor Magie, in Angst vor »schwarzen«, magisch wirksamen Wünschen aus Nachbarstämmen aber auch aus solchen der eigenen Horde[1]. Ein Manu (Bewohner der Admiralitätsinseln) hat, nach Mead, »eine tiefwurzelnde Angst [vor seiner Welt], ... über die er sich im einzelnen nie klar gewesen ist«. Er fühlt eine »bedrückende Beaufsichtigung« durch die Geister[2].

Religionen sollen dagegen nicht angsterzeugend, sondern angstreduzierend wirken[3].

> »Die Religion ist nach Feuerbach – und Marx schließt sich dem an – entstanden aus den Seufzern über das Elend der bedrängten und gequälten Kreatur, die sich eine Überwelt erfindet, der sie die

---

1 *Fison und Howitt: Kamilaroi and Kurnai,* (1880) 1991, S. 259

2 *Mead: Jugend und Sexualität in primitiven Gesellschaften,* Bd. 2. (1930) 1970, S. 151. Über die Singhalesen auf Ceylon (heute: Sri Lanka) schrieb Paul Wirz: »Ihr ganzes Leben, Denken und Trachten ist, wie man schon bei ganz oberflächlicher Bekanntschaft mit ihnen feststellen kann, eigentlich immerzu ausgefüllt von ständigem Vorsorgen, Abwehren und Wiedergutmachen, von einem ständigen Kampf gegen ein Heer von Geistern und Dämonen, gegen unheilvolle Kräfte, die von den Planeten und Konstellationen, den Naturerscheinungen und den kosmischen Kräften ausgehen, und nicht zuletzt auch gegen den bösen Blick und bösen Zauber, der von bösen übelgesinnten Menschen zum Schaden und Verderben anderer ausgeübt wird.« *Wirz: Exorzismus und Heilkunde auf Ceylon,* 1941, S. 7. Vgl. auch S. 61

3 Über ein Buch von Ina Wunn, Patrick Urban und Constantin Klein (*Wunn, Urban, Klein: Götter, Gene, Genesis. Die Biologie der Religionsentstehung*, Berlin, Heidelberg 2014) schrieb der Religionswissenschaftler Wolfgang Achtner: »Ihre Kernthese lautet: Religionen haben eine klar identifizierbare biologisch-soziale Funktion, daher sind sie auch verhaltensbiologisch von ihren frühesten Anfängen bis hin zu den heute existierenden Weltreligionen erklärbar. ... Religionen ... helfen bei der Daseinsbewältigung durch symbolische Darstellungen spezifischer Ängste. Sie sind demnach Angst reduzierende Symbolsysteme.« *Achtner: Glaube als Daseinsbewältigung,* 2015, S. 87

> Fähigkeit zum Trösten zuspricht. Der Tod bringt Erlösung aus dem Jammertal dieser schlechten Welt. Dieser Entwurf eines illusorischen Glücks ist das Opium des Volkes, und nicht, wie es bei Lenin heißt, Opium für das Volk. Im einen Fall – Marx – erfinden sich die Unterdrückten die Religion als Trost, im anderen Fall – Lenin – ist sie eine Erfindung von Unterdrückern für das Volk, um politisch-ökonomische Situationen der Unterdrückten religiös zu verschleiern.«[1]

Da die animistische Weltsicht als Vorläufer der religiösen gilt, ergibt sich ein Problem. Hat sich tatsächlich beim Übergang vom animistischen zum religiösen Bild von der Welt das Blatt gewendet, steht nun tatsächlich Angstreduktion im Vordergrund?

Im animistischen Stadium wird die Angst (spätestens) mit der Initiation zum beherrschenden Gefühl. Zur Beurteilung der Frage, ob bei religiöser Sicht auf die Welt Angstreduktion oder Angsterzeugung im Vordergrund steht, muss man sich daher der Erziehung Heranwachsender in religiös geprägten Gesellschaften zuwenden.

Früher war physische Gewalt ein von Religionen als notwendig angesehenes Element der Erziehung: »Wer sein Kind liebt, der schlägt es«; »Wer seine Rute schont, der hasst seinen Sohn«[2]. Zur physischen Gewalt gehören auch die von verschiedenen Religionen vorgeschriebenen Beschneidungen an den Genitalien. All das erzeugt Angst. Im Unterschied zu Jäger- und-Sammler-Kulturen spielt in heutigen religiös geprägten Kulturen psychischer Druck zur Durchsetzung der Unterordnung und zur Einhaltung der Tabus und Gebote eine größere Rolle. Von besonderer Bedeutung ist es dabei, Schuldgefühle und Strafängste für eine Tat zu erzeugen, die man gar nicht begangen hat – mit dem Ziel, Auflehnung zu verhindern. Franz Buggle führt dazu Zitate aus dem »von der Deutschen Bischofskonferenz verbindlich vorgeschriebenen Grünen Katechismus (1965)«[3] an. Diese Schrift ist eines der

1 *Denker: Grenzen liberaler Aufklärung*, 1968, S. 74

2 *Altes Testament. Spr.* 13, 24

3 *Buggle: Denn sie wissen nicht, was sie glauben*, 1997, S. 382

»noch vor kurzem von Kirche und Kultusministerien zugelassenen, empfohlenen und dem Religionsunterricht zugrundeliegenden Schul(!)büchern. ... Da wird 8 – 9jährigen Kindern (!) immer wieder mit den ewigen ›Qualen des höllischen Feuers« (S. 256; biblisch mit der ›großen Pein in dieser Glut‹; Lk. 16; 19-24) gedroht, diese ›Strafe wird kein Ende nehmen, sie dauert in alle Ewigkeit fort‹ und wird, damit da kein Zweifel bei den Kindern bleibt, auch leiblich vollzogen (S. 265)«[1]. Aufgabe: »›Suche in der Bibel Beispiele dafür, daß Gott etwas androht und daß er seine Drohung ausführt.‹ (S. 13)«[2] »›Erzähle, wie Gott die Strafe vollzog‹. ›Selig, wer Gott fürchtet‹«[3] »Gleichzeitig wird versucht, bei den Kindern Schuldgefühle in Hinblick auf das Leiden Jesu und seinen konkret sich immer wieder zu veranschaulichenden Kreuzestod zu erzeugen, den die Kinder ja aufgrund ihrer ›Sünden‹ mitverschuldet haben sollen: ›Aufgaben: Sammle Bilder vom leidenden Heiland und betrachte sie andächtig! ... (Abschn. I, 83) ... Aufgabe: Zeichne die Marterwerkzeuge: Hammer, Nägel und Zange! Schreibe darunter: Ich danke Dir, Herr Jesus, daß Du für mich gestorben bist; ach laß Dein Blut und Deine Pein an mir doch nicht verloren sein. (Abschn. I, 86).‹«[4]

Franz Buggle folgert:

»Man kann den ›Grünen Katechismus‹ und andere vergleichbare Religionsbücher der betreffenden und noch späterer Jahre geradezu als Anweisung zur Neurotisierung und psychischen Knechtung von unmündigen Kindern durch Induktion potentiell extremer Strafängste bezeichnen.«[5] Freuds Kommentar zu dem Thema:

---

1 *Buggle: Denn sie wissen nicht, was sie glauben,* 1997, S. 383

2 Ebd. S. 384

3 Ebd. S. 385, Auszug aus *Glaubensbuch für das 3. und 4, Schuljahr. Ausgabe für die Erzdiözese Freiburg,* 1966, Abschn. I, 4, 7

4 *Buggle: Denn sie wissen nicht, was sie glauben*, 1997, S. 388f.

5 Ebd. S. 383. Buggle weist darauf hin, dass es nach heftiger Kritik an den Darstellungen in Schulbüchern zu begrüßende Veränderungen gegeben hat. Allerdings sei das Resultat weiterhin problematisch: »Diese ›Glattstellung‹ durch äußere Selektion und teilweise verharmlosende oder verfälschende verbale Umformulierungen – die äußerst aggressiven und grausamen Eroberungs- und Vernichtungskriege mit der Ausrottung der ganzen Bevölkerung, einschließlich der Frauen und Kinder, wird dann zur ›Landnahme‹, die entsprechenden Kriege ›mußten die Israeliten führen‹. ›Die Gottlosen werden umkommen‹ und nicht, wie es wirklich heißt, ›in den Ofen geworfen, in dem das Feuer brennt. Dort werden sie heulen und mit den Zähnen

»Denken Sie an den betrüblichen Kontrast zwischen der strahlenden Intelligenz eines gesunden Kindes und der Denkschwäche des durchschnittlichen Erwachsenen. Wäre es so ganz unmöglich, daß gerade die religiöse Erziehung ein großes Teil Schuld an dieser relativen Verkümmerung trägt? ... Wer sich einmal dazu gebracht hat, alle die Absurditäten, die die religiösen Lehren ihnen zutragen, ohne Kritik hinzunehmen, dessen Denkschwäche braucht uns nicht arg zu verwundern. Nun haben wir aber kein anderes Mittel zur Beherrschung unserer Triebhaftigkeit als unsere Intelligenz. Wie kann man aber von Personen, die unter der Herrschaft von Denkverboten stehen, erwarten, daß sie das psychologische Ideal, den Primat der Intelligenz, erreichen werden?«[1]

Ich denke, diese Ausführungen zeigen, dass bei religiöser Erziehung Angsterzeugung und nicht Angstreduktion im Vordergrund steht. Das Verlangen nach »Trost«, als Reaktion auf das »Elend der bedrängten Natur« scheint nicht der Anlass für die Erfindung von Religion gewesen zu sein.

Allerdings ist es nicht nur Angst, die ein Kind schließlich dazu treibt, die sozialen Regeln zu übernehmen; es fühlt sich auch, ganz berechtigt, an die Hand genommen. »Du sollst Gott fürchten und lieben«, wer sich fügt, wird geliebt. Die Liebe einer so ungeheuer mächtigen Person vermittelt – auch einem Erwachsenen – ein Gefühl der Geborgenheit und Sicherheit, so wie man es nur als kleines Kind hatte. Wer glaubt, findet Trost und Beistand in schweren Zeiten und erfährt, dass es eine »höhere Gerechtigkeit« gibt, die, wenn schon nicht auf Erden, dann doch im Jenseits waltet – was als Hoffnung und als Drohung verstanden wird. Auch im animistischen Stadium soll, nach Radcliffe-Brown, die Magie im Anblick »realer und eingebildeter Gefahren« Zuversicht vermitteln[2]. Das ist nachvoll-

---

knirschen.‹ (evangelische *Kinderbibel,* 1982, S. 66, 106).« *Buggle: Denn sie wissen nicht, was sie glauben,* S. 395

1 *Freud: Die Zukunft einer Illusion,* (1927) 1960, S. 370f.

2 Im Original: »In the most primitive societies it is magic that gives man confidence in face of difficulties and uncertainties, the real and imaginary dangers with which he is surrounded.« *Radcliffe-Brown: Structure and function in primitive society,* 1965, S. 174

ziehbar: Ein Jäger oder Krieger kann sich, beispielsweise als Folge magischer Rituale, für unverwundbar halten – bis es zu spät ist. Die religiöse Variante davon ist das Segnen von Waffen und die Inschrift auf dem Koppelschloss von Soldaten: »Gott mit uns«. Beides reduziert, wie wir wissen, berechtigte Furcht.

Im animistischen wie im religiösen Stadium gibt es Rituale der Unterordnung. Im religiösen Stadium werden sie Gottesdienste genannt. Wer nicht erscheint, gerät in Verdacht, sich nicht unterordnen zu wollen. Wer sich nicht beugt, soll Angst entwickeln. Wer sich dagegen gebeugt hat, ist beim Verlassen der Kirche von Angst und Schuldgefühlen für eine Weile befreit, fühlt sich wohl und beschwingt auf dem Heimweg und mag den Eindruck nach Hause tragen, Religion befreie von Angst. Auch die, die Leichtsinnige beobachten, entwickeln Angst: »Nun sag, wie hast du's mit der Religion?« lässt Goethe Gretchen den Faust fragen, und da Faust ausweichend antwortet, wirft sie ihm vor: »Zur Messe, zur Beichte bist du lange nicht gegangen«. Sie fürchtet, dass er sich der Autorität der Kirche womöglich nicht unterordnet; er soll den Nacken in der Kirche beugen, wenn alle ihn beugen, soll knien. Der Kern der Beichte ist nicht die Mitteilung von Sünden, die kennt der angebetete Gott auf Grund seiner angeblichen Allwissenheit bereits genau, es geht um das Bekennen der Sünden, um die Erzeugung von Schuldgefühl und um die Akzeptanz von Strafe und damit um Unterordnung. Das berichtet auch Mead von den Peri (Bewohner der Admiralitätsinseln): »Nur die uneingestandene Sünde erzürnt die Geister; eine Sünde, die gebeichtet und für die eine Buße ... entrichtet wurde, ist nicht mehr Anlaß von Krankheit und Tod.«[1]

Angst muss nicht sonderlich stark sein und sie muss auch nicht bewusst sein, um wirksam zu werden, wie folgendes Experiment zeigte:

> »Bering [zeigte], dass Studenten bei Computeraufgaben seltener mogelten, wenn ihnen zuvor eher scherzhaft erzählt worden war,

1 *Mead: Jugend und Sexualität in primitiven Gesellschaften,* Bd. 2. (1930) 1970. S. 128

andere Probanden hätten einen ›Geist‹ im Prüfungsraum gespürt.«[1]

Vermutlich hätte jeder der Probanden es weit von sich gewiesen, durch solch eine lächerliche Bemerkung beeinflussbar zu sein. Jeder hält das magische Denken bei sich selbst für vollständig einflusslos – offenbar zu Unrecht. Es hat Einfluss auf unser Handeln, und zwar gerade deshalb, weil es uns nicht bewusst wird. Der Grund ist, denke ich, dass für den Erhalt unserer Sozialstruktur dieses Denken lange Zeit notwendig war und zum Teil noch ist. Unser »Bedürfnis nach einem positiven Selbstbild«[2] führt dazu, dass wir die Fähigkeit entwickelt haben, unser magisches Denken vor uns selbst zu verstecken. Und so wirkt dieses Denken im Verborgenen fort und wird dabei zunehmend problematischer für unser Zusammenleben[3].

Bei einem Novizen der Aborigines, der allein und unbeobachtet im Busch ist, wird die Einhaltung der Speiseverbote als Indiz für Unterordnung gewertet[4]. Später wird die Versorgung der Alten mit Nahrung als Indiz gewertet, ob ein Mann sich weiterhin unterordnet. In religiösen Systemen gibt es ebenfalls Speiseverbote (»freitags kein Fleisch«) und den ostentativen Verzicht auf begehrte Nahrung zugunsten der Götter in Form von Brand- und Trankopfern. Solche Opfer werden ebenfalls als Indiz für Unterordnung gewertet (allerdings erwartet der, der regelmäßig opfert, auch von dem, dem er opfert, den Einsatz seiner magische Fähigkeiten zur Durchsetzung ganz persönlicher Wünsche; die Ilias, die Odyssee und die Aeneis sind voll von solchen Bitten und Forderungen). Die Kollekte und

---

1 *Blume: Homo religiosus*, 2012, S. 130. Die Beobachtung stammt von: *Bering, J. M. et al. (2005): The Development of Afterlife Reliefs in Religiously and Secularly Schooled Children*. In: British Journal of Developmental Psychology, 23: 587-607

2 Siehe. S. 21

3 Darauf werde ich in den Kapiteln über das Wahlverhalten und über die Dämonisierung von politischen Gegnern eingehen. Vgl. S. 147 und 154

4 Für Spencer und Gillen ist es evident, dass die Speiseverbote ein Mittel der Disziplinierung sind. »The idea underlying this is evidently that of disciplining the novice ...« *Spencer, Gillen: The native tribes of central Australia*, (1899) 1968, S. 470

die Kirchensteuer sind die Fortsetzung der Versorgung der »alten Männer« mit den besten Nahrungsmitteln. Wie bei Jäger-und-Sammler-Kulturen haben sie neben der Funktion, den Klerus zu ernähren, die Funktion, die Unterordnung zu kontrollieren. Nicht-Spenden erzeugt Angst, und das soll auch so sein (die Sammler von Geldspenden, für was auch immer, auf öffentlichen Straßen und Plätzen, nutzen diese Angst – unbewusst – aus). Der Reichtum der Kirchen und die oft erschreckende Armut der Spender bestätigen diese Folgerung.

Ein Weg, die Einhaltung der Tabus und Gebote erträglich zu machen, ist die identifikatorische Befriedigung von Regelverstößen. In den Religionen des Altertums waren die Götter keine Vorbilder in der Lebensführung. Bei den Ägyptern, Griechen, Sumerern, Indern und Japanern, um nur einige Beispiele zu nennen, war das Leben der Götter eine Kette von Machtmissbrauch, Intrige, Mord, Ehebruch, Inzest und Vergewaltigung. Den Gläubigen wurde solche Lebensweise verwehrt. Der Verdacht drängt sich auf, dass die Gläubigen den Göttern alle ihre Fantasien übereignet haben: die Fantasie, stark zu sein, fliegen zu können, alles sehen zu können, und auch ihre sexuellen Fantasien[1]. Damit haben die Götter nicht nur fantastische Fähigkeiten, sie müssen auch einen unsoliden Lebenswandel führen. Sie brechen die Tabus stellvertretend für den Gläubigen – und werden gegebenenfalls auch stellvertretend grausam bestraft[2]. Ihre Tabubrüche werden von den Gläubigen

1 Das »sündige« Leben der Götter ist oft zu bizarr, als dass man glauben könnte, es handle sich um in den Himmel verlegte reale Geschehnisse. Es liegt nahe, Wunschfantasien zu vermuten: Der sumerische Gott Enki hat z.B., den Aufzeichnungen zufolge, Inzest getrieben mit Tochter, Enkelin, Urenkelin und Ur-Urenkelin (die in der Folge davon zu Fruchtbarkeitsgöttinnen wurden). *Uhlig: Die Sumerer*, 1996, S. 28f.

2 Drei Beispiele aus der Fülle des Materials: Als Andhaka, der blinde Sohn des Hindu-Gott Shiva, Parvati nachstellt, die, ohne dass er das wusste, seine Mutter war, spießte ihn Shiva mit seinem Dreizack auf. (*O'Flaherty: Der Hinduismus*, (1980) 1985, S. 28) Der ägyptische Gott Seth tötete seinen Bruder Osiris indem er ihn lebendig in einen Sarg legte, und er tötete ihn dann, ein zweites Mal, indem er ihn zerstückelte und die Teile über das ganze Land verteilte. Isis, Osiris' Frau (gleichzeitig seine Schwester), sammelte die Teile

genossen, ihre Bestrafung ebenfalls. Die Bestrafungen fördern die Einhaltung der sozialen Regeln im Alltag, weil die eigenen unausgeführten Wünsche mit bestraft werden. Durch Identifikation mit den virtuell Mächtigen erleben die Gläubigen ein Auf und Ab der Gefühle, so, als ob sie selbst die Taten vollbracht und die Strafen erlitten hätten. In den gegenwärtigen monotheistischen Religionen erfährt man dagegen nichts über den Lebenswandel Gottes. Der (unvollkommene) Ersatz für das frühere Miterleben des sündigen Lebens der Götter ist das Miterleben des sündigen Lebens in den Herrscherhäusern und bei »Prominenten«. Dass ihre Lebensführung und ihr Reichtum nur wenig kritisiert wird, verdanken sie, denke ich, z.T. der Tatsache, dass sie Projektionsfläche der Wünsche und Befürchtungen ihrer Untertanen bzw. Bewunderer sind.

Von animistisch geprägten Gesellschaften werden viele Grausamkeiten berichtet. Religiös geprägte Gesellschaften seien dagegen moralischer und humaner, wird häufig gesagt. Der Übergang von animistischen zu religiösen Vorstellungen habe die Gesellschaften friedlicher gemacht. Ob die heutigen Gesellschaften tatsächlich so viel friedfertiger sind, ist, angesichts der gegenwärtigen Kriege, fraglich, und falls die Behauptung aufrechterhalten werden soll, dann ist immer noch offen, was tatsächlich die Gesellschaften friedfertiger gemacht hat. Im *Alten Testament* findet man zwar moralisches und

---

ein und erweckte Osiris wieder zum Leben. Er wurde zum König des Totenreichs. Als Osiris' Sohn, Horus, erwachsen geworden war, forderte er Seth zum Kampf heraus und kastrierte ihn, sein Onkel Seth riss ihm im Kampf ein Auge aus. (*David: Ägypten*, (1980) 1985, S. 106) Der griechische Gott Kronos kastrierte seinen Vater Uranos. Damit ihm, Kronos, nicht das Gleiche geschehen konnte, verschlang Kronos alle seine Kinder unmittelbar nach deren Geburt. Nur Zeus entkam, weil seine Mutter, Rhea, Kronos einen in Windeln gewickelten Stein an Stelle des Neugeborenen anbot. Kronos wurde vom herangewachsenen Zeus besiegt und gezwungen alle, seine Geschwister wieder auszuspeien. Das tat er; sie wurden zu Göttern. Zeus versuchte später vergeblich, die Geburt eigener Nachkommen zu verhindern. »Zwar verschlang er seine Gemahlin Metis, doch ging aus dieser Verbindung die schreckliche Kriegsgöttin Athene hervor (die nun dem Haupte des Zeus entsprang).« (*Kane: Griechenland*, (1980) 1985, S. 120)

humanes Verhalten, aber auch einen Gott, der absolute Unterordnung einfordert (Gott fordert von Abraham er solle seinen Sohn töten, »den du liebhast«[1]), der Angriffskriege fordert, der zum Genozid (bis hin zum Töten von Säuglingen) aufruft und den bestraft, der seine Anweisungen in dieser Hinsicht nicht vollständig umsetzt:

> »›Zieh' jetzt in den Kampf und schlag' Amelek! Weihe *alles,* was ihm gehört, dem Untergang. *Schone es nicht, sondern töte Männer und Frauen, Kinder und Säuglinge* (sic!), Rinder und Schafe, Kamele und Esel.‹ (1. Sam. 15; 3). Weil Saul *diesen* Befehl nicht vollständig vollzog, sondern einige von den Schafen und Rindern nicht tötete, *deswegen* verstößt Gott Saul.«[2]

Auch im *Neuen Testament* finden sich viele problematische Einstellungen zu Mitmenschen[3]. Dass der Vater im Himmel seinen eignen Sohn den Foltertod erleiden lässt, kann die Söhne auf Erden kaum mit froher Zuversicht in Hinblick auf die eigene Zukunft erfüllen. Und das Versprechen, dass wir Menschen hinfort im Jenseits von Strafen verschont bleiben, da sein eigener Sohn »für uns« gebüßt habe, ist nicht einforderbar, letztlich, so heißt es, entscheide Gnade. Um es mit Schleiermacher zu sagen: »Die Religion ist das Gefühl der schlechthinnigen Abhängigkeit«[4]. Und damit bleibt die Angst vor der eigenen Zukunft hier und im Jenseits. Der durch Gnade oder Ungnade erreichte Zustand im Jenseits soll zudem ewig andauern. Die im Alltag allgegenwärtigen Darstellungen des Foltertodes von Jesus, bis hin zu Darstellungen an schmückenden Halskettchen, halten – unbewusst – die (grundlosen) Schuldgefühle wach. Sie erinnern an das Gebot, sich widerspruchslos unterzuordnen. »Höllische« Zustände im Jenseits sind Teil von Religionen, im animistischen Weltbild werden Qualen im Jenseits

---

1 *1. Mos.* 22, 2. Vgl. S. 56

2 *Buggle: Denn sie wissen nicht, was sie glauben,* 1997, S. 393. Kursivierung von Buggle.

3 Zusammengefasst und kommentiert in *Buggle: Denn sie wissen nicht, was sie glauben,* 1997.

4 *Schleiermacher: Der christliche Glaube nach den Grundsätzen der evangelischen Kirche im Zusammenhange dargestellt,* (1830/31) 1960, S. 30

nicht oder kaum angedroht. Religionen sind offensichtlich effizienter, was psychischen Druck anbelangt.

Zur Rolle von Religionen in Krieg und Frieden

Unterstützen Religionen eher die Abgrenzung zu anders Denkenden, mit der Folge feindseliger Gefühle ihnen gegenüber, oder steht eher ein Ausgleich mit ihnen, bis hin zu »liebe deinen Nächsten«, im Vordergrund? Nach Norbert Elias hat eine Religion »für sich allein« keine zivilisierende Wirkung:

> »Die Religion, das Bewußtsein der strafenden und beglückenden Allmacht Gottes, wirkt für sich allein niemals ›zivilisierend‹ oder affektdämpfend. Umgekehrt: Die Religion ist jeweils genau so ›zivilisiert‹, wie die Schicht, die sie trägt.«[1]

Allerdings ist es ein durchgängiges Merkmal religiöser Gemeinschaften, dass sie sich im Besitz letzter Wahrheiten wähnen, und das führt unweigerlich dazu, dass sie Andersdenkende entweder schweigend bemitleiden oder missionieren oder sogar bekämpfen.

> »Wer mich aber verleugnet«, sagte Jesus laut Matthäus, »den will ich auch verleugnen vor meinem himmlischen Vater. Ihr sollt nicht wähnen, daß ich gekommen sei, Frieden zu senden auf die Erde. Ich bin nicht gekommen, Frieden zu senden, sondern das Schwert.«[2]

In der Vergangenheit wurden weltweit Religionen instrumentalisiert, um weltliche Herrschaftssysteme zu stabilisieren, und zwar entweder über Legenden einer Abstammung der Herrscherfamilie von den Göttern oder mit der Behauptung, dass die Herrschaft gottgewollt sei. In diesem Fall ist Religion, »wie es bei Lenin heißt, Opium für das Volk«[3]. Sie hält die Bevölkerung ruhig.

Die Internalisierung des Gebots: »Du sollst nicht töten«, kann den Mächtigen dieser Welt Probleme bereiten. Die innere Stimme, die zur Einhaltung der Gebote so mühsam und oft un-

---

1 *Elias: Über den Prozess der Zivilisation.* Bd. 1, (1939) 1989, S. 277

2 *Mt.* 10, 33f.

3 Vgl. S. 110

ter Schmerzen aufgebaut wurde, ist nicht immer erwünscht: Ein Krieg lässt sich schwer vom Zaun brechen, wenn die, die ihn führen sollen, dieses Gebot ernst nehmen. Erfolg verspricht in diesem Fall der Weg zurück. Die innere Stimme kann ihrer Funktion enthoben werden, wenn eine äußere Autorität, und da ist die Kirche zweifellos besonders gut geeignet, glaubhaft mit dem Anspruch auftritt, sich selbst an die Stelle der inneren Stimme zu setzen. Sie kann das, weil das erste Gebot, das bedingungslose Unterordnung einfordert, das tatsächlich mit Abstand wichtigste ist. Martin Luther schrieb 1526:

> »Denn die Hand, die das Schwert führt, und tötet, ist nicht mehr eines Menschen Hand, sondern Gottes Hand, und nicht der Mensch, sondern Gott hängt, rädert, enthauptet, tötet und führt Krieg.«[1]. Der folgende Text stammt von 1907: »Ob ein Krieg gerecht oder ungerecht ist, das zu entscheiden ist Sache der Obrigkeit (des Kriegsherren), die von Gott das Recht und die Pflicht zur Kriegführung hat, daher auch allein die Verantwortung trägt. Der kriegspflichtige Untertan hat zu gehorchen, für das Blut, das er vergießt, ist er nicht verantwortlich.«[2]

Wenn die Obrigkeit »von Gott das Recht und die Pflicht zur Kriegführung hat«, dann kann ein Krieg auch gegen Nachbarn stattfinden, die der gleichen Religion angehören. Der kämpfende Untertan hat Gott auf seiner Seite, weil die eigene Obrigkeit angeblich unter Gottes Schutz steht, während die Obrigkeit des Feindes dann notwendigerweise nicht unter Gottes Schutz stehen kann. Hieran ist erkennbar, dass eine Staatsreligion für die Kriegsführung große Vorteile hat.

Es soll nicht bestritten werden, dass viele religiöse Mitmenschen das Motto »liebe deinen Nächsten« hochhalten und durch eigenes Handeln und Spenden die Not anderer lindern. Allerdings ist ein großer Teil von ihnen zwar ansprechbar für

---

1 Martin Luther, in: *Luther: Ob Kriegsleute in seligem Stande sein können*. Zitiert nach *Hohnsbein: Die Bibel. Die Kirchen. Der Krieg.* 2014, S. 835f.

2 Aus: *Westphal: Religionsbuch für evangelische Präparandenanstalten*, 1907, zitiert nach *Hohnsbein: Der kriegspflichtige Untertan hat zu gehorchen*, 2014, S. 151. Vgl. dazu in diesem Text (S. 161) die Interpretation des vierten Gebots durch die katholische Kirche.

eine milde Gabe, aber nicht bereit, sich sozial oder gar politisch für gerechtere Verhältnisse einzusetzen. Aufrufe wie »Eure Almosen könnt ihr behalten, wenn ihr gerechte Preise bezahlt« von Bischof Dom Helder Camara sind keineswegs zu zentralen Forderungen der Kirche und der Gläubigen geworden. Der Einsatz für soziale Gerechtigkeit bedeutet den Aufstand gegen die weltliche und die religiöse Obrigkeit. Mit Almosen kann man sich dagegen in Übereinstimmung mit beiden Herrschaftssystemen das Himmelreich verdienen und wird gleichzeitig durch die Vorstellung beglückt, dass da irgendwo »draußen« ein Kind mit seligem Lächeln von einer gespendeten Banane abbeißt.

Zum Inzesttabu

In Gesellschaften mit animistischen Vorstellungen werden Verhaltensregeln zur Vermeidung von Inzest explizit vorgeschrieben und durchgesetzt. So berichtet Bronislaw Malinowski von den Trobriandern[1]: Ab einem bestimmten Alter war jeglicher Kontakt zwischen Geschwistern untersagt. Und Erik Erikson schreibt von den Sioux: »War ein bestimmtes Alter, bald nach dem fünften Lebensjahr, erreicht, so mußten Bruder und Schwester lernen, einander nicht mehr direkt anzusehen oder anzusprechen.«[2]. Ähnliches berichtet Howitt von den Aborigines. Nach Codrington und Frazer muss ein Initiierter umkehren und einen anderen Weg wählen, wenn er Fußspuren im Sand entdeckt, die von seiner Schwester stammen könnten[3]. In religiösen Systemen wird die Gefahr von Inzest ebenfalls dargestellt, und Inzest wird verboten[4]. In der Erziehung heute

---

1 *Malinowski: Geschlecht und Verdrängung in primitiven Gesellschaften,* (1953) 1962

2 *Erikson: Kindheit und Gesellschaft,* 1968, S. 138

3 Aus: *Freud: Totem und Tabu,* S. 15

4 Im Alten Testament werden vornehmlich die Kinder und Jugendlichen ermahnt, das Inzesttabu einzuhalten (3. Mos. 18, 6-17). Hadass Golandsky schrieb dazu: »Das erste [in der Thora dargestellte] Verbot [von Inzest] ist allgemein gehalten: Niemand soll sich sexuell irgendeinem seiner Blutsverwandten nähern. ... In den meisten Fällen (7 aus 11) ist der Täter das Kind,

wird kaum noch auf die Gefahr von Inzest hingewiesen, und es gibt auch kaum direkt ausgesprochene Maßnahmen, um Inzest zu verhindern. Es scheint, dass das Problem bis auf »pathologische« Reste verschwunden ist. Erst wenn ein Fall von Inzest bekannt wird, kann man aus dem großen Echo in den Medien, das ungleich größer ist als das auf einen Mord, erkennen, dass dieses Tabu in unserem Seelenhaushalt immer noch eine bedeutsame Stellung einnimmt[1].

---

wobei das Kind nicht minderjährig sein muß. Das erste detaillierte Verbot bezieht sich auf Sex mit den Eltern. Es gibt jedoch kein Verbot, das sich auf Sex mit der Tochter oder mit dem Sohn bezieht. Der leibliche Vater bzw. die leibliche Mutter werden nicht als Täter bezeichnet. Eine Frau als Täterin gibt es nicht.« *Golandsky: Kindermissbrauch – Tabu im Judentum.* 1999. Das Vorlesen der Verhaltensregeln in diesem Teil des *Alten Testaments,* verbunden mit Rügen und moralischen Ermahnungen, ist mit den Worten »jemandem die Leviten lesen« zum »geflügelten Wort« geworden.

1 Diskutiert in: *Berking, S.: Evolution des Menschen. Wie entstanden unsere psychische Organisation und unser Sozialsystem?* 2013.

Initiationsriten und Schule

Kinder müssen die sozialen Regeln ihrer Gesellschaft erlernen. Das geschah früher in der Familie und wurde dann abschließend von der Gemeinschaft in Initiationsriten überprüft. Heute übernimmt einen großen Teil der Unterrichtung und der abschließenden Überprüfung die Schule. In der »Schule der Nation«, dem Militär, wird vornehmlich eine Kombination aus Unterordnung und Ambivalenzaufspaltung eingeübt.

Schule

Schulunterricht hat im Wesentlichen zwei Ziele: Die Kinder sollen Fertigkeit für das spätere Leben als Erwachsene erwerben und sie sollen die Regeln des Zusammenlebens in der Gesellschaft erlernen. Früher wurden nur Knaben unterrichtet, was noch in dem Wort Pädagogik (etwa: Knabenführung) enthalten ist. Der Grund dafür war nicht, dass Mädchen keine Fertigkeit für das Leben als Erwachsene erlernen müssen oder dass für Mädchen die Regeln des Zusammenlebens ohne Bedeutung sind. Der Grund war, dass Männer das Sagen in Familie und Gesellschaft hatten. Es reichte aus, wenn die Söhne die Regeln des Zusammenlebens internalisiert haben, ehe sie als Erwachsene Einfluss gewinnen. Genau das war auch die Funktion von Initiationsriten.

Bei den Jugendlichen der »Wilden« wurde die Befolgung der Regeln des Zusammenlebens – die wichtigste war: »den alten Männern zuhören und ihnen gehorchen« – mit Gewalt, mit der Androhung von Gewalt und mit der Androhung vom Ausschluss der Gemeinschaft durchgesetzt. Die Maßnahmen sollten Angst erzeugen. In den Schulen in Europa wurde die Befolgung der entsprechenden Regeln ebenfalls mit Gewalt durchgesetzt. Prügel und die Androhung von Prügel sollte ebenfalls Angst erzeugen. Heute wird in vielen Ländern nicht mehr geprügelt, aber der psychische Druck ist groß, was sich z.B. daran zeigt, dass nicht Wenige bis ins hohe Alter Angstträume von Schulprüfungen haben. Ich denke, die Erzeugung von Angst ist bis heute von der Gesellschaft gewollt. Sie ist nicht das Resultat der Unfähigkeit einiger weniger Lehrer. Bemerkenswert ist, dass heute, im Gegensatz zu früher, die Erzeugung von Angst den Lehrern und Lehrerinnen übelgenommen wird. Sie sind zu Sündenböcken für die geworden, die ihnen diese Aufgabe übertragen.

Wenn die Schüler die Inhalte der Unterrichtung korrekt wiedergeben können und wenn sie die Beurteilungen ihrer »Leistungen« akzeptieren, ist das Ziel Unterordnung erreicht. Selbstverständlich sind viele Lehrinhalte für das spätere Leben nützlich, aber gerade die (angebliche) Nützlichkeit hat eine nicht zu vernachlässigende weitere Funktion: Der Hinweis darauf ermöglicht es, den Druck zur Unterordnung zu verstecken. »Das musste sein«, heißt es von den Lehrkräften und den Eltern: »du wirst uns noch einmal danken«. Jeder wird Beispiele für Lehrinhalte finden, die einen großen Teil der Kinder quälen, sie ihre Unterlegenheit fühlen lassen und die nur sehr begrenzten Nutzen im späteren Leben haben. Mit der bestandenen Abschlussprüfung beginnt, denke ich, nicht das Vergessen der Schikanen, es beginnt die Übernahme der Rechtfertigung des Drucks. Schließlich muss solcher Druck ja später einmal an die eigenen oder auch an fremde Kinder weitergegeben werden. Wer eine Abschlussprüfung bestanden hat, ist aufgestiegen, ist damit ein anderer Mensch geworden und hat nun die unter sich, die ungeprüft sind. Damit – und mit der permanenten Vergabe von Zensuren während der Schulzeit – wird das hierarchische Denken[1] stabilisiert, und das lässt die vergangenen Schrecken zunehmend in einem anderen Licht erscheinen.

Ich denke, so ziemlich jeder hat sich in der Schule mehr als einmal als falsch beurteilt und erniedrigt empfunden, und jeder weiß aus seiner eigenen Jugend, dass ungerecht empfundene Beurteilungen durch Eltern und Lehrkräfte lebhafte Allmachtsfantasien herausfordern. Solche Allmachtsfantasien sind offenbar treffend von J. K. Rowlings in *Harry Potter* beschrieben worden. Die Darstellung muss treffend sein, sonst hätten

---

1 Siehe »Zum Gebrauch von ›Denken‹ und ›Denkweisen‹«, S. 16

nicht Millionen von Lesern etwa 4000 Seiten gelesen, ohne die Bücher ermüdet beiseitegelegt zu haben. Ich denke, es ist nicht die detailreiche Darstellung von Zauberei, Horror und Magie, die den Erfolg der Bücher ausmacht; es gibt Unmengen von erheblich weniger gelesenen Büchern mit solchen Inhalten. Ich denke, es ist die nachvollziehbare Darstellung des Schritts von der Kindheit zum Erwachsenen mit dem zentralen Ereignis, der Bildung der inneren Stimme, die den Erfolg der Bücher ausmacht.

Der größte Teil der Bücher schildert das Leben in einem Internat. Die Schüler und Schülerinnen sind so isoliert von ihren Eltern wie die Novizen während der Initiation. In *Harry Potter* lernen sie, was Zaubern vermag. Zaubern können sie bereits vor dem Eintritt in das Internat, nun lernen sie ihre Kräfte gezielt einzusetzen und zu bändigen. Auf das Bändigen kommt es an: Wer außerhalb der Schule zaubert, wird von der Schule verwiesen; im schlimmsten Fall landet er bzw. sie im Gefängnis. Das Ministerium sieht jeglichen Verstoß, nichts bleibt ihm verborgen – so wie dem Schamanen oder den legendären Ahnen nicht verborgen bleibt, wenn ein Novize gegen ein Gebot verstößt. In beiden Fällen geht es um den Aufbau der inneren Stimme, die alles sieht und gegebenenfalls straft.

Wie bei den Novizen wird auch im Internat von *Harry Potter* das Clan-Denken durch eine Aktivierung der Ambivalenzaufspaltung gestärkt. Bei den Aborigines geschieht das durch Ballspiele, wobei jeweils Mitglieder einer Heiratsklasse oder eines Totems eine Mannschaft stellen, und es geschieht auch durch rituelle Kämpfe, Horde gegen Horde, zum Abschluss der Initiationsriten[1]. Bei *Harry Potter* (und weltweit heute in allen Schulen) wird das Entsprechende Sport genannt[2]. Bei den Novizen und auch bei *Harry Potter* können die

1 Vgl. S. 80 und: *Howitt: The native tribes of south-east Australia,* (1904) 2010, S. 114, 770 und 148ff.

2 Nach meiner Kenntnis gibt es im Internat von Harry Potter nur einen Sport, ein gefährliches Ballspiel gegen eine Mannschaft aus einem anderen Land oder gegen eine Mannschaft einer anderen Untergruppe, einem »Haus«, im eigenen Internat.

Folgen tödlich sein. In *Harry Potter* wird ein weiterer Weg beschrieben, um Clan-Denken und Ambivalenzaufspaltung einzuüben: die spontane, oft willkürlich erscheinende Vergabe von Punkten (bzw. den Abzug von Punkten) durch eine Lehrkraft, nicht direkt an eine Person, sondern an die Untergruppe, das »Haus«, zu der die Person gehört. Die Untergruppen im Internat rivalisieren, es gibt Preise und Auszeichnungen. Auch diese Technik zur Einübung von Ambivalenzaufspaltung wird heute gern in Schulen angewandt.

Rawlings malt die Gefahren eines »faschistischen« Putsches in drastischen Farben aus. Ziel der Verschwörung ist es, das »Blut« der alten Familien (der Hexen und Zauberer) rein zu halten, Gegner werden getötet: Die Bösen praktizieren Ambivalenzaufspaltung pur. Die Guten vertreten ein anderes »Wir«, es ist offen für Kinder von Nicht-Zauberern, wenn sie zaubern können und wenn sie sich den Riten der Aufnahme erfolgreich unterziehen. Nicht-Zauberer sollen unbehelligt ihre eigene Kultur leben dürfen.

Wenn ein Leser den Sieg von Harry Potter über die dunklen Mächte – in der Außenwelt und in sich selbst – und seinen Eintritt in das Erwachsenenleben – und das heißt: die Anerkennung der hierarchischen Ordnung seiner Gesellschaft und die Anerkennung der bestehenden sozialen Regeln – mitfeiert, dann, denke ich, wird die eigene Einordnung in die Welt der Erwachsenen nachträglich nicht als Unterordnung angesehen.

»Schule der Nation«

Das Militär wird häufig als »Schule der Nation« bezeichnet. Das kann in zweierlei Weise verstanden werden. Mit der Betonung auf Schule wird dem Militärdienst eine Erziehungsaufgabe zuerkannt. Ziel der Schulung ist es, bei den heranwachsenden Männern das Gebot, »den alten Männern zuhören und ihnen gehorchen«, in letzter Konsequenz durchzusetzen. (»Zuhören« heißt in diesem Fall, dass im politischen Unterricht die Erklärung der gesellschaftlichen Ordnung widerspruchslos hingenommen wird.) In der »Erklärung der Hochschullehrer des deutschen Reichs« von 1914 kommt die angestrebte Erziehungsaufgabe – Freiheit durch Unterordnung – prägnant zum Ausdruck:

> »Denn er [der Dienst im Heere] erzieht zu selbstentsagender Pflichttreue und verleiht ihr das Selbstbewußtsein und das Ehrgefühl des wahrhaft freien Mannes, der sich willig dem Ganzen unterordnet.«[1]

In der Grundausbildung wird kompromisslose Unterordnung eingeübt. Es ist offensichtlich, dass die Fähigkeit, im Gleichschritt marschieren zu können, vielleicht sogar im Stechschritt, bei einem Gefecht keine Hilfe ist. Der Drill dazu schon. Marschieren im Gleichschritt auf das Wort des Vorgesetzten hin und Hinnahme von grundlosen Beleidigungen demonstrieren Gehorsam. Erst wenn der erreicht ist, können den Rekruten Waffen mit scharfer Munition in die Hand gegeben werden. Und dann kann ein Vorgesetzter sich auch gefahrlos zwischen diesen ausgebildeten Killern bewegen, obwohl er sie schikaniert hat. Sein Wort hat Macht über sie gewonnen. Ein Vorgesetzter muss sich allerdings ständig vergewissern, dass seine Wortmagie wirkt und dass die Untergebenen sich tatsächlich als Untergebene fühlen. Das geschieht beispielsweise durch ständiges Grüßen und Salutieren. Wenn die Unterordnung zuverlässig erreicht ist, leisten Soldaten dem Wort auch dann Folge, wenn es lebensgefährlich wird. Die Schikanen von Unteroffizieren in der Grundausbildung sind daher keine Entgleisungen: schließlich soll ein Soldat, auch wenn er allein auf sich gestellt ist, den Befehlen bedingungslos folgen, wie ein Novize im Busch den verordneten Speiseverboten.

Auch die Hinnahme lächerlich wirkender Kleidung – ein »Zivilist« würde sich genieren, sie außerhalb des Karnevals öffentlich zu tragen – ist ein Beleg für erfolgte Unterordnung. Ein Herrscher (Kaiser, Präsident) muss bei seiner Leibgarde besonders sicher sein, dass sie sich bedingungslos unterordnet. Folgerichtig ist die Leibgarde in der Regel besonders »lächerlich« gekleidet, und sie agiert besonders deutlich wie eine Gruppe

1 Zitiert nach *Köhler: »Deutschlands reine Sache«*, 2014, S. 12

von Marionetten.

Mit der Betonung auf »Nation« in »Schule der Nation« ergibt sich, dass die Schikanen im Militärdienst »Hilfe« bei der Ambivalenzaufspaltung und bei der Definition des »Wir« sind. Die Leidensgenossen werden zu Kameraden, für die man durchs Feuer geht; sie werden zu Brüdern, während die Anderen, die nicht die gleiche Uniform tragen und nicht den gleichen »alten Männern« untertan sind, zu Feinden werden. So wird eine Gruppe sehr unterschiedlicher Menschen mit unterschiedlichen Dialekten und Gewohnheiten zu einer Nation zusammengeschweißt[1]. In den USA gelang es während des Zweiten Weltkrieges, Schwarze und Weiße zu »Brüdern« zu machen. Nach dem Krieg, und das heißt ohne gemeinsame Aggression und gemeinsam erlebte Bedrohung, wurde die Brüderlichkeit folgerichtig wieder deutlich schwächer.

Der Militärdienst in »Kulturnationen« ist nicht der Beginn der Einübung der Aggressionslenkung, die hat schon in der Schulzeit begonnen. Der Militärdienst soll vielmehr verhindern, dass die schlichte Einteilung der Welt in Freund und Feind überwunden wird. Die Rekruten sollen sich bedingungslos unterordnende, kampffähige, ausgewachsene Männer (und jetzt auch Frauen) mit der psychischen und geistigen Verfassung von Jugendlichen werden. Ohne den militärischen Drill in der »Schule der Nation« besteht die »Gefahr«, dass die Heranwachsenden Erwachsene werden, die das hierarchische Denken und die Vorherrschaft der Ambivalenzaufspaltung im Denken überwinden.

---

1 Jared Diamond berichtet über »die Entstehung des Zulu-Staates im südöstlichen Afrika. Zum Zeitpunkt des Eintreffens der ersten weißen Siedler waren die Zulu in Dutzende kleine Häuptlingsbereiche gespalten ... Ein Häuptling namens Dingiswayo ... löste das Problem der Schaffung zentralistischer Machtstruktur auf höchst erfolgreiche Weise. Dingiswayo baute eine schlagkräftige militärische Organisation auf, indem er junge Männer aus allen Dörfern einzog und sie nach Alter und nicht nach Heimatdorf in Regimenter einteilte.« *Diamond: Arm und Reich,* 2001, S. 357. Heute machen alle Staaten das ähnlich, um ein umfassendes Wir-Gefühl zu erzeugen.

Alltagsrituale

Magische Praktiken, wie an Holz klopfen und die Zahl dreizehn meiden, sind heute auf dem Rückzug. Magisches Denken für die Durchsetzung des zentralen Gebots scheint ebenfalls zunehmend weniger erforderlich zu sein.

Für die Durchsetzung der Tabus und Gebote wurde und wird magisches Denken aus der Kindheit in das Erwachsenenleben übernommen. Es scheint, dass das magische Denken nur in seiner Gesamtheit übernommen werden kann, es werden nicht nur die Techniken übernommen, die für die Durchsetzung der Tabus und Gebote notwendig sind[1]. Die für die Durchsetzung der Tabus und Gebote notwendigen Techniken, nennen wir sie *systemrelevante* Techniken, bleiben im Erwachsenenleben weitgehend erhalten, die nicht systemrelevanten Techniken verschwinden dagegen zunehmend, besonders dann, wenn sie die Daseinsvorsorge behindern.

Jagdzauber war einmal systemrelevant: Objektiv muss er bei unseren Ahnen häufig versagt haben. Er wurde aber lange Zeit beibehalten, denn wären die Jäger nach einem Fehlschlag bei der Jagd mit prinzipiellen Zweifeln am Jagdzauber ins Lager zurückgekommen, dann wäre damit die Macht der Magie angezweifelt worden, und das hätte die Macht der Ältesten gebrochen. In der Folge davon wäre das Sozialsystem ins Wanken gekommen. Genau diese Gefahr hat, meine ich, den Jagdzauber erhalten, obwohl er die Daseinsvorsorge behinderte. Es war nicht Einsicht, dass Magie in diesem Bereich für das Wohlergehen der Gesellschaft notwendig ist, sondern in diesem Stadium der Evolution waren Populationen mit Zweiflern instabil. Das machte den Jagdzauber systemrelevant.

Bis heute haben sich bei uns Rituale bei der Jagd erhalten, die an ursprüngliche Jagdzauber erinnern, aber systemrelevant ist Jagdzauber bei uns nicht mehr. Im Schwinden ist bei uns auch die Bedeutung eines Horoskops. Es gibt Horoskope zwar

1 Vgl. S. 64

noch in nahezu allen Zeitungen, aber wer sie liest, wird heute oft belächelt. Der Glaube an die Vorhersage eines Horoskops beinhaltet den Glauben an ein Schicksal, das von außen, von oben, bestimmt wird. Ich denke, aus der Angst vor der eigenen Zukunft entsteht der Wunsch, sein Schicksal vorherzusehen, und dann entsteht der Wunsch, es durch Rituale und geeignete Verhaltensweisen günstig zu beeinflussen. Über die Singhalesen schreibt Paul Wirz, dass sie » ... eher ... auf alles andere verzichten als auf die Anfertigung eines Horoskopes.«[1] Das war in Deutschland ähnlich. Über Johannes Kepler schrieb Arthur Koestler: »Er begann seine Laufbahn mit der Veröffentlichung von astrologischen Kalendern und beendete sie als Hofastrologe des Herzogs von Wallenstein.«[2] Nur im »Nebenberuf« war er einer der bedeutendsten Wissenschaftler seiner Zeit.

Speiseverbote sind bis heute systemrelevant. Manche werden direkt ausgesprochen – freitags kein Fleisch –, andere haben sich erhalten, ohne dass uns das bewusst ist. Im Februar 2013 gab es in Deutschland einen Skandal, der die Medien tagelang beherrschte: Fertig-Lasagne enthielt Spuren von Pferdefleisch. Niemand erkrankte daran, aber die Aufregung in den Medien wäre beim Anmarsch einer Krankheitsepidemie kaum größer gewesen. Die Aufregung war vermutlich deshalb so groß, weil das Pferd für uns eine besondere Bedeutung hat, von der die meisten allerdings wenig wissen: Von unseren Ahnen wurde das Pferd verehrt. Mario Ruspoli schrieb über Höhlenmalerei: »Kein Tier wurde seit den Anfängen der Kunst vor 30 000 Jahren bis zum Ende der Eiszeit so häufig dargestellt wie das Pferd.«[3] Das gilt auch für die Höhle von Lascaux, aber unter den Knochenfunden aus dieser Höhle, die vermutlich Reste von verspeisten Beutetieren sind, befanden sich, abgesehen von einem Zahn zweifelhafter Zuordnung, keine Pferde-

---

1 *Wirz: Exorzismus und Heilkunde auf Ceylon*, 1941, S. 17

2 *Koestler: Die Nachtwandler*, 1963, S. 243

3 *Ruspoli: Die Höhlenmalerei von Lascaux. Auf den Spuren des frühen Menschen*, 1998, S. 38

knochen. Pferde wurden verehrt und vermutlich nicht gegessen. Perser, Griechen, Römer aßen Pferde, verehrten sie aber auch. Kelten und Germanen entwickelten Opferkulte um das Pferd. Joachim Herrmann schrieb:

> »Unter den Symbolfiguren kommt gewiss in slawischen und germanischen Gebieten den Pferdedarstellungen eine besondere Bedeutung zu. Sie vertraten die göttliche Kraft.«[1]

Deutlicher kann Systemrelevanz kaum ausgedrückt werden. Um dieser Kraft teilhaftig zu werden, trugen damals viele ein Amulett in Form eines Pferdes. »Die jüdischen Speisegesetze verbieten gemäß Lev. 11,3 den Verzehr von Pferdefleisch«[2]. Papst Gregor III verbot im Jahr 732, Pferdefleisch zu essen: »dieses Tun ist unrein und verabscheuungswürdig«[3]. Heute ist das Pferd Wappentier in Nordrhein-Westfalen und Niedersachsen, und bis heute werden am First von Bauernhäusern in verschiedenen Regionen Norddeutschlands Pferdeköpfe aus Holz angebracht.

Die Heftigkeit der Reaktion in den Medien, als Pferdefleisch in Lasagne entdeckt wurde, und die vermutlich sehr häufige emotionale Reaktion, wenn man jemandem, der gerade Fleisch isst, sagt, dass dies Pferdefleisch sei, zeigen, dass es bis heute starke unbewusste, nicht-rationale Motive gibt, Pferde nicht zu essen. Wie diese Einstellung an die nächste Generation weiter gegeben wird, ist unklar. Vielleicht reicht heute der Sprachgebrauch. Wir sprechen vom edlen Pferd, aber nicht vom edlen Schaf, Huhn oder Rind.

Zeitlich begrenzte Speiseverbote, wie kein Fleisch in der Karwoche und an Freitagen zu essen und im Ramadan nichts zu essen und zu trinken, während die Sonne scheint, zeigen, dass es primär nicht auf die Art der Speise selbst ankommt, sondern auf die Befolgung eines Gebots. Ich denke, die Einhaltung von Speiseverboten wird als Indiz für die Einhaltung weniger gut öffentlich kontrollierbarer sozialer und religiöser Ge-

1 *Herrmann: Wikinger und Slawen. Zur Frühgeschichte der Ostseevölker,* 1982, S. 24

2 *Wikipedia, 2016: Pferdefleisch*

3 Ebd.

bote gewertet. Wenn das zutrifft, dann ist ein Verstoß gegen Speiseverbote keine Kleinigkeit. Mit dieser Hypothese könnte beispielsweise verstanden werden, dass die Frauen der Andamaner ab der ersten Menstruation bis zum Klimakterium bestimmte Speiseverbote beachten müssen[1]. Von einer Frau, die diese Speiseverbote beachtet, kann man vermuten, dass sie *alle* sozialen Regeln beachtet und daher vermutlich auch sexuelle Beschränkungen im Dunkel der Nacht einhält. Die AfD-Abgeordnete und Alterspräsidentin im Landtag von Mecklenburg-Vorpommern (seit 4.10.2016), Christel Weißig, hat die Systemrelevanz der Einhaltung von Speiseverboten (unbewusst) zutiefst verstanden. Sie forderte als Maßnahme zur Integration »von Flüchtlingen das ›Pflichtessen‹ von Schweinefleisch«[2].

In einigen Bereichen unseres Alltagslebens gibt es magische und rationale Techniken nebeneinander. Beispielsweise schließt in vielen Regionen der Welt die Verwendung von Kunstdünger und eine künstliche Bewässerung Prozessionen zum Erhalt der Fruchtbarkeit der bestellten Felder und Beten um Regen nicht aus. Ich denke, das liegt nicht an einer generellen Unfähigkeit zum Beobachten oder zum logischen Ausschließen von sich widersprechenden Erklärungen, sondern an einem inneren Widerstand, Magie in diesem Bereich aufzugeben. Den Gläubigen ist das allerdings nicht bewusst. Wird der Widerspruch zwangsweise bewusst gemacht, dann zeigen die Ausflüchte, Spitzfindigkeiten und Verharmlosungen, dass ein logischer Ausschluss tatsächlich mit Macht von einer inneren Instanz verhindert wird.

Magischem Denken begegnet man heute besonders stark in Fernsehsendungen. Es wird gezaubert, es treten Riesen, Ungeheuer und Außerirdische auf. In anderen Sendungen haben die Protagonisten übermenschliche Fähigkeiten: Sie laufen mit Schwertern bewaffnet an Wänden hoch, überspringen Straßenschluchten oder sie können sogar fliegen. Und in wieder ande-

---

1 *Radcliffe-Brown: The Andaman islanders: a study in social anthropology.* 1922, S. 91ff.

2 *Merz: AfD mittendrin,* 2016, S. 1

ren Sendungen steht ein mutiger Einzelgänger Woche für Woche im Kugelhagel der Bösen, ohne (ernstlich) verletzt zu werden.

Vor einigen Jahrzehnten gab es wesentlich weniger solche Sendungen. Heißt das, dass der Wunsch nach Wundern und Zauberei zugenommen hat? Vielleicht sind Allmachtsfantasien aber nur hoffähiger geworden, man kann sich heute dazu bekennen, solche Sendungen »interessant« oder unterhaltsam zu finden. Vielleicht beruht die Zunahme des Interesses an solchen Sendungen auch darauf, dass der Druck, der eigenen Allmachtsfantasie im Zuge der Sozialisation abzuschwören, geringer geworden ist. Vielleicht gibt es die Zunahme aber auch nur deshalb, weil der Einfluss von Religion als sozial anerkannte Form von Magie schwindet. Wie auch immer, es scheint, dass magische Praktiken zur Beschwörung und zur Abwehr von Übel schwinden, während das Interesse an fantastischen Geschichten zunimmt.

Besessene, Ketzer, Terroristen

Die kirchliche Obrigkeit hat ihre Kritiker als Besessene oder Ketzer bezeichnet, um sie mundtot zu machen. Diese Dämonisierung hat eine Fortsetzung gefunden. Heute werden nicht nur besonders gefährliche Verbrecher, sondern mitunter auch friedliche Kritiker, wenn sie den aktuell Mächtigen gefährlich werden könnten, als Terroristen bezeichnet und damit denen gleichgestellt, die verbrecherische Gewalt anwenden. Missliebige ausländische Regenten werden als neue Hitler dämonisiert. Das alles gelingt, weil das magische Denken bei uns noch immer eine große Rolle spielt und weil schon der Gedanke an Auflehnung Angst erzeugt.

Wer in vergangenen Jahrhunderten in Europa die Deutungshoheit der Kirche kritisierte, wurde zum Ketzer erklärt. Ketzer wurde man durch kritische Äußerungen, also durch eine bewusste Handlung. Zum Besessenen konnte dagegen jeder ohne eigenes Zutun werden. Jedem war damals einsichtig, dass, wer besessen ist, von wem der Teufel Besitz ergriffen hat, kein Mensch mehr ist. Besessene waren folglich außerhalb der Rechtsnorm, und daher konnte, ja, musste man sie »unmenschlich« behandeln, um den Teufel auszutreiben[1]. Ketzer wurden verteufelt, d.h. bewusst den (angeblich) Besessenen gleichgestellt. Damit wurde klar, dass auch ein Ketzer kein Mensch mehr ist. Wer einem Ketzer auch nur zuhört, kann leicht des Teufels Beute werden – mit gravierenden Folgen, nicht nur im Jenseits.

Vergleicht man einen Ketzer mit einem ungläubigen Novi-

1 »Der Vatikanstaat [hat] die Internationale Vereinigung der Exorzisten (AIE) offiziell [2014 (!) – S. B.] anerkannt. Der AIE gehören 250 Exorzisten aus 30 Ländern an ... Auch Papst Franziskus belehrte die Gläubigen schon öfters: ›Wer nicht zu Gott betet, der betet den Teufel an‹.« (*Feldbauer: Gesegnete Folter*, 2014, S. 6) In Deutschland ist 1976 eine junge Frau an den Folgen von Exorzismus gestorben, sie wog zum Schluss 31 kg und starb an Entkräftung. Die Täter wurden verurteilt (Ebd.). »Anders als in vielen historischen Romanen behauptet, findet die Hexenjagd des sechzehnten und siebzehnten Jahrhunderts in Deutschland gleichermaßen in katholischen und protestantischen Gegenden statt, und zwar ausschließlich vor weltlichen Gerichten. Dennoch hat die Inquisition die Form und den Inhalt des Hexenprozesses vorgeformt.« *Grüter: Magisches Denken*, 2010, S.145

zen einer Sammler-und-Jäger-Kultur, dann wird deutlich, dass ein Ketzer die Kriterien fürs Gefoltertwerden erfüllt: Wer die Macht des Schamanen und die Regeln des Zusammenlebens in Frage stellt, muss mit physischen Mitteln entweder zur Unterordnung gebracht werden oder er muss sterben[1]. Ein Ketzer ist, ebenso wie ein ungläubiger Novize, ein Systemkritiker, er stellt die Machtfrage, ob ihm das nun bewusst ist oder nicht, genau das macht einen Ketzer aus.

Manche der Befürworter von Ketzerverfolgungen sahen die Sozialordnung durch Zweifler vermutlich tatsächlich in Gefahr. Andere waren kalte Machtpolitiker, die ihre eigene Position innerhalb der Sozialordnung in Gefahr sahen, und wieder andere waren wohl psychisch krank. Sie hatten wahnhafte Vorstellungen und Erscheinungen. Die grausame Behandlung der Ketzer diente ihnen zur Niederhaltung der eigenen unbotmäßigen Wünsche. In der Bevölkerung gab es berechtigte Angst, selbst als Ketzer bezeichnet zu werden. Jeden konnte es urplötzlich treffen, ein Gerücht genügte. Die Beschuldigung von Hexerei war kaum zu widerlegen, und zwar deshalb nicht, weil nahezu jeder an Hexerei glaubte. Der Glaube an die Wirkung von Magie war die Voraussetzung für die Ketzerverfolgungen und ihre Instrumentalisierung für politische Ziele.

Terroristen

Zu der Bezeichnung »Terrorist« kommen Personen durch sehr unterschiedliche Handlungen. Wer eine Bombe in einer Menschenmenge zündet, zumal als Selbstmordattentäter, wird heutzutage als Terrorist bezeichnet. Die Bezeichnung »Terrorist« wird heute aber auch auf bestimmte friedliche Systemkritiker angewandt. Von Selbstmordattentätern kann man zu Recht vermuten, dass sie von ihren Ideen »besessen« sind, ähnlich wie vom Teufel Besessene im Mittelalter. Was, wenn nicht Besessenheit sollte sie zu solchen Taten und in den Selbstmord treiben? Die Folgerung ist heute ähnlich wie im Mittelalter:

---

1 Vgl. S. 94

Schon des Terrorismus *verdächtige* Personen kann man, ja muss man, außerhalb der Rechtsnorm stellen. Sie sind unberechenbare, potentielle Bestien, keine Menschen. Wenn nun ein friedlicher Systemkritiker ebenfalls als »Terrorist« bezeichnet wird, dann stellen sich die gleichen Assoziationen ein wie zu dem Bombenleger oder Selbstmordattentäter. Eine rationale Kritik der eigenen Assoziationen und Gefühle fällt uns bei Verwendung des gleichen Begriffs ausgesprochen schwer. Frazer hat die absichtliche Verwendung des gleichen Begriffs für verschiedenen Handlungen als imitative oder homöopathische Magie bezeichnet[1].

Es geht mir im Folgenden weniger darum aufzudecken, dass die Mächtigen mit Hilfe von Propaganda ihre Ziele durchzusetzen versuchen. Das haben andere schon sehr gut dargestellt. Es geht mir vornehmlich darum, zu untersuchen, warum Propaganda bei einigen gut und bei anderen weniger gut wirkt. Und auch diesen Aspekt schränke ich noch weiter ein. Es geht mir darum, nachzuweisen, dass unsere Sozialisation – mit der erzwungenen Unterordnung, der Übernahme des magischen Denkens in das Erwachsenenalter und der Einübung von Ambivalenzaufspaltung – unsere Sicht auf die Welt ganz erheblich bestimmt und damit zur Verführbarkeit durch Propaganda beiträgt. Die Sozialisation hat nicht nur Einfluss auf die Verarbeitung von Informationen aus den Medien, sie hat auch Einfluss auf die Selbsteinschätzung dabei: Da »das Denken ... immer unter ... dem Bedürfnis nach einem positiven Selbstbild [steht]«[2], hält jeder seine Sicht und sein Verhalten für normal, für natürlich, für realitätsgerecht. Folgerichtig sucht jeder seine Sicht auf die Welt durch Argumente zu stützen, und so finden wir uns in Diskussionen wieder, in denen jeder mit logischer Raffinesse versucht, den Gegner von seiner Sicht zu überzeugen. Was nicht gelingt. Es gelingt nicht, weil die Sicht auf die Welt zum beträchtlichen Teil gar nicht durch rationale

1 *Frazer: Der Goldene Zweig,* (1922) 1989

2 *Wikipedia, 2014: Denken*. Die Aussage bezieht sich auf: *Elliot Aronson, T. D. Wilson, R. M. Akert: Sozialpsychologie. Pearson Studium*. 4. Aufl., 2004, S. 16ff.

Argumente entstanden ist.

Die folgenden zwei Zitate zeigen die Gleichsetzung von Terrorist und Ketzer. Im Dezember 2014 wurden in Saudi-Arabien zwei Frauen an das Sondertribunal für »Terrorismus« überwiesen[1]. Ihr Vergehen war Autofahren. Saudi-Arabien war damals das einzige Land der Welt, in dem Frauen das Fahren eines Autos untersagt war. Da das Verbot religiös begründet wurde, stellten die Frauen mit ihrer angekündigten Handlung die Macht der Priesterschaft und damit das Herrschaftssystem in Frage. Das war Ketzerei, im modernen Sprachgebrauch: Terrorismus.

Noch deutlicher wird die Gleichsetzung von Ketzer und Terrorist im Fall von Raif Badawi, ebenfalls Saudi-Arabien:

> »Das Gericht warf ihm vor, er habe Muslime, Christen, Juden und Atheisten als gleichwertig bezeichnet, was gegen ein 2014 in Kraft getretenes Gesetz verstoße. Dieses Gesetz sieht ... jede Infragestellung des Islam als terroristische Handlung und stellt ... die Verbreitung ... unter Strafe, bis zur Todesstrafe.«[2]

Das folgende Zitat zeigt, wie der Begriff Terrorist erfolgreich in einer Haltet-den-Dieb-Technik angewandt wurde. Glenn Greenwald, der Dokumente von Edward Snowdon veröffentlicht hat, schrieb, dass sein Freund David Miranda auf dem Flughafen Heathrow (Großbritannien) mit der Begründung festgenommen wurde, weil

> »die Veröffentlichung von Snowdons Dokumenten ›geeignet [ist], Einfluss auf die Regierung [von Großbritannien] auszuüben, und [sie] dient der Werbung für eine politische oder ideologische Sache. Damit fällt sie unter die Definition von Terrorismus.‹«[3]

Das Zitat im Zitat stammt von der britischen Regierung. Deutlicher geht es kaum: »Werbung für eine politische Sache« ist entscheidend für die Einstufung als Terrorist, Gewaltanwen-

---

1 *Junge Welt*, 2.1.2015, S. 15

2 *Wikipedia, 3. 2015: Raif Badawi*. »Im Juni 2012 wurde Badawi verhaftet ... Er [wurde letztlich] ... zu zehn Jahren Haft und 1000 Peitschenhieben [und einer Geldstrafe] verurteilt.«

3 *Greenwald: NSA, die Schere im Kopf. Wie Massenüberwachung jeden Protest im Keim erstickt*, 2014, S. 53

dung ist nicht entscheidend. Das Ausspähen der eigenen Bürger durch eine »befreundete Macht«, wie von Snowdon aufgedeckt, gilt für die britische Regierung dagegen als überaus schützenswert. Tatsächlich hat das »Verteufeln« von Miranda – und auch von Snowdon und Greenwald – die Bevölkerung dazu gebracht, ihre eigene Überwachung zu akzeptieren. Wer die Ausspähung kritisiert, sympathisiert mit Terroristen. Das erzeugt Angst, so wie früher Sympathie für Vorstellungen von Ketzern Angst erzeugte. Die »alten Männer« haben die Deutungshoheit, sie bestimmen, wer Ketzer bzw. Besessener ist und wer nicht.

Mit der – gelungenen – Bezeichnung von Öko-Aktivisten als Terroristen wurde es möglich, sie zu kriminalisieren.

> »Öko-Aktivisten [werden] als Terroristen eingestuft und Globalisierungsgegner in Terror-Datenbanken gelistet.«[1] »Viele der neuen Machtbefugnisse können gegen Terroristen wenig ausrichten, auf einheimische Demonstranten und Aktivisten aber einschüchternd wirken. Ein Machtmittel, das eingeführt wurde, um Terroristen zu bekämpfen, kann problemlos auch gegen unbequeme Demonstranten gerichtet werden.«[2]

Seit Dezember 2014 werden bei Daimler viermal im Jahr alle Beschäftigten überprüft, ob sie auf Listen von des Terrorismus verdächtigten Personen geführt sind. Liegt ein Treffer vor, wird umgehend das Gehalt nicht mehr ausbezahlt und die Person wird »freigestellt«. Diese kann dann eine Anhörung beantragen.

> »Der Arbeitsrechtler Wolfgang Däubler stellt fest: Auf den Listen handelt es sich ›durchgehend um Personen, gegen die kein konkreter Verdacht der Unterstützung einer terroristischen Gruppe besteht, da dann eine Straftat verwirklicht wäre, die die vorgese-

---

1 *Trojanow und Zeh: Angriff auf die Freiheit,* 2014, S. 125f. »Im sächsischen Landtag machten sich ... die Regierungsparteien CDU und SPD ... wegen ›Terrorismus‹ durch ›Klimarandalierer‹ Sorgen.« *Schwarz: Zwei zu null gegen die Kohle,* 2016, S. 13. Es ging um Aktionen von Gegnern der Verstromung von Braunkohle. Für Beispiele aus den USA s. S. 141: *Risen: Das Geschäft mit der Angst,* 2015.

2 *Trojanow und Zeh: Angriff auf die Freiheit,* 2014, S. 125

henen Sanktionen überflüssig machen würden.‹«[1]

Es liegt nahe, anzunehmen, dass unliebsame Kritiker damit aus dem Betrieb entfernt werden und dass durch die Verwendung des Begriffs »Terrorist« unliebsame Kritik schon im Ansatz verhindert wird. Wie erfolgreich das »Verteufeln« gelungen ist, zeigt, dass »die Gewerkschaften ... den Abgleich mit den US- und EU-Terrorlisten bisher für notwendige Routine [halten]«[2]. Jeder kann auf einer solchen Liste landen, Einspruchsmöglichkeiten gibt es nicht.

Im religiösen Bereich versucht ein Gläubiger, seine Angst vor dunklen Mächten durch magische Handlungen wie Beten, Sich-Bekreuzigen und das Durchführen von Prozessionen zu beschwichtigen. Da diese Handlungen nur kurzfristig Erleichterung bringen, festigen sie langfristig das Verlangen nach Wiederholung der Prozeduren und festigen damit eine Unterordnung unter die, die solche Prozeduren zur Angstreduzierung anbieten. Auch im »weltlichen« Bereich gibt es solche Handlungen. Manche davon können tatsächlich eine Gefahr reduzieren und damit auch die Angst vor der Gefahr reduzieren, aber da sie Angstabwehr durch Magie sind, festigen sie das magische Denken und die damit bewirkte Anerkennung des zentralen Gebots. Der Moderator und Schriftsteller John Oliver sagte 2014:

> »Ein missglücktes Schuhbombenattentat, und wir müssen alle am Flughafen unsere Schuhe ausziehen. 31 Schießereien an Schulen seit dem Columbine-Massaker, und an den Waffengesetzen ändert sich nichts.«[3]

Eine Kontrolle der Schuhe vor dem Abflug kann zweifellos bestimmte Formen von Attentaten verhindern. Aber die Kontrolle hat deutlich mehr Funktionen: Sie weist darauf hin, dass Terroristen (Besessene, das Böse in reinster Form) allgegenwärtig sind. Das erzeugt Angst. Die Kontrollen demonstrieren aber

---

1 *Rügemer: Durchleuchtete Arbeiter,* 2015, S. 12. Das Verfahren geht auf eine Verordnung der EU zurück, die in der Folge vom Bundestag übernommen wurde.

2 *Rügemer: Durchleuchtete Arbeiter,* 2015, S. 13

3 *Berliner Tageszeitung taz,* 31.05.2014, S. 2

auch, dass die Regierung ihre Bürger schützt. Man muss sich nur den Anweisungen der Obrigkeit fügen, dann wird alles gut. Auf diese Weise bekommt das Ausziehen der Schuhe neben der tatsächlichen Verbrechensprävention auch eine rituelle Bedeutung als Handlung zur Angstabwehr. Ein Feind, der überall lauern kann, der sich hervorragend tarnen kann, weil er wie jeder X-Beliebige aussieht, und der dadurch nahezu unbesiegbar ist, macht Angst. Wer diese Angst erzeugen kann und gleichzeitig anbieten kann, diesen Feind zu beseitigen, kann von den Eingeschüchterten nahezu jedes Opfer erwarten. So wurde und wird Herrschaft stabilisiert. Zugleich wird der Begriff »Terrorist« mit ständiger Bedrohung in Assoziation gebracht. Das hilft einer Regierung, eine Überwachung der eigenen Bürger durchzusetzen, um Ziele zu erreichen, die mit dem Verhindern von Terrorismus nichts zu tun haben.

Dass die Waffengesetze nicht geändert werden, hat, denke ich, auch mit Angst zu tun. Die Waffe in der Tasche ist nicht nur ein Mittel der Verteidigung, sondern auch ein Abwehrzauber, wie Knoblauch, um Vampire fernzuhalten und wie Singen im dunklen Keller. Die Waffe erzeugt die Illusion von Schutz, so, als hätte man einen Riesen zur Seite, der alle Schrecknisse beiseite räumen kann. Dass der Schutz Illusion ist, zeigen die vielen Jahr für Jahr Erschossenen in den USA[1]. Der nervös reagierende Nachbar ist faktisch weitaus gefährlicher als der kaltblütig planende islamistische Terrorist.

In öffentlichen Verlautbarungen wird heute zunehmend »Terrorist« durch »Islamist« ersetzt. Das hat propagandistische Vorteile. Die religiöse Bezeichnung erleichtert das Verteufeln und verhindert damit eine Diskussion darüber, ob es sich in einem konkreten Fall um eine politisch motivierte Tat handeln könnte. In den Medien wird beispielsweise nicht von den »Taliban« gesprochen, sondern von den »radikal islamistischen Taliban«. In Syrien werden die von der »westlichen Wertegemein-

1 »Täglich werden [2017 in den USA] … im Schnitt 315 Menschen durch Schusswaffen verletzt oder getötet, darunter sind 46 Kinder und Jugendliche.« *Junge Welt*, 4.10.2017, S. 1

schaft« unterstützten bewaffneten Gruppen (z.B. Abkömmlinge von Al Kaida, die lange als das Böse schlechthin galten) als »Rebellen« bezeichnet (ein Begriff der positiv besetzt ist), nicht als Islamisten und auch nicht als Terroristen, obwohl diese Bezeichnungen für sie mindestens ebenso treffend sind wie für die Taliban. Mit der Bezeichnung »Islamist« wird auf mehrere Weisen Zustimmung zur Regierungspolitik gefördert: Von Islam zu Islamist ist es sprachlich nur ein kleiner Schritt, aber der macht Anhänger des Islam zu gefährlichen Personen. Dass diese Assoziation gefördert wird, ist daran erkennbar, dass die islamischen Religionsgemeinschaften in Deutschland aufgefordert werden, jeden straffällig gewordenen ihrer Religionsgemeinschaft öffentlich zu verurteilen. Nie hört man, dass die katholische oder evangelische Kirche aufgefordert wird, sich ähnlich zu äußern, wenn sich herausstellt, dass ein Flüchtlingsheim von jemandem angezündet wurde, der ihnen Kirchensteuer zahlt. Anhänger des Islam gehören zu den »Anderen«, denen man generell »alles Schlechte« zutraut. Die Aktivierung der Ambivalenzaufspaltung verhindert also zusätzlich eine rationale Bewertung der Gefahr und fördert damit Zustimmung zur Kriegsführung.

Stellt sich bei einer des Terrorismus verdächtigten Person nach Jahren unmenschlicher Haft heraus, dass sie unschuldig ist, wie es sich von so manchem Häftling in Guantánamo herausgestellt hat, dann führt das nicht etwa dazu, dass die verantwortliche Regierung alles tut, um den Schaden gut zu machen. Im Gegenteil: Solche Personen wurden und werden in der Regel auch weiterhin nicht freigelassen. Ob bewusst oder unbewusst gesteuert, dieses Verhalten bewirkt, dass das Stigma »Terrorist« erhalten bleibt, und damit bleibt – soll bleiben – die Angst vor solchen Personen. Es bleibt – soll bleiben – die Angst, dass eine »Besessenheit« vielleicht doch noch zum Ausbruch kommen könnte, mit dem Resultat, dass die Angst vor einer solchen Person größer ist als die vor Personen und Behörden, die jeden willkürlich, ohne Anklage, ohne Kontakt zu einem Anwalt, als Terrorist bezeichnen und damit in lebenslange

Gefangenschaft, einschließlich Folter, entführen kann. Zum Vergleich: Eine Person, die tatsächlich ein Kapitalverbrechen begangen hat und nach der Haftstrafe entlassen wird, wie beispielsweise ein Verbrecher aus der Nazi-Zeit, wurde und wird von den Behörden und der Gesellschaft viel nachsichtiger behandelt. Eine solche Person wird nach der Haft in die Gesellschaft »integriert«[1], anders als eine ungerechtfertigt inhaftierte, vom Vorwurf des Terrorismus freigesprochene (!) Person und anders als jemand, der nach Jahren aus einer geschlossenen Anstalt der Psychiatrie entlassen wird, weil seine Einweisung sich als ungerechtfertigt herausgestellt hat. Solche Personen werden, so scheint es, argwöhnisch beobachtet, ob sich nicht doch noch eine »Besessenheit« zeigt. Diese psychischen Mechanismen sind den Mächtigen wohlbekannt; sie wissen, dass ein Systemkritiker in einer psychiatrischen Anstalt ihnen weniger gefährlich werden kann als in einem Gefängnis oder Straflager.

Es gibt allerdings einen weiteren, ganz trivialen Grund, den »Krieg gegen den Terror« fortzusetzen. Dieser Krieg ist ein großartiges Geschäft. Das Verteufeln lässt die Angst vor Terroristen ins Unermessliche steigen. Damit kann begründet werden, dass auch die Abwehr enorme Anstrengungen erfordert, und das führt zum »Geschäft mit der Angst«[2]. Heute entstehen

---

1 »Fast alle in den Nürnberger Prozessen verurteilten Verbrecher wurden vom amerikanischen Hochkommissar John Jay McCloy freigelassen, und fast alle der zum Tode Verurteilten begnadigt. Im Gewahrsam blieben nur die Gefangenen des Kriegsverbrechergefängnisses Spandau. Im Bundestags-Wahlkampf 1953 besuchte Bundeskanzler Konrad Adenauer demonstrativ das britische Kriegsverbrechergefängnis Werl.« *Wikipedia, 2014: Vergangenheitsbewältigung.* Nicht wenige der in der Nazi-Zeit schuldig Gewordenen rückten bis in höchste Positionen im Staat auf. Berührungsängste zu ihnen gab es kaum.

2 Der Journalist James Risen schrieb: »... Eisenhower [hatte] vor einem ... ›militärisch-industriellen Komplex‹ gewarnt; nun wurde unter Bush und Obama ein paralleler ›industrieller Heimatschutzkomplex‹ aus der Taufe gehoben ... Der ... besteht zum großen Teil aus einem Netz von Geheimdienstbehörden und ihren privatwirtschaftlichen Kooperationsfirmen ... sie verdienen kein Geld, wenn sie zu dem Schluss kommen, dass die Bedrohung

mit jeder Bombardierung Unbeteiligter aus den trauernden, wütenden und verzweifelten Familien der Hinterbliebenen mehr Gegner, als getötet werden. US-Vizepräsident Richard Cheney war das bewusst: »Das hier [der Krieg gegen den Terror] ist anders als der Golfkrieg, und zwar in dem Sinne, dass er niemals zu Ende geht – zumindest nicht, solange wir leben.«[1] Cheney war, denke ich, nicht unglücklich darüber. Es war gelungen der eigenen Bevölkerung klar zu machen, dass es in fernen Ländern bisher unerkannte Terroristen gibt, die eine Bedrohung für das eigene Land darstellen. Wo immer diese Terroristen laut Geheimdienstberichten verortet werden, ist nun ein Angriffskrieg möglich. Die eigene Bevölkerung wird die Opfer dieses Krieges, die eigenen und die an der Zivilbevölkerung des anderen Landes, hinnehmen. Im Windschatten tatsächlicher und angeblicher Terrorismusbekämpfung lassen sich vorzüglich Geschäfte machen, wenn es gelingt, die Bevölkerung in Angst zu versetzen. Und das gelingt, weil Besessene, das Böse schlechthin, die ultimative Bedrohung sind.

Die bisherigen Beispiele erwecken vielleicht den Eindruck, dass der Begriff »Terrorismus« heute inflationär verwendet wird. Das ist nur teilweise zutreffend. Im Folgenden werden Beispiele angeführt, wo er nicht verwendet wird, aber verwen-

---

übertrieben wird oder, Gott bewahre, wenn der Krieg gegen den Terror jemals ein Ende findet … Im Irak und Afghanistan war das Heer der Beschäftigten privater Dienstleister, die angeheuert wurden, um alles Mögliche … zu erledigen, tatsächlich größer als das Heer der Soldaten auf der Gehaltsliste der US-Streitkräfte. Es gibt … beinahe 2000 Privatunternehmen, die im Bereich Terrorismusbekämpfung … tätig sind … über 850 000 Menschen verfügen über die Zugangsberechtigung für Verschlusssachen höchster Geheimhaltungsstufe und produzieren jährlich 50 000 Geheimdienstberichte.« *Risen: Das Geschäft mit der Angst. Krieg gegen den Terror: von Bush bis Obama,* 2015, S. 68ff.

1 Laut *Washington Post* vom 19.10.2001 vor Journalisten im Weißen Haus. Zitiert nach: *Schäfer und Schäfer: Mord-Report,* 2002, S. 220. »… der Stabschef des ehemaligen US-Außenministers Colin Powell ... bekundete [offen], dass man mit dem ›War on Terror‹ einen unbeendbaren Krieg geschaffen habe (›interminable war‹) ...« *Böttcher und Bröckers: Die ganze Wahrheit über alles,* 2016, S. 138

det werden müsste.

Im vom Bundestag beschlossenen Antiterrorgesetz wird als Terrorismus »die rechtswidrige Anwendung von Gewalt zur Durchsetzung politischer Belange«[1] verstanden. Was aber ist rechtswidrig? Als das Gesetz beschlossen wurde, sagte Oskar Lafontaine im Bundestag:

> »Wissen Sie, was sie gerade beschlossen haben? Sie haben soeben beschlossen, ... dass Bush, Blair und alle anderen, die den Irak-Krieg unterstützen, Terroristen sind.«[2]

Von »unserer« Regierung und den meisten Medien werden »Busch, Blair und alle anderen« nicht als Terroristen bezeichnet, obwohl sie ja nun wirklich mit Gewalt politische Belange durchgesetzt haben. Rechtswidrig, weil gegen das von ihnen anerkannte Völkerrecht verstoßend, waren ihre Taten zweifellos. Warum nennt man sie dann nicht Terroristen? Einer der Gründe ist, denke ich, dass »Busch, Blair und alle anderen« zu den »alten Männern« der eigenen »Wertegemeinschaft« gehören, und denen ordnet man sich unter. Die »alten Männer« haben die Deutungshoheit und das heißt, sie selbst sind nie Terroristen.

In Europa gab es eine geheime Truppe der Nato mit dem Namen »Gladio/stay-behind« (inzwischen in der Bundesrepublik Deutschland offiziell aufgelöst[3], womit ihre Existenz offiziell bestätigt wurde). Diese Truppe hatte den Auftrag, in Zusammenarbeit mit US- und lokalen Geheimdiensten, politisch linke Entwicklungen – d.h. Kritik an der Machtverteilung – in Europa zu verhindern, auch mit Hilfe von Attentaten[4]. Von einem Gerichtsverfahren in Italien berichtet Daniele Ganser:

> »Dort starben 1972 in Peteano bei einem Terroranschlag drei Polizisten. ... Der Rechtsextremist Vincenzo Vinciguerra [hatte] den Anschlag verübt ... Innerhalb des italienischen Geheimdienstes [existierte] eine Geheimarmee mit dem Namen Gladio ..., welche vom US-Geheimdienst CIA aufgebaut worden war und durch geheime Ausschüsse der Nato koordiniert wurde. Vinciguerra ge-

1 *Lafontaine: Gegen jede Kriegsbeteiligung*, 2015, S. 12

2 Ebd. S. 12

3 Plenarprotokoll 17/236, Anlage Nr. 15 S. 64. 24.4.2013, nach *Wetzel: Staatlich geprüfter Terror*, 2014, S. 12

4 *Igel: Terrorjahre. Die dunkle Seite der CIA in Italien*, 2006

> stand die Tat und erklärte … : ›Man musste Zivilisten angreifen, Männer, Frauen, Kinder, unschuldige Menschen, unbekannte Menschen. Der Grund dafür war einfach. Die Anschläge sollten die Menschen, das italienische Volk, dazu bringen, den Staat um größere Sicherheit zu bitten.‹«[1]

Diese Nato-Truppe wird von der Bundesregierung nicht als Terrororganisation bezeichnet, obwohl sie alle Kriterien ihrer eigenen Definition von Terrorismus erfüllt, und zwar deshalb nicht, weil sie von den Herrschenden nicht als Bedrohung angesehen wird[2].

Mit jedem neuen Beispiel wird die Frage drängender, warum große Teile der Bevölkerung das alles nicht zur Kenntnis nehmen oder umgehend wieder »vergessen« – der Soziologe Stephan Lessenich spricht vom »Schleier des nicht-Wissen-Wollens«[3]. Wenn wir eine Diktatur hätten, wäre der Fall einfach: Man schweigt, weil die Obrigkeit jeden straft, der eine abweichende Meinung äußert. Wir haben aber freie und geheime Wahlen. Die Regierung ist das Resultat solcher Wahlen. Der Souverän ist das Volk. Wenn wir die Deutungsmacht der Regierung nicht anzweifeln und offensichtliche Fehlurteile nicht anprangern, dann liegt das an uns selbst. Ein Grund, warum sich kaum Widerstand regt, ist, denke ich, dass die Regierung als Folge unserer Sozialisation den Platz der »alten Männer« innehat. Die Regierung nimmt den Platz ein, den vorher die Eltern innehatten, dann die Lehrer und dann die Vorgesetzten im Berufsleben. Niemand ist frei davon, diese Obrigkeiten erlebt zu haben und sich ihnen untergeordnet zu haben. Und niemand ist frei davon, Angst entwickelt zu haben, schon beim Wunsch zur Auflehnung. Das ist das primäre Problem, das sekundäre ist, dass über unserer Unterordnung auch der »Schleier des nicht-Wissen-Wollens« liegt, vermutlich, weil sonst unsere Selbstachtung leidet.

---

1 *Ganser: Der Terror von Paris und die globale Gewaltspirale,* 2015

2 Vgl. S. 136: »Bedrohung« durch David Miranda

3 *Lessenich: »Weil wir es uns leisten können«*, 2016, S. 93

Verschwörung

Wenn von Seiten einer Regierung Fragen von Journalisten als Verschwörungstheorie bezeichnet werden, dann ist Obacht geboten. Ein Beispiel: Wenige Stunden nach dem Attentat am 11. 9. 2001 in den USA wurden Osama bin Laden und Al Kaida als Verursacher benannt. Zu der Zeit war das zweifellos eine Theorie über eine Verschwörung. Aber sie wurde nicht als Verschwörungstheorie bezeichnet. Legitime Fragen zum Ablauf der Anschläge, beispielsweise die Frage, wie erklärt wird, dass keiner der benannten Entführer ein Check-In-Verfahren für das Besteigen der Anschlag-Flugzeuge durchlaufen hat, wurden dagegen als Verschwörungstheorie abgetan. Der Begriff »Verschwörungstheorie« wurde in diesem Fall als Wortmagie verwendet mit dem Ziel, die Beantwortung der Frage als überflüssig erscheinen zu lassen: Der Fragesteller wird damit als nicht ernst zu nehmender Spinner hingestellt. Dass eine Regierung lästige Fragen durch Diffamierung der Fragesteller verhindern wollte und will, ist verständlich; erklärungsbedürftig ist, dass die Bevölkerung der Regierungsversion nahezu kritik- und fraglos (bis heute) folgte und nicht ihrerseits die erstaunlich schnell geäußerten, umfassenden Vorstellungen zum Ablauf der Tat als Theorie oder Hypothese bezeichnete. Ich denke, die asymmetrische Akzeptanz des Begriffs Verschwörungstheorie ist das Resultat von Angst. Die im Zuge der Sozialisation erzwungene Unterordnung macht sich bemerkbar. Die Herrschenden wissen das; sie verwenden den Begriff »Verschwörungstheorie«, wenn es etwas zu verbergen gilt. Ein Beispiel für Deutschland ist die regierungsamtliche Reaktion auf Fragen nach frühen Kenntnissen und nach Beteiligungen von Geheimdiensten an den Verbrechen des Nationalsozialistischen Untergrunds, NSU. Ein weiteres Beispiel:

> »In Berlin lasteten die Lokalzeitungen ... 2011 monatelang eine Serie von Autobränden der linken Szene an. Polizei, CDU- und SPD-Politiker faselten von neuem ›Linksterrorismus‹ – am Ende war es

ein 27jähriger, der bei den Mormonen als ›Missionar‹ aktiv war, der insgesamt 67 Autos angesteckt hatte.«[1]

Weder die Zeitungen noch Polizei und Politiker haben sich entschuldigt und sind der Frage nachgegangen, wie es passieren konnte, dass politisch Linke ohne jeden Grund als Terroristen beschuldigt wurden. Warum wurden nicht politisch Rechte beschuldigt, von denen man nahezu täglich im gleichen Zeitraum lesen konnte, dass sie ein Flüchtlingsheim angezündet haben? Ein Fehlurteil bei einem Autobrand ist Zufall, aber bei so vielen?

Anfang der 1970er Jahre hatte Präsident Nixon den »Krieg gegen Drogen« ausgerufen. Mumia Abu-Jamal schrieb:

> »Laut Ehrlichman [einem der engsten Vertrauten von Nixon] war der ›Krieg gegen Drogen‹ ein ›politisches Instrument‹, um zwei radikale Strömungen der Gesellschaft auszuschalten: organisierte Schwarze und ›Kriegsgegner-Hippies‹ ... Dieser ›Krieg‹ war ein politischer Trick, um beide Gruppierungen polizeilich verfolgen zu können, ohne dass es nach außen den Anschein hatte. ... Bewaffnet mit dem ... ›Gesetz‹ konnte die Polizei ungehindert Türen eintreten, Wohnungen durchsuchen und massenhaft Menschen verhaften. Ehrlichman zu *Harper's*: ›War uns klar, dass wir logen? Natürlich war uns das klar! ... Wir wussten, dass wir es nicht für illegal erklären konnten, wenn jemand gegen den Krieg oder Schwarzer war. Aber indem wir die Öffentlichkeit dazu brachten, die Hippies mit Marihuana und die Schwarzen mit Heroin zu verbinden, konnten wir beide Gruppierungen kriminalisieren und zerschlagen.‹«[2]

Warum ist der Besitz von kleinsten Mengen an Marihuana oder Heroin geeignet, eine Person zu kriminalisieren? Die Suchtmittel Alkohol und Tabak sind bei uns erlaubt, obwohl daran ungleich mehr Menschen elendiglich zugrunde gehen als an Heroin und Marihuana. *Ein* Grund für die Verfolgung von Marihuana- und Heroinbesitz könnte folgender sein: In allen Gesellschaften gibt es Reste von ursprünglich weit verbreiteten

1 *Stemmler, K.: Immer vorn mit dabei*, 2016, S. 15

2 *Abu-Jamal: Die Lüge vom Drogenkrieg*, 2016, S. 6. Die Zitate von Ehrlichman stammen aus Harper's Magazine »vor mehr als 22 Jahren«, ein genaues Datum wurde nicht angegeben.

Speiseverboten. In einigen darf heute das Fleisch von Pferden, in anderen das von Rindern oder Schweinen nicht gegessen werden. In wieder anderen Gesellschaften ist Alkoholgenuss verboten usw. Solch ein Verbot wird nicht hinterfragt. Es dient, denke ich, der Kontrolle der Unterordnung. Wer gegen ein Speiseverbot verstößt, wird zu Recht als Systemkritiker angesehen. Der Konsum erlaubter Drogen ist dagegen geradezu systemerhaltend. Wer bei uns ein »Gläschen« ablehnt, muss das begründen, er stellt sich sonst außerhalb der Gemeinschaft. Verbotener Genuss und Systemkritik sind historisch verknüpft. Diese Verknüpfung wurde, denke ich, von Nixon und seinen Mitarbeitern ausgenutzt, um eine (angebliche) Verschwörung glaubhaft zu machen.

Dämonisierung

Die Dämonisierung politischer Gegner ist ein probates Mittel im Kampf um Macht. Der Gegner wird zum Bösen schlechthin erklärt, er wird mit dem römischen Kaiser Nero oder mit Hitler gleichgesetzt. Gelingt die Dämonisierung, dann ist eine eigenständige kritische Einschätzung der dem Gegner vorgeworfenen Verbrechen und der ihm unterstellten Absichten kaum noch möglich. Mit dem Bösen schlechthin kann man auch nicht verhandeln, einen solchen Gegner kann man nur »ausschalten«. Mit diesem Freibrief ist das Ziel der Dämonisierung erreicht.

> Der demokratisch gewählte Premierminister Mohammed »Mossadegh, der 1951 die von Großbritannien kontrollierte iranische Erdölindustrie verstaatlicht hatte und dafür zwei Jahre später mit einem vom britischen und US-Geheimdiensten organisierten Putsch bezahlte, war der Erste, der im Westen als ›zweiter Hitler‹ verteufelt wurde. Ihm folgte der ägyptische Präsident Nasser, der 1956 den Suezkanal verstaatlichte und damit den Zorn der britischen und französischen Investoren auf sich zog: Auch er ein Hitler, der mit Hilfe des Suezkrieges gestürzt werden sollte.«[1]

1 *Lüders: Wer den Wind sät. Was westliche Politik im Orient anrichtet*, 2015, S. 8. Der britische Außenminister Anthony Eden bezeichnete M. Mossadegh wiederholt als Hitler. Ebd.

Dann wurde der serbische Staatspräsident Slobodan Milosevic 1999 von Vertretern der Nato als »neuer Hitler« bezeichnet. Mit den Worten: ein »neues Auschwitz verhindern« setzte sich Außenminister Joseph Fischer für eine »robuste humanitäre Intervention«[1] ein – das Wort Krieg mieden alle wie der Teufel das Weihwasser. Wir erinnern uns an

> »die sagenumwobenen ›Massenvernichtungswaffen‹ des Hitlers Saddam Hussein, die ›Massenexekutionen‹ von Zivilisten in Bengasi durch den libyschen Hitler Muammar Al-Ghadafi oder die Giftgaseinsätze gegen die eigene Bevölkerung durch den syrischen Hitler Baschar Al-Assad. Und unlängst hat bereits die ehemalige Außenministerin Hillary Clinton den russischen Präsidenten Wladimir Putin mehrfach als ›neuen Hitler‹ bezeichnet. Auch der britische Premier David Cameron hat ihn schon mit Hitler verglichen.«[2]

Die Gleichsetzung eines politischen Gegners mit Hitler ist der bewusste Versuch, die öffentliche Meinung zu manipulieren[3]. Die Offenlegung der tatsächliche vorhandenen wirtschaftlichen Interessen, »Sicherung von Rohstoffen und Transportwegen

---

1 Milosevic wurde vom »Internationalen Gerichtshof für des frühere Jugoslawien« angeklagt. Er verstarb während der Verhandlungen. Nach seinem Tod wurde er indirekt entlastet. Im Urteil über Karadzic heißt es: »›Im Mai 1993 appellierte Slobodan Milosevic an die bosnisch-serbische Versammlung, dass sie den Vance-Owen Plan akzeptieren solle ... Bei einem weiteren Treffen am 15. März 1994 in Belgrad unterstrich Slobodan Milosevic, dass alle Nationen und Ethnien geschützt werden müssen ... Als die Republik Srpska den [Vance-Owen]Friedensplan nicht akzeptierte, verhängte Milosevic eine Blockade und suspendierte die politischen und ökonomischen Beziehungen zur bosnisch-serbischen Führung.‹ (*www.icty.org./x/cases/karadzic/-tjug/en/160324_ judgement.pdf*, Übersetzung: R. H.)« *Hartmann: Gut Ding will Weile haben*, 2017, S. 50. Hartmann berichtet, dass nahezu keines der Medien, die vormals Milosevic dämonisierten, diese Entlastung einer Berichterstattung für Wert befanden.

2 *Rupp: Wie man einen Konflikt verkauft*, 2015, S. 13

3 Manchmal wird bewusste Manipulation im Nachhinein zugegeben. Der Nato-Sprecher Jamie Shea über seine Aussagen im Jugoslawienkrieg: »What do you want? We created stories and we made a good show.« (etwa: Was wollen Sie denn? Wir haben Geschichten erfunden und eine gute Show geboten.) *Spoo: Aufklärung und Propaganda in Kriegszeiten*, 2002, S. 172

und den Zugang zu Märkten«[1], wie es im »Strategischen Konzept« der Nato von 1999 heißt, hätten eine Kriegführung erschwert. Bemerkenswert ist, dass Nato und Bundeswehr mit diesem Konzept nicht einmal den umstrittenen Staatsrechtler Carl Schmitt auf ihrer Seite haben:

> »In einer ökonomisch bestimmten Gesellschaft ... kann unter keinem denkbaren Gesichtspunkt verlangt werden, daß irgendein Mitglied der Gesellschaft im Interesse des ungestörten Funktionierens sein Leben opfere. Mit ökonomischen Zweckmäßigkeiten eine solche Forderung zu begründen, wäre namentlich ein Widerspruch gegen die individualistischen Prinzipien einer liberalen Wirtschaftsordnung und aus den Normen oder Idealen einer autonom gedachten Wirtschaft niemals zu rechtfertigen.«[2]

Eine Dämonisierung hat auch nach einem kriegerischen Angriff noch große Bedeutung. Sie hilft der Bevölkerung der angreifenden Staaten ihr Gewissen zu beruhigen. Angesichts der Tausende von Toten, Verletzten und Vertriebenen, der Zerstörung der Städte, der Infrastruktur des angegriffenen Landes und der landwirtschaftlich genutzten Flächen durch Minen und radioaktiv strahlende (weil Uran enthaltende) Munition beruhigt die Vorstellung, man habe immerhin das Land von einem Besessenen befreit. Das eigene Gewissen hält nun die Legende vom »neuen Hitler« aufrecht, auch dann, wenn die ursprünglichen Informationen sich als falsch herausstellen. Eine Berichtigung wird nicht zur Kenntnis genommen und das hat, denke ich, mehrere Gründe. Erstens, die Medien müssten zugeben, dass sie sich (den für sie günstigsten Fall unterstellt) gründlich geirrt haben, und deshalb berichten sie so knapp

---

1 *Rupp: Wie man einen Konflikt verkauft*, 2015, S. 12. In den Verteidigungspolitischen Richtlinien, Punkt 8, steht: »Aufrechterhaltung des freien Welthandels und des ungehinderten Zugangs zu Märkten und Rohstoffen in aller Welt im Rahmen einer gerechten Weltwirtschaftsordnung«. Der Völkerrechtler Norman Paech bemerkt dazu: »Was gerecht ist, bestimmt die Bundesregierung.« *Paech: Wohlfeile Preise, schwere Artillerie*, 2016, S. 13. Der langjährige Chef der US-Notenbank Alan Greenspan sagte, »›dass es politisch unbequem ist, das zuzugeben, was jeder weiß: im Irak-Krieg ging es vor allem um das Öl«. *Leukefeld: Profitabler Krieg*, 2016, S. 3

2 *Schmitt: Der Begriff des Politischen*, 1932, S. 48f.

und harmlos wie möglich. Zweitens, die Leser, die sich auf Grund ihres positiven Selbstwertgefühls für informiert und rational abwägend halten, müssten genau diese Selbsteinschätzung bei einer Berichtigung in Frage stellen. Ihr positives Selbstwertgefühl hindert sie daher, eine Berichtigung in den Medien wahrzunehmen, falls sie überhaupt publiziert wird. Hinzu kommt, dass eine einmal übernommene Dämonisierung, wie jede gefühlsmäßige Einstellung zu einer Person, mit rationalen Argumenten kaum verändert werden kann.

Für Deutsche hat die Gleichsetzung eines Politikers mit Hitler und haben Worte wie: ein »neues Auschwitz verhindern«, eine besondere Wirkung: Beides entlastet von der historischen Schuld. Wenn ständig neue Hitler nachwachsen, dann waren die Verbrechen der Deutschen offenbar nicht einzigartig. Jetzt kann man mithelfen, ein ebenfalls verführtes Volk mit kriegerischen Mitteln auf die rechte Bahn zurückzubringen – heute heißt das verharmlosend: »Verantwortung übernehmen«. Da der Krieg gegen Hitler ein »guter Krieg« war, sind heute die »humanitären Interventionen« gegen die neuen Hitler logischerweise ebenfalls gute Kriege. Wer wagt es, dagegen etwas zu sagen? Mit der Charakterisierung von Hitler als Verrücktem, als Besessenem macht man die (Mehrzahl) der Deutschen von damals zu Verführten. Sie waren geblendet, der »Führer« hatte magische Gewalt über sie, er soll ja auch unglaublich intelligent gewesen sein, und deshalb konnten sie sich auch nicht selbst befreien, ihnen musste von außen geholfen werden – und dann fiel es ihnen wie Schuppen von den Augen, dass sie missbraucht worden waren. Die Dämonisierung gegenwärtiger Politiker hat offensichtlich hervorragende Folgen, sogar im Nachhinein.

Die psychischen Mechanismen, die eine Übernahme der Dämonisierung von Politikern durch weite Teile der Bevölkerung ermöglichen, sind ähnlich denen, die die Übernahme der Bezeichnung »Terrorist« für einen Systemkritiker erleichtern. Im Wort »Dämonisierung« ist das magische Denken sogar direkt angesprochen. In der Regel gehören dämonisierte

Politiker zu einem anderen Volk. Die Ambivalenzaufspaltung stützt die Akzeptanz der Dämonisierung in der heimischen Bevölkerung.

Brudervölker

Einem Bruder wird »alles Gute zugestanden ..., [ihm werden] alle »Schwächen« nachgesehen ..., sofern man sie überhaupt wahrnimmt ...[1]. Ein Brudervolk kennzeichnet danach, dass man seine Schwächen und sogar seine Verbrechen gar nicht erst wahrnimmt. Genau das stellte Harold Pinter für die Beziehung der Briten zu den USA fest:

> »In diesen Ländern hat es Hunderttausende von Toten gegeben. Hat es sie wirklich gegeben? Und sind sie alle wirklich der US-Außenpolitik zuzuschreiben?«, fragte 2005 Harold Pinter in seiner Nobelpreisrede. »Die Antwort lautet ja, es hat sie gegeben, und sie sind der amerikanischen Außenpolitik zuzuschreiben. Aber davon weiß man natürlich nichts. Es spielt keine Rolle. Es interessiert niemanden. Die Verbrechen der Vereinigten Staaten waren systematisch, konstant, infam, unbarmherzig, aber nur sehr wenige Menschen haben wirklich darüber gesprochen.«[2]

Im September 2014 forderte Präsident Obama vor der UN-Vollversammlung, »dass größere Nationen nicht die Möglichkeit haben sollten, kleinere zu gängeln, und dass die Menschen die Möglichkeit haben sollten, ihre Zukunft selber zu gestalten.«[3] Am 1. Februar 2015 gab er in einem CNN-Gespräch zu, »dass

---

1 *Berking, G.: Grundlegung einer psychoanalytischen Pädagogik. Aufgaben und Möglichkeiten eines Schulversuchs.* (1954) 2016, S. 124

2 Nobelpreisrede vom 7.12.2005, (www.nobelprize.org.) zitiert nach *Rose: Nato wegtreten,* 2015, S. 164f. Ebenfalls (nahezu) nicht wahrgenommen bzw. umgehend »vergessen«: US-Außenministerin Madelaine Albright wurde 1996 in einer Fernsehshow vorgehalten, dass als direkte Folge des US-Embargos gegen der Irak über einen halbe Million Kinder starben. Ob es das wert gewesen sei, wurde sie gefragt, und sie bestätigte, das war »es wert«. Nach *Pilger: Salven aus Verlagshäusern,* 2016, S. 12, ebenfalls unter: https://www-.youtube.com/watch?v=omnskeu-puE. Ohne den »Schleier des nicht-Wissen-Wollens« hätte diese Äußerung, zusammen mit der oben zitierten von Alan Greenspan, »im Irak-Krieg ging es vor allem um das Öl«, zu einer Aufkündigung des Status »Bruder« führen müssen.

3 Zitiert nach *Bittner: Konfrontationspolitik,* 2015, S. 17.

der Regimewechsel in der Ukraine durch direkte Einmischung der USA (»we had brokered a deal to transition power in Ukraine«) zustande gebracht wurde.«[1] Die zweite der beiden Meldungen blieb hier nahezu unbeachtet – ein Indiz dafür, dass die USA ein Brudervolk sind. Stellen wir uns einmal vor, die gegenwärtigen, zweifellos völkerrechtswidrigen Drohnenangriffe der USA in vielleicht einem halben Dutzend Länder würden nicht von den USA, sondern von Russland oder China geflogen. Ich bin sicher, wir würden sie »sehen«, und zwar deshalb, weil diese Völker für »uns« nicht Brudervölker sind.

Ein weiterer Hinweis darauf, dass die USA als Brudervolk angesehen werden, ist die Hinnahme der flächendeckenden Ausspähung, einschließlich von Industriespionage, durch die NSA. Eine Kritik (nur) dieses Verhaltens der Regierung der USA, bei Anerkennung anderer positiv zu wertender Verhaltensweisen, ist offenbar nicht möglich, sie würde die Aufkündigung des Status »Bruder«, d.h. jemand, dem man vertraut, zur Folge haben. Aus einem Bruder würde ein Feind werden, ein Feind und nicht ein gleichgültig bis kritisch betrachteter Nachbar, und zwar deshalb, weil man ihm offenbar fälschlicherweise vertraut hat.

Es hat sicher viele Gründe, dass wir an der Vorstellung, die USA seien Brüder und Vorbild, was Demokratie und Menschenrechte anbelangt, festhalten. Einer ist, dass es ein gutes Gefühl ist, einen Großen, einen Starken, von dem man abhängt, Bruder nennen zu können. Wer will schon gern Vasall sein[2]? Und wenn man den, der »uns« damals besiegt hat – die Beiträge der drei anderen Alliierten werden mit zunehmendem Abstand zum Kriegsende kleiner gesehen –, heute »Bruder« nennen kann, dann hat er uns damals befreit und nicht besiegt.

---

1 *Wolk: Die Maske ist gefallen,* 2015, S. 122. Quelle: http://cnnpressroom.blogs.-cnn.com/2015/02/01/pres-obama-on-fareed-zakaria-gps-cnn-exclusive

2 Ein Hinweis auf den Vasallenstatus findet folgerichtig in deutschen Medien wenig Aufmerksamkeit. Präsident Obama sagte 2009 auf der Militärbasis Ramstein: »›Deutschland ist ein besetztes Land und wird es bleiben.‹ ... das Nato-Truppenstatut von 1959 ist ... nicht außer Kraft gesetzt.« *Böttcher, Bröckers: Die ganze Wahrheit über alles,* 2016, S. 202

Und das heißt: »man« war damals auf der richtigen Seite. »Man« ist in diesem Fall die persönliche Eltern-Generation. Wer ihm heute den Bruder-Status absprechen will, der kommt in den Verdacht, entweder für Hitler oder für Stalin bzw. für die heutigen Kommunisten zu sein.

Staat, Wahlen, Machtverteilung, Vermögensgefälle

Die Angst vor einer Übertretung des Gebots, »den alten Männern zuhören und ihnen gehorchen«, die eingeübte Ambivalenzaufspaltung und sogar unsere Art, einen Ehepartner zu wählen, haben – weitgehend unbewusst – Einfluss auf das Wahlverhalten und damit auf die Machtverteilung und das Vermögensgefälle in einer Gesellschaft. Jeder muss in seiner Jugend die Vormachtstellung der Erwachsenen akzeptieren. Das führt zu einer hierarchischen Denkweise. Wer diese Denkweise beim Älterwerden nicht überwindet, handelt als Folge davon häufig gegen seine Interessen.

Entwicklung von Herrschaft

Alle bekannten Jäger-und-Sammler-Kulturen waren bzw. sind – auf die erwachsenen Männer bezogen! – weitgehend egalitär. Das änderte sich, als die Gemeinschaften größer und die Menschen sesshaft wurden. Zum Anwachsen der Gemeinschaften haben, denke ich, die Aktivierung der Ambivalenzaufspaltung und die Befolgung des Gebots, »den alten Männern zuhören und ihnen gehorchen«, beigetragen, weil beides die Befriedung im Innern fördert. Das »Gehorchen« im Gebot erleichterte die Entstehung einer hierarchisch organisierten Gesellschaft[1].

---

1 Bei einem Rachefeldzug der Arunta (zentrales Australien) war geplant, einen Mann zu töten und seine Frau zu entführen. Vor dem Angriff meldeten drei der Angreifer ihr Interesse an der Frau an. Der Anführer, ein alter Mann, entschied, wem sie zugesprochen wird. Diese Entscheidung wurde ohne Diskussion akzeptiert, und als die Frau dann entführt wurde, gab es auch keine Querelen unter den Angreifern (*Spencer, Gillen: The native tribes of central Australia,* (1899) 1968, S. 555f.).
Ein bemerkenswertes Beispiel dafür, dass einmal entstandene Herrschaft nicht notwendigerweise zu einer Dauereinrichtung wird: »Im ersten Jahrhundert v. Chr. machten die Bewohner von Cerros [heute in Belize, Mittelamerika – S. B.] einen Versuch mit der Institution des Königtums, den sie jedoch nach hundert Jahren abbrachen, um zur dörflichen Lebensform zurückzukehren.« *Scheele, Freidel: Die unbekannte Welt der Maya,* 1995, Abbildungstext nach S. 336. Unter Anleitung des Priesterkönigs bauten die Mayas u. a. Tempel-Pyramiden. Aus Indizien wurde geschlossen, dass sie freiwillig, vermutlich sogar gern, die Tempel bauten. Der Priesterkönig hatte keine

In vielen solcher Gesellschaften gab es Priesterkönige, denen überragende Zauberkraft zugedacht wurde. Diesen Königen wurde für alles gedankt, was sich als positiv erwies, wie rechtzeitiger Regen, gute Ernte, die Abwesenheit von Krankheitsepidemien und Kriegsglück[1]. Sie wurden verehrt, ernährt und geschützt und ihre Anweisungen wurden widerspruchslos erfüllt. Es war das eigene Glück, das man dadurch angeblich erwirkte. Ein Herrscher musste allerdings oft sehr unangenehme Verhaltensweisen einhalten, um Frieden und Glück im Land zu erhalten. Beispielsweise musste früher der Mikado in Japan täglich einige Stunden vollständig bewegungslos auf seinem Thron sitzen, damit in seinem Reich kein Unglück geschieht. Sieht er mehr nach rechts als nach links, dann geschieht in den rechten Landesteilen mehr Glück (oder Unglück) als in den linken. Seinem Blick, seiner Zuwendung, wurden magische Wirkungen zugedacht. Andere Herrscher haben andere Einschränkungen ihres Alltagslebens hinnehmen müssen, die mit den ihnen zugedachten magischen Fähigkeiten zusammenhingen[2].

In vielen Gesellschaften wurde ein Herrscher gestürzt und getötet, wenn ein Unglück geschah, der Regen ausblieb oder die Nahrungsmittel knapp wurden, oder auch, wenn er krank

---

Machtmittel, es gab kein stehendes Heer und keine Polizei, er hatte nur seine Überzeugungskraft. Nach dem dritten Priester-König begannen die Bewohner von Cerros »mit der ... Ent-Machtung der heiligen Berge ... Die Zurückgebliebenen häuften Brennstoff gegen die Masken ihrer Ahnen und Herren und steckten ihn in Brand.« (S. 130) Alles spricht dafür, dass zu Beginn das Volk ein Königtum wollte. Als die Untergebenen von den Vorteilen eines Königtums nicht mehr überzeugt waren, beendeten sie den Versuch.

1 Dies und die folgenden Details aus: *Frazer: Der Goldene Zweig,* (1922) 1989, Kapitel VI: Zauberer als Könige, S. 120ff., Kapitel XVII: Die Last der Königswürde, S. 245ff. und Kapitel XXIV: Das Töten des göttlichen Königs, S. 386ff.

2 » ... in Nieder-Guinea lebt der priesterliche König Kukula allein im Wald. Er darf weder eine Frau berühren noch sein Haus verlassen; ja, er darf nicht einmal seinen Stuhl verlassen, auf dem er sitzend schlafen muß, denn wenn er sich hinlegen würde, könnte der Wind sich aufmachen ...« *Frazer: Der Goldene Zweig,* (1922) 1989, S. 247f. Bei den Mayas musste sich ein Herrscher regelmäßig tiefe schmerzhafte Wunden zufügen, die zu einem hohen Blutverlust führten. *Scheele, Freidel: Die unbekannte Welt der Maya,* 1995

wurde oder Anzeichen von Altern aufwies. Es ist daher verständlich, dass in solchen Gesellschaften sich niemand drängte, König zu werden. Der Not gehorchend, wurden geeignete Kandidaten zwangsweise zu Königen gemacht oder sogar Fremde dazu gezwungen, das »Amt« zu übernehmen. Üblicherweise entschied ein Rat alter Männer darüber. Die Absetzung des Königs aber konnte allein durch das Volk geschehen.

> »Von Zeit zu Zeit ergriff eine Art Wut das Volk [in einer Region von Sumatra], und es marschierte durch die Straßen der Stadt und sang mit lauter Stimme die verhängnisvollen Worte: ›Der König muss sterben.‹« Woraufhin der König von einem Adligen ermordet wurde[1].

Es scheint, dass ein Priesterkönig zwar Macht bekommen hat, aber er hatte damit offenbar auch die Verpflichtung bekommen, die an ihn delegierte Macht zum Nutzen derer, die darauf verzichtet haben, anzuwenden. Geschieht ein Unglück, dann hat *er* versagt, und damit wird offensichtlich, dass er entweder sein Amt sträflich vernachlässigt, vielleicht nur für sein eigenes Wohl nutzt, oder dass er die an ihn delegierten magischen Fähigkeiten nicht mehr (in ausreichender Stärke) besitzt. Prinzipielle Zweifel an Magie kamen nicht auf, es wurde ja umgehend ein neuer Priesterkönig mit den gleichen Rechten, Pflichten und (angeblichen) magischen Fähigkeiten installiert. Dass der Priesterkönig nicht einfach sein Amt niederlegen und gehen konnte, sondern die Demission häufig auf grausamste Weise mit dem Leben bezahlen musste[2], ist vermutlich das Resultat von Enttäuschung.

Heute werden in vielen Regionen der Welt die Nachfolger der Priesterkönige vom Volk gewählt. Was hat sich geändert,

---

1 *Frazer: Der Goldene Zweig,* (1922) 1989, S. 405

2 In vielen Gesellschaften wurde ein König für eine bestimmte Zeitspanne, z.B. 8 oder 12 Jahre, gewählt. War die Frist abgelaufen, wurde der König getötet oder er musste Selbstmord begehen. Ein neu gewählter König wusste, was ihn erwartet. In manchen Gegenden Südindiens musste der Kandidat für die auf 12 Jahre befristete Königswürde anwesend sein, wenn sein Vorgänger sich auf bestialische Weise selbst tötete. *Frazer: Der Goldene Zweig,* (1922) 1989, S. 386ff.

was ist im Kern gleich geblieben?

Zur Zeit der Priesterkönige hatten Adlige die eigentliche Macht. Sie waren offensichtlich die tatsächlichen Nachfolger der »alten Männer«. Das hat sich bis heute weitgehend erhalten. Präsident Roosevelt sagte über die USA: »Hinter der sichtbaren Regierung thront eine unsichtbare Regierung, die dem Volk keine Treue schuldet und keine Verantwortlichkeit anerkennt.«[1] Noch drastischer drückt es der Schriftsteller Douglas Adams aus: »Seine [des gewählten Präsidenten] Aufgabe besteht nicht darin, Macht auszuüben, sondern die Aufmerksamkeit von ihr abzulenken.«[2] Es scheint, die heutigen Regierungen sehen sich in einer Mittlerfunktion zwischen den Interessen der eigentlich Mächtigen, die im Hintergrund bleiben, und den Interessen der offiziell Mächtigen, und das ist in einer Demokratie das Volk. Bundeskanzlerin Angela Merkel spricht aus, wie aus ihrer Sicht dieser Konflikt in der Vergangenheit gelöst wurde: Das Volk habe nicht die Ausrichtung der Politik bestimmt und das sei auch sinnvoll gewesen.

> »Wir können im Rückblick auf die Geschichte der Bundesrepublik sagen, daß all die großen Entscheidungen keine demoskopische Mehrheit hatten, als sie gefällt wurden. Die Einführung der sozialen Marktwirtschaft, die Wiederbewaffnung, die Ostverträge, der Nato-Doppelbeschluß, das Festhalten an der Einheit, die Einführung des Euro und auch die zunehmende Übernahme von Verantwortung durch die Bundeswehr in der Welt – fast alle diese Entscheidungen sind gegen die Mehrheit der Deutschen erfolgt«[3].

Unausgesprochen bleibt die Schlussfolgerung aus der Zusammenstellung, dass nämlich, ihrer Meinung nach, die jeweilige Regierung weise gehandelt hat, den Willen des Souveräns zu missachten. Das »fast« in »fast alle diese Entscheidungen« wurde wohlweislich nicht spezifiziert. Tatsächlich wollte die Mehrheit der Deutschen die Einheit, aber laut einer Umfrage von TNS Infratest (2014) »waren nur 37 Prozent der Ansicht, Deutschland solle sich bei internationalen Krisen stärker enga-

1 *Böttcher, Bröckers: Die ganze Wahrheit über alles,* 2016, S. 219

2 *Adams: Per Anhalter durch die Galaxis,* 1979, S. 41

3 *Sander: Deutsche Remilitarisierung,* 2015, S. 357

gieren, und nur 13 Prozent wollten mehr Militäreinsätze der Bundeswehr«[1]. Diese Art der Zusammenstellung von Regierungsentscheidungen ist daher als Propaganda anzusehen mit dem Ziel, heute, gegen die Mehrheit im Land, Regierungsbeschlüsse – besonders die »Übernahme von Verantwortung durch die Bundeswehr in der Welt« – in die Tat umzusetzen. Die eigentlich Mächtigen geben die Ziele vor, diese Ziele zu erreichen, ist Sache der Regierung. Erreicht sie ein Ziel einmal nicht, dann lässt sie verlauten, sie habe offensichtlich ihr Anliegen nicht gut genug vermittelt, sie kritisiert ihre eigene Propaganda. Warum, muss man sich fragen, ließ »die Mehrheit der Deutschen« sich diese Bevormundung und diese Überheblichkeit immer wieder gefallen, wir haben doch freie und geheime Wahlen?

Die gleiche Frage kann man in Bezug auf die Vermögensverteilung stellen. Auf dem 20. Bundeskongress des DGB 2014 fragte Bernd Riexinger: »Warum gibt es keinen Aufstand, daß 10 Prozent der Einwohner über mehr als 60 Prozent des Vermögens verfügen, während 50 Prozent gar keins haben?«[2] Die Frage ist berechtigt, besonders vor Gewerkschaftern. Yanis Varoufakis stellte die gleiche Frage und er bot eine Antwort an:

> »Wie gelang es also den Herrschenden, ihre Macht zu erhalten ... ? Die Antwort lautet: durch die Herausbildung einer legalisierenden Ideologie, die die Mehrheit davon überzeugte, dass die Herrschenden rechtmäßig herrschen. ... Dass die Dinge durch Gottes Willen so waren. ... Also fanden und etablierten sie Rituale, die die Vorurteile der Menschen und ihre Angst vor dem Tod begünstigten, und legalisierten damit zuerst die Priester und danach die Macht des Herrschers.« »Vor dem Aufkommen der Marktgesellschaften am Ende des 18. Jahrhunderts hatte die herrschende Ideologie immer eine religiöse Gestalt. … Doch nach dem Triumph der Tauschwerte, der die Marktgesellschaften auf die Weltbühne brachte, nahm die herrschende Ideologie die Gestalt einer scheinwissenschaftli-

1 *Krüger: Immer einer Meinung,* 2016, S. 78

2 Protokolle: bundeskongress.dgb.de, zitiert nach *Junge Welt* 16.5.2014, S. 1. Die Klage über eine ungleiche Vermögensverteilung ist alt: »Wehe denen, die ein Haus an das andere ziehen und einen Acker zum anderen bringen, bis daß kein Raum mehr da ist, daß sie allein das Land besitzen!« *Jesaja* 5.8

chen Wirtschaftstheorie an.«[1]

Nach Varoufakis ist die »Herausbildung einer legalisierenden Ideologie« für die gegenwärtige Misere verantwortlich. Offen bleibt allerdings bei ihm, warum heute die Mehrheit in unserem Land diese Ideologie übernimmt, warum sie in geheimer Wahl Parteien wählt, die die Privilegierten fördern und sie selbst ärmer werden lassen? Die Wähler müssen ja nicht alle Details der »scheinwissenschaftlichen Wirtschaftstheorie« durchschauen, es reicht, zumindest im ersten Schritt, das Resultat im eigenen Portemonnaie festzustellen. Sie kennen doch die Taten der Parteien von der letzten Wahl her. Zugegeben, die Absichten der Parteien sind selten so klar formuliert, wie es James Madison, einer der Gründungsväter der amerikanischen Verfassung, getan hat: »Die vorrangige Funktion der Regierung ist es, die Minderheit der Reichen vor der Mehrheit der Armen zu schützen.«[2] Aber auch diese Deutlichkeit blieb, wie wir wissen, ohne Folgen. Wenn man mit Bertolt Brecht fragt: »Wer seine Lage erkannt hat, wie soll der aufzuhalten sein?«[3], dann heißt offensichtlich die Antwort: Die Mehrheit hat ihre Lage nicht erkannt und das, obwohl die Medien täglich weitgehende Aufklärung anbieten. Es scheint, rational kann man diese Blindheit und dieses Verhalten nicht erklären.

Meine Hypothese ist, dass das uralte Gebot, »den alten Männern zuhören und ihnen gehorchen«, die magische Denk-

1 *Varoufakis: Time for Change*, 2015, S. 21f. und S. 173

2 »The primary function of the government is to protect the minority of the opulent from the majority of the poor.« Zitiert nach *Lafontaine: Raus aus dem Käfig*. 2016, S. 3. In der »unsichtbaren Regierung« aus der Zeit von Roosevelt sieht Michael Hudson heute den »Sektor«, der sich aus dem »Finanz-, Versicherungs-, und Immobilienbereich« zusammensetzt. »Diese auf ›Schulden und Eigentum‹ basierende Form der Wirtschaft verwandelt ihre Profite in politische Kontrolle, um die Zahlung von Schulden und die Erhaltung ihres Eigentums ... zu gewährleisten. ... Die Existenz des Schmarotzertums wird weder erkannt noch anerkannt.« *Hudson: Der Sektor*, 2016, S. 51. »Es ist dem Finanzsektor gelungen, eine antistaatliche Ideologie zu mobilisieren, mit deren Hilfe er sich das Allgemeingut aneignet und die regulierende Gesetzgebung unterband.« Ebd. S. 64

3 *Brecht: Lob der Dialektik*, in: *Brecht: Große kommentierte Berliner und Frankfurter Ausgabe*, Band 11, S. 238

weise und die Ambivalenzaufspaltung heute noch wirksam sind – auch bei einer Wahl –, und zwar deshalb, weil alles das unverändert Teil der Sozialisation von Jugendlichen ist. Die Mehrheit verhält sich heute gegenüber dem jeweiligen – gewählten – Regenten in ihrem Land nicht viel anders, als sich unsere Vorfahren gegenüber ihrem Priesterkönig verhielten.

Im Folgenden werden Argumente angeführt, die diese Hypothese stützen sollen – mehr nicht: Wahlverhalten ist viel zu komplex, um in wenigen Zeilen erschöpfend analysiert werden zu können.

Das hierarchische Denken nützt den Vermögenden

Ein Novize der Aborigines, der in den Initiationsriten die Vormachtstellung der alten Männer anerkennt, wird unter die erwachsenen Männer der Horde aufgenommen. Damit hat er die Frauen und Kinder der Horde unter sich, bis hin zur Entscheidung über deren Leben und Tod. Seine Unterordnung ist die Voraussetzung für seinen Aufstieg in der Hierarchie, sie festigt daher bei ihm hierarchisches Denken[1]. Unsere Sozialisation ist nicht wesentlich verschieden davon. Auch heute werden Jugendliche erst nach vielfältigen Prüfungen als Erwachsene anerkannt, und diese Prüfungen fördern bei ihnen das hierarchische Denken: Man hat bestanden und ist damit aufgerückt. Das hat Folgen für das Alltagsleben: Wer aufgerückt ist, hat beispielsweise in seinem Betrieb Untergebene. Die durch die Prüfung geförderte hierarchische Denkweise verführt nun dazu, sie auch als solche und nicht als Mitarbeiter und Zuarbeiter zu behandeln. Wer den Lehrling fühlen lässt, dass er Lehrling ist, wird eine Partei, die tatsächliche Mitbestimmung will, nicht wählen. Er oder sie wird eine Partei wählen, die die Hierarchie

1 Zur Begriffsklärung hierarchisches Denken siehe »Zum Gebrauch von ›Denken‹ und ›Denkweisen‹«, S. 16. Ein Junge der Xhosa ruft unmittelbar nach seiner Beschneidung, noch fast ohnmächtig vor Schmerz: »Ndiyindoda: Ich bin ein Mann.« Er ist aufgestiegen; er darf, wenn die Zeit kommt, erben, heiraten oder auch Stammesrituale leiten. Ohne Beschneidung ist er ein Nichts, er wird gehänselt und sogar geschlagen.

in der Gesellschaft erhalten will, und zwar bis an die Spitze erhalten will. Damit stützt er bzw. sie die Privilegierten.

Das hierarchische Denken fördert, ganz selbstverständlich, feine Lohnabstufungen. Wer die befürwortet, kann sich kaum dem Schluss entziehen, dass auch die Spitzenlöhne gerechtfertigt sind, sie sind ja die logische Fortsetzung der Lohnabstufungen im eigenen Umfeld. Ernsthafte Kritik an hohen Einkommen könnte leicht das gesamte abgestufte System der Lohnunterschiede ins Wanken bringen, und damit auch die eigene Position innerhalb des Systems. Eine hohe Entlohnung an der Spitze macht zudem Hoffnung auf eine hohe Lohnspreizung in der Nachbarschaft des eigenen Einkommens. Wer so denkt und hofft, wird eine Partei wählen, die gegen »Gleichmacherei« ist.

Christen finden eine Version von »den alten Männern zuhören und ihnen gehorchen« im vierten Gebot.

> »Das vierte Gebot verpflichtet die ›Untergebenen‹ zum Gehorsam der rechtmäßigen Autorität ... In Staat und Gesellschaft sind solche Beziehungen: Staat und Bürger, Arbeitgeber und Arbeitnehmer, Lehrer und Schüler.«[1] »Schließlich erstreckt es [das vierte Gebot] sich auch auf die Pflichten ... der Bürger gegenüber ihrem Vaterland und gegenüber denen, die es verwalten und regieren.«[2]

Gehorsamkeit gegenüber dem Arbeitgeber verhindert die Durchsetzung gerechter Löhne. Wer die Arbeit in seiner Firma oder Institution als »Dienst« bezeichnet, hat sich schon untergeordnet. Dienen ist Unterordnung. Für Christen kommen Assoziationen zu »Dienst« aus »Gottesdienst« hinzu.

Gehorsamkeit bei Wahlen heißt, die Obrigkeit wählen. Hat eine Partei »christlich« in ihren Namen aufgenommen, dann steht ein christlicher Wähler unter psychischem Druck, wenn er eine nicht-christliche Partei auf Grund ihres Wahlprogramms wählen möchte. Eine »christliche« Partei kann daher gefahrlos Ziele anstreben, die dem objektiven Interesse von

---

1 http://kath-zdw.ch/maria/gebote.html

2 http://www.vatican.va/archive/DEU0035/_P7Y.HTM, Katechismus der Katholischen Kirche, 1997

christlichen Wählern zuwiderlaufen; sie kann beispielsweise die Privilegierten stützen. Der Verstoß gegen ein religiöses Gebot erzeugt Angst, ob der Verstoß nun öffentlich bekannt wird oder nicht. In jedem Fall kommt ja die innere Stimme mit in die Wahlkabine. Lula da Silva, der ehemalige Präsident von Brasilien, hat dies – vor seiner ersten Wahl – folgendermaßen zum Ausdruck gebracht:

> »Ich kenne die Einstellung der Bauern, und selbst wenn sie mich unterstützen, würden sie bei einem Gang in die Wahlkabine fragen, ›könnte das Land von jemandem wie mir geführt werden?‹ Und dann werden sie sagen: ›Nein, es muss von den wohlhabenden, klugen Männern geführt werden‹, und deshalb werden sie diese Männer wählen.«[1]

Die Bauern wissen sehr gut, dass die »wohlhabenden, klugen Männer« sich auf ihre Kosten bereichert haben. Lula dagegen stammt aus der Gewerkschaftsbewegung, ihn zu wählen hieß den Aufstand gegen die Erben der »alten Männer« proben.

Eine Partei kann aus Tradition immer wieder gewählt werden, auch dann, wenn sie längst nicht mehr die Ziele vertritt, die ursprünglich für ihre Wahl einmal ausschlaggebend gewesen waren. Manchmal wird eine Wahlentscheidung sogar vererbt. Man wählt die Partei, die die verstorbenen Eltern gewählt haben. Der Grund dafür könnte Angst vor einer Entwertung des Vorbilds sein, dem man nacheifert. Das Interessante ist nun, in welche Richtung sich Parteien mit der Zeit verändern. Es scheint, dass eine junge, im besten Sinne demokratische Partei, im Laufe der Jahre nahezu zwangsläufig autoritärer bzw. konservativer wird, weil die nunmehr alt gewordenen, ursprünglich egalitär gesonnenen Männer und Frauen in der Führung der Partei bei den jüngeren, unerfahrenen – ohne es so auszusprechen – die Einhaltung des Gebots, »den alten Männern zuhören und ihnen gehorchen«, einfordern. Das ist zum Teil sogar sachlich berechtigt und lässt sich in vielen Fällen wohl begründen. Bei diesem Prozess der Veränderung wer-

---

1 Nach Noam Chomsky in: *Chomsky, Vltchek: Der Terrorismus der westlichen Welt,* 2014, S. 141

den Parteien lange Zeit nur wenige Wähler verlieren, weil die Veränderung denen, die sie aus Tradition wählen, kaum auffällt, bis schließlich der Widerspruch von Anspruch und Wirklichkeit zu groß wird. Das Wahlverhalten wäre danach konservativer als das tatsächliche Weltbild der Wähler. Profitieren werden davon lange Zeit die Privilegierten in der Gesellschaft.

Interessant ist ein weiterer Aspekt: Aufklärung über das veränderte Verhalten der Partei, an die eine emotionale Bindung besteht, führt bei den Parteigängern häufig dazu, dass sie auf »ihre« Partei schimpfen – das ist ja mit dieser Aufklärung auch intendiert –, aber ihr Wahlverhalten ändert sich dadurch nicht. Es scheint, das Schimpfen stabilisiert die Bindung an die Partei; das Unwohlsein wegen der tatsächlichen Handlungen der Parteiführung nimmt ab; das Negative, was man gefühlt hat, ist nun mal gesagt; man hat kritisiert, das entlastet. Das Positive wird dadurch besonders deutlich. Schließlich kann man resignierend den Schluss ziehen, dass es leider keine wählbare Alternative gäbe, und damit hat die von außen angestoßene Aufklärung genau das Gegenteil von dem erreicht, was die Aufklärenden anstrebten.

Eine Wahl an sich ist schon ein Aufstand gegen das Gehorsams-Gebot. Da nun die Beteiligung an einer Wahl aber nicht nur von den Mächtigen erlaubt ist, sondern sogar gefordert wird[1], erzeugt sie bei den Wählern neben Unruhe und Furcht auch Macht- und Glücksgefühle. Man fühlt sich an der Seite der Mächtigen. Man ist gefragt: »Meine Stimme zählt«. Das Glücksgefühl wird rein, wenn es bei der Wahl den Verstoß gegen das zentrale Gebot nicht gibt; und den gibt es nicht, wenn

---

1 Wahlen haben für die Mächtigen ganz praktische Vorteile: sie erfahren, wie groß der Unmut in der Bevölkerung ist. Vor jedem Aufstand auf der Straße kommt der Aufstand in der Wahlkabine und damit ergeben sich Möglichkeiten, rechtzeitig zu reagieren. Unerkannte Untergrundbewegungen zu bekämpfen, ist zweifellos schwerer als bekannte Persönlichkeiten und Parteien. Wenn alle Stricke reißen, kann das Wahlergebnis immer noch ignoriert werden, wie die Wahl der Hamas im palästinensischen Autonomiegebiet (2006) zeigte, oder sie kann nachträglich geändert werden, wie der Putsch des Militärs nach der Wahl der Muslimbrüder (2012) in Ägypten zeigte.

man eine »konservative« Partei wählt, eine Partei, die die gegenwärtige Ordnung erhält und die Privilegien der Bevorrechteten stützt – das gilt für kapitalistische und auch für realsozialistische Gesellschaften. Mit anderen Worten: Unsere Sozialisation, die zu einer Befolgung des Gebots »den alten Männern zuhören und ihnen gehorchen« führt, fördert die Ausbildung und Akzeptanz einer Hierarchie in der Gesellschaft und fördert damit die Akzeptanz eines Vermögens- und Machtgefälles, und zwar auch bei denen, die am unteren Ende der Skala stehen.

Hierarchisches Denken und Demokratie sind unvereinbar

Freie, gleiche und geheime Wahlen sind eine Voraussetzung für Demokratie. Wenn allein die Aussicht auf einen persönlichen Vorteil die Wahl einer Partei bestimmt – der Zahnarzt wählt die Partei, die als ihr wichtigstes Ziel hat, Zahnärzte zu fördern –, dann mag man das Demokratie nennen; aber »eigentlich« ist mit Demokratie etwas anderes gemeint. Ein »wahrer« Demokrat sollte nach bestem Wissen und Gewissen das Gemeinwohl im Blick haben, und das heißt: Ein Demokrat setzt sich für Veränderungen in der Gesellschaft auch dann ein, wenn sie ihm nicht unmittelbar Gewinn versprechen; er engagiert sich beispielsweise für den Schutz des Weltklimas oder für den Bau von Kindergärten auch dann, wenn er selbst keine Kinder hat. Gegebenenfalls erinnert er die gewählten Volksvertreter nachhaltig und lautstark an deren Versprechen vor der Wahl.

Wer im hierarchischen Denken befangen ist, wagt dagegen keine ernsthafte Kritik an den Oberen. Der Grund dafür ist, denke ich, Angst, man kann es auch Mangel an Zivilcourage nennen – das Resultat der in der Sozialisation erzwungenen Unterordnung. Diese Angst zeigt sich, wenn man aufgefordert wird, aus der Kritik an den Verhältnissen ein Handeln werden zu lassen. Dann kommt Zweckpessimismus ins Spiel: »Die da oben machen ja doch, was sie wollen«, »der Vorschlag ist blauäugig, ein Protest bringt nichts« usw. Sicher spielt auch Bequemlichkeit eine Rolle dabei, nicht zu handeln; aber der Erfindungsreichtum bei Ausreden und die Ausweichmanöver bis hin zu vehementen Anfeindungen auf den Vorschlag hin, gemeinsam zu handeln, lassen vermuten, dass es Angst ist, die nur einen verbalen Radikalismus zulässt, und auch den nur an bestimmten Orten und zu bestimmten Gelegenheiten. Alkoholeinfluss kann im Nachhinein radikale Reden entschuldigen; das macht den »Stammtisch« zum geeigneten Forum, gefahrlos aufmüpfige Reden zu schwingen.

Anders als durch (uneingestandene) Angst kann ich mir das Verhalten der Bevölkerung im Anschluss an dem im Folgenden dargestellten Vorfall nicht erklären:

> »Am 4. September 2011 demonstrierten in Göttingen einige Dutzend Menschen gegen die Amtseinführung eines Jesuitenpaters, dem Verfehlungen bei der Aufarbeitung des Missbrauchskandals in der katholischen Kirche vorgeworfen wurden. Eine 48 Jahre alte Frau hatte die Demonstration vorher ordnungsgemäß ... angezeigt. Ihr Name befindet sich in einem sogenannten Verlaufsprotokoll der – völlig friedlichen – Versammlung wieder, das die Göttinger Polizei noch am selben Abend anfertigte und an weitere Polizeidienststellen, das Innenministerium in Hannover und das Landesamt für Verfassungsschutz schickte.«[1]

Die große Mehrheit der Bürger nahm das hin, ohne sich zu rühren – zumindest ist von Zorn und Forderungen nach Entlassungen nichts berichtet worden. Und auch die Medien verhielten sich nach der Aufdeckung des Sachverhalts ruhig. Das ist Untertanengeist. Interessant ist, dass dies kein Einzelfall war: Die Überwachung und Weitergabe der Daten dient – so das Innenministerium – zur »Vorbereitung strategischer Entscheidungen der Dienst- und Fachaufsicht«[2]. Das heißt offenbar: Wer irgendetwas anprangert, und sei es die mangelhafte Aufarbeitung von sexuellen Übergriffen, ist verdächtig: Ruhe ist die erste Bürgerpflicht. Wie bei den Novizen der Aborigines gilt auch hier: Wer an der Weisheit und den tiefen Einsichten

1 *Paul: Direktmeldung an den Geheimdienst*, 2015, S. 4
2 Ebd.

der »alten Männer« auch nur den leisesten Zweifel äußert, stellt die gesamte Ordnung in Frage und muss entweder sofort bestraft werden oder zumindest argwöhnisch im Auge behalten werden. Das ist hierarchisches Denken, und zwar beim damaligen Landesinnenminister, Uwe Schünemann (CDU), auf den der fragliche Runderlass zurückgeht; bei den Behörden, die offenbar willig folgten; bei den Medien und auch bei den Bürgern der betroffenen Stadt. Gefolgert werden kann: Ist vielleicht die Unterscheidung zwischen hierarchisch Denkenden und nicht-hierarchisch Denkenden für soziale und politische Prognosen wichtiger als die zwischen momentan links, bürgerlich oder rechts Wählenden?

Die Ambivalenzaufspaltung nützt den Vermögenden

»Die Arbeiter haben kein Vaterland. ... Mit dem Gegensatz der Klassen im Innern der Nation fällt die feindliche Stellung der Nationen gegeneinander.«[1] Marx und Engels gaben 1848 der Hoffnung Ausdruck, dass die Erkenntnis der eigenen Ausbeutung und der Ausbeutung anderer stärker sei als die Kraft der Verführung zu einer Feindschaft Nation gegen Nation.

Das war und ist leider nicht der Fall. 1914 begann der Erste Weltkrieg. Beträchtliche Teile der Ausgebeuteten zogen – gegen ihre objektiven Interessen – freiwillig in den Krieg. Kaiser Wilhelm II. konnte mit dem Satz »Ich kenne keine Parteien mehr, ich kenne nur noch Deutsche«[2] bei beträchtlichen Teilen der Ausgebeuteten die Ambivalenzaufspaltung aktivieren. Der Klassengegensatz wurde damit zweitrangig.

Damals waren Russen, Franzosen, Engländer, Serben usw. die Feinde, ob sie nun Adlige waren, Proletarier oder Bauern. Alle Mitglieder dieser Nationen wurden zu Beginn des Krieges abwertend und überheblich bespöttelt. Das, denke ich, ist ein Hinweis auf Ambivalenzaufspaltung. Heute ist für die deutsche Außenpolitik außer den »Terroristen« nahezu nur noch

1 *Marx, Engels: Manifest der Kommunistischen Partei,* 1848, MEW, Bd. 4, S. 479

2 Der französische Ministerpräsident Raymond Poincaré äußerte sich August 1914 im Aufruf zur Generalmobilmachung nahezu identisch.

Russland als Feind geblieben. Bemerkenswert ist nun, dass es angesichts der Tatsache einer mindestens zehnfachen Überlegenheit der Nato-Staaten (bezogen auf den Militäretat) gegenüber Russland der Mehrheit der deutschen Bevölkerung 2017 plausibel gemacht werden konnte, dass die »Verteidigungsanstrengungen« der Nato erhöht werden müssen. Russland stelle eine unzumutbare Bedrohung dar. Das Instrument, mit dem die Mächtigen ihre Interessen durchsetzen, ist offensichtlich Wortmagie und eine Aktivierung der Ambivalenzaufspaltung: »Verteidigung« klingt notwendig und nahezu friedlich, und eine »Anstrengung« muss schon mal sein. Dabei muss jedem klar sein, wer zukünftig zahlen soll, wer im wahrsten Sinne des Wortes bluten soll, und wer das Geld einstecken wird (»verdienen« kann man schlecht sagen): In keinem Bereich der Wirtschaft sind die Profite so hoch wie in der Rüstungsindustrie. Diesen Weg eine Zustimmung zur Umlenkung von Steuergeldern zu erreichen, wird es noch so lange geben, wie die Ambivalenzaufspaltung leicht zu aktivieren ist. Erst danach können »Verteidigungsanstrengungen« auf eine rationale Basis gebracht werden.

Allerdings kann die leichte Aktivierbarkeit einer Ambivalenzaufspaltung den regierenden Parteien auch Probleme bereiten. In Europa erstarken Parteien am rechten Rand des Parteienspektrums und es entstehen Bürgerbewegungen, die eine Abschottung zu den Nachbarn und besonders gegen Flüchtlinge fordern. Der hier interessierende Aspekt ist, dass die, die Abschottung fordern, gleichzeitig ermöglichen wollen, dass die, die ohnehin schon reich sind, sich noch effizienter bereichern können. Im Parteiprogramm und den Wahlkämpfen 2017 sprach sich die AfD, sollte sie Einfluss gewinnen, gegen eine Vermögenssteuer und gegen eine Erbschaftssteuer aus[1]. Sie wollte die zur Zeit geltende Progression der Besteuerung von

---

1 »Die AfD ist grundsätzlich gegen eine härtere Besteuerung und spricht sich gegen die Einführung einer Vermögenssteuer aus. Sie möchte die Erbschaftssteuer als Substanzsteuer abschaffen.« www.bundestagswahl-bw.de/wahlprogramm_afd_bt

Einkommen reduzieren und den Mindestlohn niedrig halten bzw. abschaffen[1]. Diese Maßnahmen würden die Reichen begünstigen, vermutlich sogar stärker, als es jede andere der großen Parteien in ihren Wahlkämpfen fordert[2]. Dass Reiche die AfD wählen und finanziell großzügig unterstützen, ist daher leicht nachvollziehbar, aber warum wählen so viele Arme die AfD? Das ist erklärungsbedürftig.

Björn Höcke, der AfD-Chef von Thüringen, hat das zentrale Anliegen der AfD im Wahlkampf 2016 in öffentlichen Reden auf den Punkt gebracht. Das Problem sei nicht die Umverteilung von unten nach oben, sondern die von innen nach außen (mit »außen« sind die Flüchtlinge gemeint). Ohne eine Ambivalenzaufspaltung bei den Zuhörern, hätte diese Aussage ungläubiges Kopfschütteln oder Gelächter ausgelöst, wegen der bekannten Vermögensverteilung in Deutschland und der bekannten Tatsache, dass hohe Verdienste in Steueroasen im Ausland verschwinden, während die für Flüchtlinge notwendigen Ausgaben, wie Renovierungsarbeiten von Unterkünften, hier Arbeitsplätze und (viele kleine) Verdienste schaffen. Dass Höcke Zustimmung erntete, zeigt, dass die Angst diejenigen, die an eine »Umvolkung Deutschlands«[3] glauben, blind macht.

---

1 »AfD-Chefin und Unternehmerin Frauke Petry sagte ...: ›Wir sind gegen einen gesetzlich festgelegten allgemeinen Mindestlohn‹. Er sei ein ›neosozialistisches‹ Konzept ...«. http://www.fr-online.de/wirtschaft/-alternative-fuer-deutschland---das-afd-programm-ist-ein-plan-fuer-reiche-,1472780,33912204.html

2 Möglicherweise wird die AfD hier von der FDP überboten: Der FDP-Vorsitzende Christian Lindner am 6.1.2017 in seiner Rede beim Dreikönigstreffen: » ... es ist aber nicht liberal, die Vermögensverteilung ändern zu wollen, indem man unsere starken Familienunternehmen schwächt und das Geld in die klebrigen Hände des Staates gibt ... «. Zitiert nach *Hartmann: Neue Verpackung – alter Inhalt,* 2017, S. 481.

3 Bettina Kudla, Bundestagsabgeordnete der CDU, ehemalige Finanzbürgermeisterin von Leipzig. In: *Bonath: »Nazivokabular für die Mitte«*, 2016, S. 4. Ein weiteres Beispiel: Otto Köhler berichtet, dass der Wirtschaftshistoriker Rolf Peter Sieferle in seinem Buch ›Finis Germania‹ die Ansicht äußert »die Bundeskanzlerin Angela Merkel betreibe mit einer ›Umvolkung‹ eine ›Überwältigung der ethnisch-deutschen Bevölkerung‹. Antifaschismus sei Antigermanismus und Auschwitz ein ›Mythos‹, welcher ›der Diskussion entzogen wer-

Wie stark diese Angst werden kann und wie stark die Verbrüderung mit denjenigen werden kann, die die gleiche Angst fühlen und einen Ausweg aus der angeblichen Bedrohung versprechen, zeigen die »Pegida«-Demonstrationen. »Besorgte Bürger« laufen Organisatoren solcher Kundgebungen nach, die mehrfach kriminell geworden sind, wie Christian Müller, der Organisator der Pegida-Demonstrationen in Potsdam und Lutz Bachmann, der Dresdener Pegida-Organisator[1]. Es ist schwer nachvollziehbar, warum diese »besorgten Bürger« ihre sozialen Probleme in die Hände solcher Leute legen.

Nach Christoph Butterwegge scheinen es eher Angehörige der Mittelschicht zu sein, die sich für rechte Parteien einsetzen. Er schrieb:

> »Angehörige der Mittelschicht, die Angst vor dem sozialen Abstieg haben, suchen ... öfter das Heil bei rechten Demagogen. Das war schon während der Weltwirtschaftskrise Ende der 1920er/Anfang der 1930er Jahre in der Weimarer Republik so. ... Gemäß der Radfahrer-Methode wird nach oben, d.h. gegenüber den Herrschenden, gebuckelt und nach unten, d.h. gegen Migranten, und ethnischen Minderheiten getreten. ... Wenn man merkt, dass man noch Leute unter sich hat, geht es einem scheinbar besser.«[2]

---

den soll‹.« Der eigentliche Skandal ist: Das Buch von Sieferle wurde in die renommierte Liste der ›Sachbücher des Monats‹, die von *NDR* und von der *Süddeutschen Zeitung* vorgelegt wird aufgenommen. »Nun wollen beide Medien damit nichts mehr zu tun haben. Jens Bisky von der *Süddeutschen Zeitung* war sofort nach Bekanntwerden der Liste aus der Jury ausgetreten, die übrigen Mitglieder der deutschen Kulturprominenz hatten die Platzierung des Buchs ... widerspruchslos hingenommen.« *Köhler: Das intellektuelle Freikorps,* 2017, S. 10

1 »Das Polizeiauskunftssystem ›Polas‹ verzeichnet laut Medien 170 Vorgänge gegen den Mann [Christian Müller, 32, Organisator der Pegida-Demonstrationen in Potsdam]. Christian Müller ist dort als ›bewaffnet und gewalttätig‹ mit Eigentums- und Rohheitsdelikten, Bedrohungen und Körperverletzung, aber auch mit Drogenhandel und Volksverhetzung registriert. Fünf Jahre … verbrachte er im Knast.« *Junge Welt, 20.2.2016,* S. 8. Der Dresdener Pegida-Organisator Lutz Bachmann wurde u.a. wegen 16 Einbrüchen verurteilt, bei der AfD-Vorsitzenden ist Anklage wegen Verdacht auf Insolvenzverschleppung erhoben.

2 *Butterwegge: »Die Reichen werden reicher und die Armen werden zahlreicher«,* 2016, S. 2

Trifft das zu, dann müssen wir lernen, warum einige in der Bevölkerung eine Radfahrer-Mentalität entwickeln, und wir müssen dann lernen, wie das verhindert werden kann. Damit sind wir beim Thema Sozialisation, einschließlich der erzwungenen Unterordnung und der Einübung der Ambivalenzaufspaltung in der Jugend.

Für den Soziologen Stephan Lessenich ist Fremdenfeindlichkeit und Anfälligkeit für rechte Demagogie das Resultat einer Verdrängung: Die Bewohner Europas und Nordamerikas leben auf Kosten der Bewohner der ärmeren Länder im Süden, er nennt das Externalisierung. Die Bewohner hier wissen das, sagt er, hüllen sich aber in einen »Schleier des nicht-Wissen-Wollens«[1], sie verdrängen ihr Wissen. Verdrängtes ist aber nicht verschwunden, es meldet sich zurück und wird dabei zu Fremdenfeindlichkeit. Das lasse in Deutschland die AfD wachsen und die Flüchtlingsheime brennen.

Dieser Zusammenhang soll nicht bestritten werden, bedenkenswert ist aber, dass es 2016 in Bautzen zu antisorbischen Ausschreitungen kam. Die Sorben siedeln seit Jahrhunderten in der Lausitz, so mancher der an den Ausschreitungen beteiligten Rechtsradikalen stammt dagegen vermutlich von viel später Zugewanderten ab. Die antisorbischen Ausschreitungen sind also nicht das Resultat einer Angst, mit kürzlich Zugewanderten teilen zu müssen; sie sind eher erklärbar mit einer generellen Ablehnung von Fremden. Ein Zusammengehörigkeitsgefühl im rechten Mob, ein »Wir«, entsteht dadurch, dass es außen »Andere« gibt, die zu Feinden erklärt werden können. Die Sorben eigneten sich offenbar dazu.

Heißt rechts wählen, einen Aufstand gegen die »alten Männer« proben? Dagegen spricht, dass der Unmut sich heute nicht gegen die eigentlich Mächtigen richtet, nicht gegen die »unsichtbare Regierung, die«, nach Roosevelt, »dem Volk keine Treue schuldet und keine Verantwortlichkeit anerkennt«[2], und er hat sich auch gestern – d.h. zur Zeit des »Dritte Reiches« –

---

1 *Lessenich: »Weil wir es uns leisten können«*, 2016, S. 100

2 *Böttcher, Bröckers: Die ganze Wahrheit über alles*, 2016, S. 219

nicht gegen die eigentlich Mächtigen gerichtet[1]. Nach dem Willen der AfD sollen die Privilegien der Eliten sogar wachsen. Der Unmut richtet sich gegen die Manager der Mächtigen, denen Verrat an den Idealen der Nation vorgeworfen wird. Merkwürdigerweise gilt dieser Vorwurf nicht den tatsächlichen »Eliten«, obwohl gerade die es sind, die nicht das geringste »Nationalgefühl« an den Tag legen, wenn es um die Abwägung einer Auslagerung von Betrieben in Billiglohnländer geht.

Es scheint, dass der psychische Gewinn bei der Wahl einer rechten Partei im Wesentlichen darin besteht, dass die Wähler und Wählerinnen ein »Wir-Gefühl« entwickeln, indem sie gegen die Front machen, die angeblich nicht Haus und Hof verteidigen wollen, sondern dabei sind, eine »Umvolkung« zu betreiben. Gemeinsam einen Aufstand proben, Gleichgesinnte, »Brüder«, zu finden ein »Wir-Gefühl« entwickeln, das beglückt. Dieser Aufstand hat keineswegs zum Ziel, eine Gemeinschaft von gleichberechtigten Brüdern zu erreichen; vielmehr soll eine Hierarchie erhalten bleiben – und das beglückt ebenfalls, weil es kein Verstoß gegen die in der Sozialisation geforderte Unterordnung ist, sondern diese Unterordnung bekräftigt: Die eigentlich Mächtigen bleiben mächtig und reich; Arbeitslose werden für faul gehalten, es gibt angeblich uferlos viele Sozialschmarotzer und Flüchtlinge, die das »Boot« zum Sinken bringen, und es gibt Neider und Feinde außerhalb der

1 Bernt Engelmann untersuchte die Frage: »Wer waren eigentlich ›die Nazis‹?« Dieses Kapitel in seinem Buch, *Engelmann: Einig gegen Recht und Freiheit*, 1977 S. 207f., beginnt mit den Worten: »Schon ein flüchtiger Blick auf die Liste der Mitglieder des durch die Schein-Wahlen vom 12. November 1933 neu gebildeten Reichstags – einzige Fraktion NSDAP und deren Gäste – läßt erkennen, daß die darin versammelte Machtelite des ›Dritten Reiches‹ *nicht* vorwiegend aus ›wildgewordenen Kleinbürgern‹ und Emporkömmlingen aus den unteren Schichten bestanden hat: zu häufig tauchen Adelsprädikate, Offiziersränge der alten kaiserlichen Armee, Professorentitel und Berufsbezeichnungen wie ›Fabrikant‹, ›Bankier‹ oder ›Generaldirektor‹ vor und hinter den Namen auf. ... Nur an Angehörigen der breiten Unterschicht gebrach es dieser ›Arbeiterpartei‹ deutlich.« Das Gleiche traf für die SS zu (ebd. S. 212).

nationalen Grenzen. Auch die Einordnung in eine Hierarchie beflügelt das »Wir-Gefühl«. Solche Glücksgefühle können demokratische Parteien ihren Wählern und Wählerinnen nicht bieten.

Unsere Art der Partnerwahl nützt den Vermögenden

> »Im Oktober hatte die Zornedinger CSU-Politikerin Sylvia Boher im Parteiblatt *Zorneding Report* gegen eine ›Invasion‹ afrikanischer ›Militärdienstflüchtlinge‹ ihre Stimme erhoben. Der katholische Ortspfarrer Ndjimbi-Tshiende – ein gebürtiger Kongolese – widersprach, worauf Bohers Parteifreund Johann Haidl ihn als ›Neger‹ titulierte. Ndjimbi-Tshiende erhielt Schmähbriefe und massive Drohungen, bis er vom Amt des Ortspfarrers zurücktrat und Zorneding verließ.
>
> Christen müssen Flüchtlinge aufnehmen und zugleich die Ursachen für Flucht und Vertreibung bekämpfen. Das sagte der Bamberger Erzbischof Ludwig Schiek. Wer gegen Flüchtlinge hetzt, dürfe nicht Christ sein. ... Konsequenz für den Bamberger Erzbischof: Er wird beschimpft und erhält Morddrohungen.«[1]

Was könnte die Ursache solcher Anfeindungen sein? Ein katholischer Ortspfarrer ist eine Autorität. Er wird mit »Vater« angesprochen, und er behandelt die Gemeindemitglieder als seine Kinder. Er gehört offensichtlich zu den »alten Männern«. Ihm ist mit dem erweiterten Verständnis vom vierten Gebot Gehorsam zu schulden[2]. Dem Pfarrer Ndjimbi-Tshiende wurde die ihm gebührende Ehrerbietung verweigert. Die Gemeindemitglieder standen vor der Alternative, entweder den »alten Männern« zu gehorchen und damit Flüchtlinge aufzunehmen (zumindest in einen Stall, wie der biblische Wirt Joseph und Maria aufgenommen hat) oder die Fremden vom Grundstück zu jagen. Sie haben sich gegen die »alten Männer« entschieden. Auch der Erzbischof hat sie nicht davon abhalten können. Was könnte der Grund dafür sein?

Vom Ortspfarrer selbst ist keine Konkurrenz zu erwarten, weder bei der Partnerwahl, noch bei der Jobsuche. Er wird

1 *Köhler: Der PEN und der Erzbischof,* 2016, S. 297

2 Vgl. S. 161f.

auch keine Kinder hinterlassen, die später einmal mit den Kindern der heimischen Gemeindemitglieder in Konkurrenz treten könnten. Vielleicht ist das der Grund, warum er in den Jahren davor als Pfarrer akzeptiert wurde. Aber für die, die wegen seiner Befürwortung kommen könnten, treffen alle diese »Befürchtungen« zu. Interessant an diesem Vorfall ist, dass nicht einmal die »alten Männer« gegen diese Fremdenfeindlichkeit ankamen.

Die Fremdenfeindlichkeit hat in diesem Fall vermutlich mehrere Ursachen. Eine ist, dass den Fremden generell alles Schlechte zugetraut wird, also Ablehnung der Fremden wegen der Ambivalenzaufspaltung. Eine weitere Ursache ist, denke ich, die Angst vor Überfremdung, vor Mischehen, in der Nazizeit sagte man »Rassenschande« dazu. Diese Angst ist uralt. Wie weltweit empirisch nachgewiesen wurde, bevorzugen wir bei der Partnerwahl jemanden, der den engsten Angehörigen ähnelt[1]. Eltern und Großeltern setzen sich sogar noch stärker für dieses Prinzip ein als die direkt Betroffenen selbst. Ein Verstoß gegen das Prinzip kann zum Verstoß aus der Familie führen, zur Enterbung und sogar zu einem »Ehrenmord«. Selbst die Nachbarschaft und sogar der Staat mischen sich bei der Partnerwahl ein, wie aus der Nazizeit gut bekannt ist. Das Blut müsse rein bleiben, hieß es und heißt es noch heute – oft unausgesprochen – bei vielen. Auch aus diesem Grund mobilisiert ein Fremder in der Nachbarschaft Ablehnung. Aus einer sicher einmal freiwillig erfolgten Bevorzugung eines Partners, der den Angehörigen ähnlich sieht, ist im Laufe der Evolution ein Gebot der Gemeinschaft geworden. Ein Verstoß gegen das Gebot löst nun (soziale) Angst aus.

Es scheint, die wesentlich älteren Denk- und Verhaltensweisen: Ambivalenzaufspaltung und Auswahl eines Partners nach dem Bild der engsten Familienangehörigen bestimmen das Handeln weit stärker als das zentrale Gebot. Das hat Folgen, auch für das Wahlverhalten. Wer so denkt, fühlt sich bei einer konservativen Partei, einer Partei die überkommene Sitten be-

---

1 Vgl. »Zur Entwicklung der Tabus und Gebote«, S. 100f.

wahren will, eher zu Hause als bei einer, die Veränderungen durchsetzen will. Die Befangenheit in diesen Denkstrukturen stützt die bestehende gesellschaftliche Struktur und nützt damit den Vermögenden.

Der Traum vom Reichtum

Lieber als durch Arbeit wären viele gern ohne Eigenleistungen reich. Das ist bei den gegenwärtigen Arbeitsbedingungen durchaus nachvollziehbar, gemeint ist im Folgenden aber der Traum vom Reichtum, vom Luxus. Dieser Traum hat Einfluss auf das Selbstverständnis und damit auf das Wahlverhalten.

In vielen Fernsehsendungen können ausgewählte Personen durch zutreffende Antworten auf belanglose Fragen reich werden. Wenn man sich daran erinnert, dass viele Märchen das gleiche Thema haben, dann ist die Beliebtheit dieser Sendungen keine Überraschung. Schwenkt die Kamera ins Publikum, dann sieht man: Das Publikum im Sendesaal – und vermutlich auch das vor dem heimischen Bildschirm – zittert bei jeder Frage mit – so wie früher die Kinder beim Zuhören von Märchen. Ich denke, viele bemerken dabei, dass sie selbst die meisten der Fragen richtig hätten beantworten können. Das hebt das Selbstwertgefühl. Wird der Bildschirm am Ende wieder schwarz, dann kehrt der Alltag wieder ein: kein Gewinn, aber der Traum von Glück und Reichtum und auch das Selbstwertgefühl sind vermutlich geblieben.

In Deutschland spielten im Jahr 2014 im Schnitt wöchentlich 21 Millionen Personen im Lotto, d.h. in jeder zweiten Familie wurde jede Woche gespielt (zudem gibt es noch weitere stark verbreitete Glücksspiele). Jeder Lottospieler kann es wissen, dass er auf lange Sicht erheblich mehr Geld ausgibt, als er einnimmt – es ist ja kein Geheimnis, dass von den Einnahmen nach Abzug der »Bearbeitungskosten« nur die Hälfte in Form von Gewinnen ausgeschüttet wird –; aber das hindert Spieler nicht daran, jede Woche erneut Geld einzusetzen, ja, sie reden sich sogar ein, nicht zu denen zu gehören, die in der Vergangenheit letztlich Geld verloren haben. Jeder weiß auch, dass die

Kugeln sich nicht an die letzte Ziehung erinnern, damit wissen er und sie, dass jede Zahlenkombination gleich wahrscheinlich ist. Aber sie glauben es nicht. Was treibt die Spieler? Einer der Gründe ist vermutlich der kindliche Glaube an ausgleichende Gerechtigkeit. Man sei nun endlich einmal dran. Ein weiterer Grund ist vermutlich, dass die eine Woche Hoffnung bis zur nächsten Ziehung tatsächlich Ablenkung vom Elend des Alltags bedeuten kann. Lottospielen hätte damit die Fähigkeit zum Trösten. Wie das Ansehen von Ratesendungen im Fernsehen löst Lottospielen den Traum vom Glück aus. Es scheint, nur wer tief im magischen Denken verhaftet ist, spielt im Lotto.

Von besonderer Bedeutung scheint mir, dass jeder Spieler sich wünscht, auf Kosten der anderen lottospielenden Familien, die ihr mühsam erworbenes Geld Woche für Woche für das Glücksspiel zusammenkratzen, reich zu werden. Ziel des Spiels ist die Schaffung von großen Vermögensunterschieden, und zwar aus den Beiträgen von (meist) Armen. Bei den Spielern gibt es offenbar keine prinzipiellen Einwände gegen leistungslose Bereicherung und ein starkes Vermögensgefälle, man bedauert nur, dass man sich (noch) am falschen Ende der Skala befindet. Und wenn der große Gewinn dann kommen sollte, dann soll er auch nicht umgehend durch den Fiskus geschmälert werden. Eine Vermögenssteuer und eine Erbschaftssteuer sind da ein Alptraum. Und dieser Alptraum hat Einfluss auf das Wahlverhalten. Alle Parteien rechts von den Linken nehmen in ihren Wahlkämpfen faktisch darauf Rücksicht. Die Diskussion um progressive Besteuerung, Steuerflucht, Vermögens- und Erbschaftssteuer wird von den Parteien und den Medien bestenfalls halbherzig geführt, zum Einen aus Eigeninteresse (die Medien sind weitgehend in der Hand der Reichen) und zum Anderen, denke ich, weil der umworbene Wähler das will, auch wenn er selbst arm ist. Er will die halbherzige Diskussion, er will jammern, sich aufregen; aber es soll sich nichts wirklich ändern – er könnte ja, wenn sich nichts ändert, vielleicht selbst einmal in den Genuss dieser Privilegien gelangen.

Die gleiche Mentalität schützt, denke ich, Finanzjongleure

vor – ernsthafter – Kritik. Ihnen gelingt eine wundersame Geldvermehrung, wie im Märchen, wo Stroh zu Gold gesponnen wird oder der Esel in »Tischlein deck' dich« Dukaten hinten und vorn auswirft. Das ist leistungsloses Einkommen und Geldvermehrung ohne Gegenwert an Waren und Dienstleistungen, das ist Falschmünzerei. Jeder weiß das, aber es wird von denen bewundert, denen dabei das Geld aus der Tasche gezaubert wird. Zaubern zieht uns offenbar magisch an.

Es lässt sich wohl nicht von der Hand weisen: Große Teile der Bevölkerung sind – weitgehend unbewusst – offenbar weit entfernt davon, sich eine sozial gerechte Gesellschaft zu wünschen. Daraus folgt, dass es zu einfach ist, die »Schuld« für das gegenwärtige gewaltige Macht- und Vermögensgefälle allein bei den Machenschaften der Reichen zu suchen. Ein großer Teil der Bevölkerung hat die gleiche Mentalität wie sie; sie sind nur, zu ihrem Bedauern, nicht in der gleichen Lage. Das erklärt, denke ich, dass für die Durchsetzung der gegenwärtig dominierend praktizierten neoliberalen Wirtschaftstheorien, die dieses Vermögensgefälle erzeugen und rechtfertigen, bei weiten Kreisen der darunter leidenden Bevölkerung nicht viel Überredungskunst nötig war. Die herrschende Wirtschaftstheorie trifft offensichtlich das Weltbild der Mehrheit. Erst wenn dieses Weltverständnis, diese Denkweise, entwertet wird – als Indikator könnte der Anteil lottospielender Familien herangezogen werden –, stützt die Mehrheit in freier und geheimer Wahl nicht mehr Parteien, die die Privilegierten fördern.

Treffen diese Überlegungen zu, dann hat Aufklärung über die aktuelle Machtverteilung, über Bereicherung ohne Leistung, über Steuerhinterziehung[1] und Korruption, über das

1 Ein Beispiel dafür, dass Steuerhinterziehung nicht sehr ehrenrührig ist: Als Ulrich (Uli) Hoeneß 2014 wegen Steuerhinterziehung von 28,5 Millionen Euro zu einer Gefängnisstrafe verurteilt wurde, trat er von seinem Amt als Präsident des FC Bayern München e. V. zurück. Anfang 2016 wurde er vorzeitig aus der Haft (weitgehend offener Vollzug, oft an Wochenenden zu Hause) entlassen und wurde Ende 2016 mit 98,5 % der Stimmen der Mitglieder erneut zum Präsidenten des FC Bayern München e. V. gewählt. Quelle: *Wikipedia, 2017: Hoeneß*

Funktionieren des Kapitalismus und Neoliberalismus nur einen sehr begrenzten Erfolg. Das zu lösende Problem liegt offenbar in einer Mentalität, die ein Oben und ein Unten in der Gesellschaft als unabänderlich und als wünschenswert ansieht und die leistungsloses Einkommen bewundert. Mit dieser Mentalität kann man bestenfalls die momentan Mächtigen durch andere Mächtige ersetzen, aber nicht diese Art von Herrschaft beenden.

Nicht-rationales Wahlverhalten

Bemerkenswert ist, dass viele Arbeitslose und prekär Beschäftigte an Wahlen nicht teilnehmen. Für Herbert Schui ist »passive Resignation der Grund«[1] dafür. Die Volksparteien böten in ihren Wahlprogrammen für Arbeitslose und prekär Beschäftigte keine Perspektive. Aber warum sind sie resigniert? Warum gehen sie nicht machtvoll und zahlreich auf die Straße, um ihre Anliegen deutlich zu machen? In den Parteizentralen ist allen klar, dass sie dann umgehend reagieren müssten.

Einer der Gründe für Inaktivität könnte sein, dass viele der Betroffenen sich ihrer Armut schämen. Sie fühlen sich als Versager, als Ausgestoßene, als Schuldbeladene, und so reagieren auch große Teile der Gesellschaft, einschließlich vieler Angestellter in den zuständigen Behörden.

> Oft hört man »die Armen haben sich aus freien Stücken aus der Gesellschaft zurückgezogen und sind nicht selten faul, frech und dreist. Übertroffen wurde das noch vom Wirtschaftsministerium unter Wolfgang Clement. Es erhob seinerzeit nicht nur den Vorwurf der ›Abzocke‹ und ›Selbstbedienung im Sozialstaat‹, sondern griff sogar auf das gefährliche Bild der ›Parasiten‹ zurück.«[2]

Dabei ist im Wirtschaftsministerium sehr wohl bekannt, »dass [bezogen auf 2015 – S. B.] auf jeden Euro Sozialmissbrauch 1388 Euro an Steuerhinterziehung kommen«[3]. Korrekt wäre

---

1 *Schui: Politische Mythen & elitäre Menschenfeindlichkeit*, 2014, S. 84. Was »passive« hier bedeutet, ist mir unklar.

2 *Dörfler, Fritzsche: Die Verachtung der Armen*, 2016, S. 78

3 *Gebauer: In falscher Sicherheit. Keine Stabilität ohne Menschenrechte*, 2016, S. 60

Steuerhinterziehung 1000-mal stärker anzuprangern als »Abzocke und Selbstbedienung im Sozialstaat«. Angemessen wäre auch eine 1000-mal stärkere Kontrolle von möglicher Steuerhinterziehung. Aber in den zuständigen Ämtern wird offensichtlich »gemäß der Radfahrer-Methode ... nach oben, d.h. gegenüber den Herrschenden, gebuckelt und nach unten ... getreten«[1]. Angebliche »Versager« werden wie Aussätzige gemieden. Und das wirkt sich selbstverständlich auf deren Selbsteinschätzung aus. Wer dagegen reich ist, sieht sich selbst als höher stehend. Joan C. Williams bemerkte über US-Amerikaner: »Für viele ist die Einkommenshöhe immer noch das Maß ihrer Männlichkeit.«[2]

Die Situation von Arbeitslosen ist ähnlich wie die der angeblich Verhexten, von denen Lévi-Strauss berichtet[3]. Sie fühlen sich ebenfalls ausgestoßen, fühlen sich schuldig und werden folglich gemieden, erkranken und sterben schließlich vorzeitig. Ausgestoßen und schuldig fühlt sich auch ein Kind, das aus irgendeinem vergleichsweise nichtigen Grund vorübergehend die Zuneigung seiner Eltern verloren hat oder sie verloren zu haben glaubt. Fühlt sich ein Arbeitsloser wie ein (Landes-)Kind, das von (Landes-)Vater oder -Mutter nicht mehr geliebt wird? Entsteht »Resignation« (im Sinne von Schui), weil wir als Erwachsene in vieler Hinsicht noch wie Kinder fühlen und denken? Fühlt ein Arbeitsloser sich wie ein Kind, das im Sandkasten nicht mehr mitspielen darf und daher auch nicht zur Wahl geht, geht es doch bei der Wahl um die Spielregeln im Sandkasten? Die Alternative zur Wahlenthaltung ist bei vielen der Armen die Wahl einer rechten Partei, in der Absicht, es »denen da oben« mal so richtig zu zeigen. Der irrationale Aspekt dabei ist, dass sie nicht zur Kenntnis nehmen, obwohl sie es deutlich bei Veranstaltungen hören, dass sie mit dieser Wahl, sollte die von ihnen gewählte Partei Einfluss gewinnen,

---

1 *Butterwegge: »Die Reichen werden reicher und die Armen werden zahlreicher«,* 2016, S. 2. Vgl. Zitat S. 169.

2 *Williams: Die Vernachlässigung der Arbeiterklasse,* 2016, S. 43

3 Vgl. S. 69

ihre eigene Armut vergrößern.

Nicht nur Wähler verhalten sich oft irrational, das Verhalten der Gewählten zeigt ebenfalls nicht- rationale Züge. Die Wahl steigt ihnen zu Kopf, und sie meinen, die Volksweisheit, »wem Gott ein Amt gibt, dem gibt er auch Verstand«, sei vielleicht doch nicht ironisch gemeint. Sie fühlen sich durch die Wahl in den Schamanen-Status erhoben, sie glauben an die magische Macht ihrer eigenen Worte: Wenn ein Gesetz beschlossen ist, dann ist für sie das betroffene Problem auch schon fast nicht mehr existent. Ich fürchte, sie geben nicht nur vor, mit der Wahl nun auf jedem Gebiet Experte zu sein, sie glauben es[1]. Wer in »Regierungsverantwortung« gelangt, fordert von den Mitgliedern der eigenen Partei, und besonders von den Abgeordneten der eigenen Partei, die Einhaltung des zentralen Gebots. Sie sollen »zuhören«, wenn die Nach-oben-Gelangten ihnen – vom Rednerpult aus – die Welt erklären, und sie sollen die Regierung bzw. Opposition bei jeder künftigen Kehrtwendung stützen. Der Begriff Parteibasis wird von den einfachen Mitgliedern und den Parteioberen offensichtlich unterschiedlich verstanden. Nicht Klugheit, Besonnenheit, die Fähigkeit, Rat einzuholen und zu berücksichtigen, wird von den Regierenden erwartet und gefordert, sondern »Führungsstärke«. Die Medien, und auch die Bevölkerung, fordern: »den alten Männern zuhören und ihnen gehorchen«. Solange das eine zentrale Forderung ist, wird es zwar Wahlen geben, aber nicht das, was den Namen Demokratie verdient.

Die Selbstüberschätzung und Überheblichkeit der Gewählten gleicht der der Priesterkönige vergangener Zeiten. Beide Seiten, die Wählenden und die Gewählten, tragen dazu bei. Geschieht dann ein Unglück, dann wird aus der Selbsttäuschung der Wählenden eine Enttäuschung und der Ruf erschallt – wie bei den Priesterkönigen: »Der König muss sterben« wobei es allerdings heute meist sanfter zugeht.

---

1 Vielen Abgeordneten geht es vermutlich ähnlich wie Quesalid (vgl. S. 68): zu Anfang wissen sie es noch, dass sie, auch wenn sie Sachverhalte mit fester Stimme vertreten, dass sie diese Sachverhalte nicht durchschauen.

Kulturelle Vielfalt

Im Zuge der Menschheitsentwicklung ist eine große kulturelle Vielfalt entstanden. Da die als zentral bezeichneten Gebote und Tabus universal sind, stellten sie offensichtlich eine Begrenzung für Änderungen bei der Entwicklung von Sozialstrukturen dar.

Populationen, die die hier als zentral bezeichneten Gebote und Tabus einhielten, hatten einen Selektionsvorteil vor denen, die sie verletzten, anders ist nicht zu erklären, dass es die Gebote und Tabus weltweit gibt, obwohl sie starke persönliche Einschränkungen bewirken. Daraus folgt, dass der Selektionsdruck, die Gebote und Tabus einzuhalten, die Strukturen menschlicher Gesellschaften entscheidend geprägt hat. Die Gebote und Tabus sind eine Rahmenbedingung für Änderungen der Sozialstrukturen.

In einigen Kulturen begannen die Maßnahmen, die schließlich zur Einhaltung der Gebote bei den Nachwachsenden führen sollen, unmittelbar nach der Geburt, beispielsweise mit einer Fixierung der Arme und Beine der Kinder und mit strikten Fütterungsabständen. In anderen Kulturen fanden die Maßnahmen zur Durchsetzung der Gebote erst unmittelbar vor dem Schritt ins Erwachsenenleben statt, dann waren sie oft sehr hart und mit physischen Verletzungen verbunden. Welche Maßnahmen in einer Gesellschaft angewandt wurden, hing zum Einen von Traditionen ab und zum Anderen von lokalen Gegebenheiten, wie beispielsweise neuen Arten der Daseinsvorsorge, Kontakten zu neuen Nachbarvölkern und Fortschritten in der Entwicklung von Sprache und Schrift.

Getrieben von den eigenen Triebbedürfnissen hat es zu jeder Zeit Verletzungen der Tabus und Gebote gegeben. Manche wurden von der Gesellschaft hart sanktioniert, andere wurden in das Brauchtum aufgenommen, beispielsweise in Form ausufernder orgiastischer Feste und ritueller Opferungen, wieder andere wurden zwar missbilligt, aber mehr oder weniger stillschweigend geduldet. Die Art und das Ausmaß der Verletzungen und die Art und die Stärke der Reaktionen der Gemeinschaft waren von Population zu Population verschieden. Das trug zur kulturellen Vielfalt bei. Den Rahmen konnte allerdings keine Population »ungestraft« verlassen, es hätte zu einem nicht gut zu machenden Selektionsnachteil geführt.

Im Laufe der Menschheitsentwicklung wurden die Tabus und Gebote zunehmend stärker verinnerlicht, vermutlich deshalb, weil eine Verinnerlichung effizienter als äußerer Druck ihre Einhaltung bewirken kann; und vermutlich gelang eine Verinnerlichung auch immer besser, weil sich im Laufe der Evolution der Menschheit der psychische Apparat veränderte, schrittweise entstand ein Über-Ich mit der Funktion eines Gewissens. Damit konnte dann auch die äußere Gewalt zur Einhaltung der Tabus und Gebote schrittweise kleiner werden, und das hatte Einfluss auf die Fortentwicklung der sozialen Strukturen.

Wissenschaft

Die »alten Männer« behindern nicht selten Fortschritte in den Wissenschaften. Die Ablösung bestehender wissenschaftlicher Vorstellungen durch neue ist aber Programm in den Wissenschaften, damit ist die »Auflehnung« gegen die »alten Männer« Programm. Rationales Argumentieren, besonders im sozialen Bereich, gefährdet die Ordnung einer (primitiven) Gesellschaft, weil die Tabus und Gebote mit rationalen Argumenten nicht wirkungsvoll gegen Triebwünsche verteidigt werden können. Erst wenn die innere Stimme stark geworden ist, kann die Realität als höchste Entscheidungsinstanz – im Alltag und in den sich herausbildenden Wissenschaften – anerkannt werden. Im Allgemeinen behindert magisches Denken den Fortschritt in den Wissenschaften, aber bei der Bildung von Hypothesen ist magisches Denken und eine Überschätzung der eigenen Fähigkeiten hilfreich.

Zum Einfluss der »alten Männer« in den Wissenschaften

Vorformen des wissenschaftlichen Denkens sind von vielen Ethnologen beschrieben worden. Howitt schrieb von den Aborigines, dass der Novize während der Initiationsriten beispielsweise erfährt, was die Ursache einer Krankheit ist, nämlich das Resultat einer Zauberwirkung. Er lernt auch, wie eine Krankheit eventuell zu heilen ist, nämlich durch Gegenzauber. In den Initiationsriten wird ein Novize auf diese Sichtweise eingeschworen. Davon abweichende Ursachenforschung ist für ihn später nicht oder kaum mehr denkbar. Zwei Punkte sind für das Folgende von Bedeutung: Erstens spielt magisches Denken in den Früh- oder Vorformen des wissenschaftlichen Denkens eine große Rolle, und zweitens geben die Ältesten den Weg bei der Lösung von Problemen vor.

Eine Kritik an den Erkenntnissen der »alten Männer« des Fachgebiets hatte mitunter dramatische Folgen: Als Hippasus, ein Schüler von Pythagoras (im sechsten Jahrhundert vor unserer Zeitrechnung), die irrationalen Zahlen entdeckte, war sein Meister keineswegs erfreut über diese Entdeckung:

»Pythagoras hatte das Universum auf rationale Zahlen gegründet, und die Existenz irrationaler Zahlen stellte die Idealvorstellung in Frage ... er war nicht bereit anzuerkennen, dass er im Unrecht war. Zu seiner ewigen Schande verurteilte er Hippasus zum Tode durch Ertränken.«[1]

Kaiser Friedrich III. wurde 1493 ein Teil des linken Beins amputiert. Die Beschreibungen legen nahe, dass der Kaiser an Arteriosklerose litt; und sie legen nahe, dass auch aus heutiger Sicht eine Amputation unumgänglich war[2]. Als Ursache wurde vermutet:

»Blut, Schleim, gelbe Galle und schwarze Galle [sollen] im Körper im rechten Verhältnis gemischt und in gutem Fluss sein. Dieser Fluss war nach Ansicht von Seyff [dem behandelnden Wundarzt – S. B.] durch die Kälte im Bein unterbrochen.«[3]

Diese zweifellos nicht realitätsgerechte Diagnose hat die – auch aus heutiger Sicht – realitätsgerechte Behandlung nicht verhindert. Interessant ist Folgendes: Die der Diagnose zugrundeliegende Theorie geht auf den griechischen Arzt Galen zurück, der im 2. Jahrhundert unserer Zeitrechnung lebte. Offenbar wurden auch 1493 die »Erkenntnisse« der alten Meister des Fachs nicht angezweifelt, obwohl sie bei der Behandlung faktisch ohne Bedeutung waren. Möglicherweise hat der behandelnde Arzt an der der Diagnose zugrundeliegenden Theorie gezweifelt, aber den Zweifel für sich behalten. Mit dem Segen der Autorität des Fachs im Rücken war er bei der Behandlung sicherer als ohne ihn.

Goethe hat mit der Entdeckung des Zwischenkieferknochens die Erkenntnisse der »alten Männer« angezweifelt und bekam damit erhebliche Probleme. Werner A. Müller schrieb:

»Zum einstigen Bildungskanon des deutschen Bürgers gehörte das Wissen, Goethe habe den Zwischenkieferknochen des Menschen entdeckt, genauer gesagt, wiederentdeckt, denn das Wissen darum war verloren gegangen oder aufgrund eines Vorurteils ignoriert

---

1 *Singh: Fermats letzter Satz*, 2006, S. 75. Nach Simon Singh war der pythagoreische Bund tatsächlich eher eine religiöse Sekte als eine Mathematikerschule.

2 Codex medicus et physiologicus, zitiert nach *Pangerl: Chirurgie im späten Mittelalter*, 2014, S. 76.

3 Ebd., S. 77

> worden. Das os intermaxillare ist jenes Knochenelement, das die Schneidezähne trägt ... Das Fehlen eines Zwischenkieferknochens galt bei allen bedeutenden Anatomen zu Goethes Zeiten als Beleg dafür, dass der Mensch nicht in die Verwandtschaft der Säugetiere gehört, sondern von Anfang seiner Erschaffung an eine Sonderstellung innehabe.«[1]

Der mit Goethe befreundete Anatom Justus Christian Loder besaß u.a. Schädel von menschlichen Föten. Bei einem Besuch fand Goethe an solchen Schädeln unübersehbar deutlich den Zwischenkieferknochen als separate Struktur, weil die Schädelknochen bei Föten noch nicht miteinander verwachsen sind. Goethe schrieb seine Entdeckung auf und

> »1784 sandte er die Abhandlung an [den Anatomen] Karl Ludwig von Knebel, um seine Meinung dazu einzuholen ... Erst 1831 wird diese [Arbeit] dann wissenschaftlich anerkannt und von der Leopoldinisch-Carolinischen Akademie gedruckt.«[2]

Fast ein halbes Jahrhundert haben die »alten Männer« des Fachgebiets die Publikation trotz überzeugender Argumente verhindert und auf diese Weise behindert, dass ein neues Weltbild sich durchsetzen konnte.

In der Forschung gibt es nach Ludwik Fleck immer eine »soziale Bedingtheit des Denkens«[3], und die drückt sich im Denkstil einer Forschergruppe aus:

> »Die Einweihung in einen Denkstil, also auch die Einführung in eine Wissenschaft, sind erkenntnistheoretisch jenen Einweihungen analog, die wir aus der Ethnologie und Kulturgeschichte kennen. Sie wirken nicht nur formell: der heilige Geist senkt sich auf den Neuling herab und bis jetzt Unsichtbares wird ihm sichtbar. Dies ist die Wirkung der Aneignung eines Denkstils.«[4]

Die Terminologie von Fleck, angewandt auf die Berichte über Aborigines, ergibt: Der Novize wird durch das Denkkollektiv –

---

1 *Müller: R-Evolution – des biologischen Weltbildes bei Goethe, Kant und ihren Zeitgenossen*, 2015, S. 54

2 *Wikipedia, 2016: Zwischenkiefer der Menschen und der Tiere*

3 *Fleck: Entstehung und Entwicklung einer wissenschaftlichen Tatsache*, (1935) 1980, S. 121

4 Ebd. S. 137

die erwachsenen, initiierten Männer – in den herrschenden Denkstil eingeführt. Er sieht fortan die Welt so, wie sie sie sehen. Für angehende Ärzte im Mittelalter galt das Entsprechende. Neue Fakten werden nach Fleck »ohne Rücksicht auf den Inhalt und die logische Berechtigung«[1] in das bestehende Denkgebilde eingefügt und bestätigen es damit. Thomas S. Kuhn hat das später so formuliert:

> »Die normale Wissenschaft unterdrückt zum Beispiel oft fundamentale Neuerungen, weil diese notwendigerweise ihre Grundpositionen erschüttern.«[2]

Jeder, der einmal versucht hat, »fundamentale Neuerungen« zu publizieren, hat diese Erfahrung gemacht. Das heute bei Publikationen allgemein angewandte anonyme Gutachtersystem ist sehr gut, aber in dieser Hinsicht leider anfällig. Zum einen haben die weisen »alten Männer« dabei ganz direkten Einfluss, weil sie besonders häufig als Gutachter gefragt sind[3].

---

1 *Fleck: Entstehung und Entwicklung einer wissenschaftlichen Tatsache,* (1935) 1980, S, 140; im Original kursiv. Thomas S. Kuhn kommt zu ähnlichen Schlussfolgerungen: »Ein Paradigma [etwa das, was Fleck unter »Denkstil« versteht – S. B.] ist das, was den Mitgliedern einer wissenschaftlichen Gemeinschaft gemeinsam ist, und umgekehrt besteht eine wissenschaftliche Gemeinschaft aus Menschen, die ein Paradigma teilen.« Zur Aneignung eines Paradigmas/Denkstils schreibt er: »Sie [die Situationen] sind für ihn [den Studenten] nicht mehr dieselben Situationen, die er am Anfang seiner Ausbildung antraf. Er hat inzwischen eine lang bewährte, von der Gruppe anerkannte Sichtweise angenommen.« *Kuhn: Die Struktur wissenschaftlicher Revolution, Postskriptum – 1969,* 1976, S. 186 und 201.

2 *Kuhn: Die Struktur wissenschaftlicher Revolution,* 1976, S. 20. Um das zu verhindern, schlägt Paul Feyerabend Folgendes vor: »Zum Beispiel kann man Hypothesen verwenden, die gut bestätigten Theorien und/oder experimentellen Ergebnissen widersprechen. Man kann die Wissenschaft voranbringen, indem man kontrainduktiv vorgeht.« »Der einzige Grundsatz, der den Fortschritt nicht behindert, lautet: Anything goes (Mach, was du willst).« *Feyerabend: Wider den Methodenzwang. Skizzen einer anarchistischen Erkenntnistheorie,* 1979, S. 47 und S. 35.

3 Diese Macht wird nicht selten aus wirtschaftlichen Gründen missbraucht. Große Firmen »fördern« besonders gern ältere Wissenschaftler mit hoher Reputation, um Zweifel an Erkenntnissen – wie: Rauchen erhöht die Rate von Lungenkrebs, oder: es gibt eine von Menschen erzeugte Klimaänderung – zu säen, die von der wissenschaftlichen Gemeinschaft für ausreichend bestätigt

Aber auch jüngere Gutachter urteilen im Sinne der »alten Männer«, weil sie deren Denkstil übernommen haben. Auch für einen Forscher selbst ist die Lage nicht ohne Probleme: Auflehnung erzeugt Schuldgefühle, schließlich verdankt ein Neuling den »alten Männern« viel. Es gibt eine emotionale Bindung. Nicht umsonst spricht man vom Doktor»vater«. Allerdings können beim Kritisieren einer etablierten Theorie die Schuldgefühle vergleichsweise klein bleiben, da der Wissenschaftler einen mächtigen Verbündeten auf seiner Seite hat, der letztlich mächtiger als die weisen »alten Männern« ist: ihm steht die Realität zur Seite. Die Ablösung überkommener Vorstellungen ist ein notwendiger Teil jeder Wissenschaft, keine Theorie darf sakrosankt sein, sogar dann nicht, wenn sie sich vielfach bewährt hat. »Dinge zu bezweifeln, die ganz ohne weitere Untersuchung jetzt geglaubt werden, das ist die Hauptsache überall«[1], schrieb G. C. Lichtenberg. Auflehnung ist Programm in den Wissenschaften, darauf kann ein Wissenschaftler sich innerlich immer berufen.

Es scheint, die Ambivalenzaufspaltung spielte und spielt keine große Rolle bei der Entwicklung der Wissenschaften. Wissenschaftliche Ergebnisse wurden und werden grenzüberschreitend zur Kenntnis genommen, auch wenn die Völker bzw. die Regierungen verfeindet sind. Eine Ausnahme war beispielsweise der Versuch, eine »Deutsche Physik« zu begründen: »Sie lehnte die moderne Physik – namentlich die Relativitätstheorie und die Quantenmechanik – als *jüdisch* ab.«[2] Bei der Wahrnehmung, in welchem Land entscheidende Fortschritte in den Wissenschaften gemacht wurden und wer daran beteiligt war, spielt die Ambivalenzaufspaltung allerdings eine Rolle: Den großen Geistern des eigenen Landes wird nicht selten eine unbegründbar große Rolle zugedacht.

---

gehalten werden. *Oreskes, Conway: Die Machiavellis der Wissenschaft,* (2010) 2015

1 *Lichtenberg: Schriften und Briefe,* Bd. 2, 1994, S. 233

2 *Wikipedia, 2017: Deutsche Physik.* Kursivierung im Original.

Vorstellungen zur Entwicklung des rationalen Denkens

Frazer nahm an, dass in frühen Stadien der Menschheit magisches Denken vorherrschte, dann sei rationales Denken entstanden bzw. habe sich durchgesetzt, und zwar deshalb, weil es bei der Daseinsbewältigung hilfreicher war als magisches.

> »Die langsame Erkenntnis der Lüge und Unfruchtbarkeit, welche der Magie anhaftet, [brachte] den denkenden Teil der Menschheit darauf ..., sich nach wahrhaftigen Theorien der Natur umzusehen und nach einer fruchtbareren Methode, ihre Gaben zu verwenden.«[1]

Eine Vorstellung, wie das rationale, logische Denken Schritt für Schritt sich entwickelt haben könnte, geht auf John Dewey[2] zurück. Anfangs habe es in den Gemeinschaften der Menschen feste Regeln gegeben, und das musste so sein, die Gemeinschaften wären sonst zerfallen. Es wäre zwar interessant herauszufinden, wie diese Regeln unter den Schutz von Religionen gekommen seien, schrieb er, aber für die Logik seiner Hypothese über die Entwicklung des Denkens sei das ohne Bedeutung. Mit der zunehmenden Komplexität des Lebens sei Kritik an den Regeln aufgekommen, allerdings zunächst nicht an den Regeln selbst, sondern nur an der persönlichen Abhängigkeit von ihnen. Im nächsten Stadium habe es allgemeine Diskussionen über Ideen gegeben. Als Beispiel nennt er das antike Griechenland. Verschiedene Ideen wurden einander gegenübergestellt, das Für und Wider wurde erwogen und schließlich wurde entschieden. Auch die innere Logik der Ideen wurde so geprüft. Damit sei aus der Sicherheit, die feste Regeln vermitteln, notwendigerweise Unsicherheit geworden. Das darauf folgende Stadium sei nicht durch besseres Denken gekennzeichnet, sondern dadurch, dass es nun Methoden gegeben habe, die die Konsequenzen von Ideen zu prüfen

1 *Frazer: Der Goldene Zweig,* (1922) 1989, S. 62

2 *Dewey: Some Stages of Logical Thought,* (1900) 1916

erlauben. Als Beispiel führt Dewey die Entwicklung der Naturwissenschaften an. In diesem Stadium sei es weniger darum gegangen, als Resultat von Argumentationen eine Idee zu akzeptieren oder zu verwerfen, vielmehr wandte man sich einem Gegenstand direkt zu, der Gegenstand selbst wurde zum Objekt von Untersuchungen. Damit habe sich eine induktive oder empirische Wissenschaft entwickelt, die sich durch ein Wort charakterisieren lasse: Schlussfolgerung (inference)[1].

Gab es das, was Dewey mit Schlussfolgerungen meint, tatsächlich erst zu diesem Zeitpunkt? Bei Schöningen (Niedersachsen) wurden hoch entwickelte Holzspeere gefundenen, die vor fast 400 000 Jahren konstruiert wurden, also lange vor der Zeit, die Dewey als Phase der Schlussfolgerungen charakterisiert. Hätten unsere Vorfahren bei ihrer Herstellung starre Regeln gehabt, hätten sie sich mit der Diagnose, es ist wie verhext, zufrieden gegeben, wenn ein Speer nicht trifft, sie hätten keine Speere, die treffen, entwickeln können. Für die Entwicklung von Faustkeilen, Speeren und Bumerangs war rationales Denken und Schlussfolgern nötig und offenbar auch möglich. Überkommene Vorstellungen mussten bei ihrer Entwicklung und Optimierung ständig in Frage gestellt werden. Die Aborigines, so wie sie Howitt beschreibt, hatten starre Regeln, allerdings nur starre *soziale* Regeln mit magischen Vorstellungen. Für die Jagd hatten sie – wenn man berücksichtigt, dass sie in der Steinzeit lebten – optimal entwickelte Gerätschaften, und sie konnten besser als jeder Weiße Fährten lesen. Ohne die Fähigkeit zu Schlussfolgerungen ist das nicht möglich. Logisches Denken, Schlussfolgern, war *neben* magischem Denken offenbar hoch entwickelt[2].

---

1 Im Original: »This advance and extension of knowledge through thinking seems to be well designated by the term ›inference‹.« *Dewey: Some Stages of Logical Thought, (1900) 1916, S.* 210

2 Jared Diamond geht sogar noch einen Schritt weiter – er bezieht sich dabei auf eigene Erfahrungen in Neuguinea: »... noch existierende ›Steinzeitvölker‹ besitzen im Durchschnitt eher mehr und nicht weniger Intelligenz als die Bewohner der Industrieländer« (*Diamond: Arm und Reich,* 2001, S. 23; folgende Zitate S. 25, S. 26 und S. 26f.), und zwar aus mindestens zwei Gründen. »...

Magie in der Medizin

Im Bereich Medizin ist ein Nebeneinander von magischen und rationalen Praktiken besonders eklatant. Ich denke, man kann aus der Analyse, wo magische und wo rationale Techniken angewandt werden, etwas Allgemeines über die Entwicklung von Wissenschaften lernen. Zunächst einige Beobachtungen zur Bedeutung magischer Vorstellungen im Bereich Medizin:

> Rheumatismus und Gicht wurden in Java mit scharfen Gewürzen wie Ingwer, Nelken und Pfeffer behandelt, »um durch das Prickeln den Krankheitsdämon ... zu vertreiben.«[1] In Westafrika wurden kranken Kindern kleine Schnitte beigebracht und Pfeffer oder andere Gewürze wurden hineingestreut. »Das Kind schreit natürlich vor Schmerzen, aber die Mutter bleibt hartherzig, weil sie sich einbildet, der Dämon leide ebenso.«
>
> »Im Jahre 1526 predigte er [Martin Luther] in Wittenberg: ›Es ist ein überaus gerechtes Gesetz, dass die Zauberinnen getötet werden, denn sie richten viel Schaden an ... Sie können ein Kind verzaubern, dass es ständig schreit und nichts isst, nicht schläft etc.

---

die natürliche Selektion nach Intelligenz [erfolgte] auf Neuguinea sehr viel rigoroser« als bei Bewohnen der Industrieländer, und: »amerikanische und europäische Kinder verbringen heutzutage einen großen Teil ihrer Zeit mit passiver Unterhaltung wie Fernsehen, Radio und Kino. ... Demgegenüber haben Kinder in Neuguinea, die in traditionellen Verhältnissen aufwachsen, praktisch keine Gelegenheit zu passiver Unterhaltung.« Die Frage sei daher: »Wie kommt es, daß die Europäer trotz ihrer genetischen Unterlegenheit und ihrer (seit einiger Zeit) unbestreitbaren entwicklungspsychologischen Benachteiligung so viel mehr materielle Güter besitzen?« Seine Antwort ist: im Wesentlichen war es Glück. Unsere Vorfahren haben sich als Sammler und Jäger über die ganze Welt ausgebreitet. Dabei waren einige Regionen, die sie besiedelten, für die soziale und kulturelle Fortentwicklung geeigneter als andere; der »fruchtbare Halbmond« war beispielsweise geeigneter als die Wüste Kalahari, in der die San leben, oder die Polarregionen, in der die Inuit leben. Von besonderer Bedeutung sei das Glück gewesen, in der eigenen Umgebung Pflanzen anzutreffen, die kultivierbar waren, und Tiere anzutreffen, die züchtbar waren. Das habe die sozialen Veränderungen ermöglicht, die schließlich zur Produktion der vielen »materielle[n] Güter« geführt habe.

1 Dies und auch das folgende Zitat aus *Frazer: Der Goldene Zweig,* (1922) 1989, S. 287.

Auch können sie geheimnisvolle Krankheiten im menschlichen Knie erzeugen, dass der Körper verzehrt wird. Wenn Du solche Frauen siehst, sie haben teuflische Gestalt, ich habe einige gesehen. Deswegen sind sie zu töten.‹«[1]

Die damalige nordrhein-westfälische Gesundheitsministerin Barbara Steffens erklärte 2012 in einem Interview mit dem Magazin *Stern*:

»›Ich mache mich als Ministerin dafür stark, dass in unser Gesundheitssystem ... auch Alternativmedizin wie die Homöopathie integriert wird. ... Zum Glück gibt es schon viele Ärztinnen und Ärzte ..., bei denen Arnika C30 längst fester Bestandteil der Praxis ist.‹«[2]

Dazu sollte man wissen: »In mehr als 100 wissenschaftlichen Studien konnte kein belastbarer Nachweis für eine Wirksamkeit homöopathischer Arzneimittel erbracht werden, die über den Placebo-Effekt hinausgeht.«[3] Bei einer Verdünnung C30 ist die Wahrscheinlichkeit, auch nur ein einziges Molekül der angeblichen Wirksubstanz in dem verabreichten Medikament vorzufinden, deutlich kleiner, als sechs Richtige im Lotto zu tippen – wie jeder Arzt weiß. Das ist allerdings bei manchen der verwendeten Grundstoffe der Homöopathie geradezu erfreulich. Könnten die Patienten verstehen, was in Apotheker-Latein auf dem Etikett ihrer Medizin steht, es würde sie womöglich grausen. Verwendet wird beispielsweise: Extrakte aus Bettwanzen, Milzbrand-Bakterien, Hundekot, Speichel eines tollwütigen Hundes, faules Fleisch. Es werden auch schwere Gifte wie Thallium-I-arsenit verwendet[4]. Nicht alle Verdünnungen sind ungefährlich hoch: »Beispielsweise führt Arsenicum album D4, 3 mal täglich 5 Tropfen über Wochen aufgenommen, zu chronischen Vergiftungserscheinungen.«[5] Trotz alledem: »Im Jahr 2011 wurden in Deutschland Homöopathika für 389

1 *Grüter: Magisches Denken*, 2010, S.145

2 *Lammers: Gefahren der Globulisierung*, 2017, S. 12

3 *Wikipedia, 2017: Homöopathie.* Ein aktueller Überblick über Telepathie, Vorahnungen und Telekinese findet sich in: *Müller: Gibt es einen 7. Sinn?* 2016.

4 U.a. in Apotheken im Internet, beispielsweise (2017): http://www.remedia.-at/a5516

5 *Wikipedia, 2017: Homöopathie.* Das folgende Zitat ebenfalls dort.

Millionen Euro umgesetzt.« Der Umsatz sinkt nicht etwa, er steigt.

Im Bereich Gesundheit haben sich bei so ziemlich jedem Reste von magischem Denken erhalten: »Ich denke an Dich, ich halte Dir den Daumen«, verspricht man gern einer Person, die unmittelbar vor einer schweren Operation steht, und dann vielleicht auch noch: »wird schon gut gehen, toi, toi, toi«, gefolgt von Klopfen an Holz. Dahinter steckt zweifellos magisches Denken. Krankheit wird als »Schicksalsschlag« verstanden. Oft wird das Schicksal nicht einfach so hingenommen, himmlische Gerechtigkeit wird mitunter sogar von Atheisten mit den Worten angemahnt: »Womit hat er, bzw. sie, das verdient, musste das sein?« In der Bezeichnung »Hexenschuss«, hat sich die Vermutung von schwarzer Magie als Ursache eines Schmerzes erhalten. Jeder hat wohl schon einmal gehört und vielleicht auch schon selbst laut gesagt: »Dem wünsche ich die Pest an den Hals«. Das ist angewandte Magie – was vermutlich jeder, der so etwas sagt, abstreiten würde[1].

Die Frage ist also: Was verhinderte ein rationales Vorgehen im Bereich Gesundheit? Zwischen dem Herausfinden, wie ein Speer mit optimaler Flugbahn gebaut werden muss, und dem Glauben an eine heilenden Wirkung von Hundekot, liegen immerhin fast 400 000 Jahre.

Den Schlüssel zur Beantwortung dieser Frage liefert, denke ich, die Beobachtung, dass nicht alles, was mit Krankheit und Tod zu tun hat, mit Mitteln der Magie behandelt wird, weder bei Europäern heute noch bei den »Wilden«. Howitt berichtet von Aborigines, dass sie nach dem Biss einer Giftschlange in die Wade das betroffene Bein umgehend über dem Knie abbinden. Dann werden die oberflächlichen Venen durch einen

---

1 Malinowski berichtet von den Trobriandern, dass der Hexer (das ist ein Beruf) »den größten Teil seines Einkommens aus der schwarzen Magie und nicht aus seiner Heilpraxis bezieht.« *Malinowski: Das Geschlechtsleben der Wilden,* 1930, S. 34. Die wichtigste Aufgabe des Schamanen der Arunta (Aborigines) in seiner Funktion als Zauberer ist es, Krankheiten durch Magie zu erzeugen. *Spencer, Gillen: The native tribes of central Australia, (*1899) 1968, S. 532

Kreisschnitt (mit einem Steinsplitter als Messer, Metall war unbekannt!) um das Bein herum geöffnet und das Gift wird ausgeschwemmt. Tatsächlich überleben sehr viele den sonst tödlichen Angriff[1]. Das ist beste Heilkunst. Auch wenn die Aborigines annehmen, dass die Schlange durch Magie veranlasst wurde, jemanden zu beißen, mit dem Resultat des Angriffs können sie offenbar rational umgehen. Einer der Gründe, warum die Behandlung des Schlangenbisses rational ist, ist, denke ich, dass die Ursache der Erkrankung erkennbar ist. Ist sie dagegen nicht erkennbar, wie bei einer Erkrankung als Folge einer Infektion, dann wird die Erkrankung als Resultat von schwarzer Magie angesehen. In diesem Fall hilft, nach Meinung der Aborigines, nur Gegenmagie, und wenn die versagt, wird der Tod an dem gerächt, der mit seiner schwarzen Magie dafür verantwortlich gemacht wird[2]. Ein solches Verhalten ist verständlich, wenn jeder der Beteiligten »schwarze« Wünsche hat (»dem wünsche ich die Pest an den Hals«), das von sich weiß und daran glaubt, dass diese Wünsche wirken, und »dem Feinde … zunächst alles Schlechte zugetraut« wird[3]. Und das gilt bis heute: Auch diejenigen, die Warzen besprechen lassen und Arnika C 30 einnehmen, lassen einen Beinbruch rational behandeln.

Rationale Erklärungen können zu Problemen führen

Stellen wir uns einmal einen jungen Schamanen vor, der besser heilen konnte, der genauere Vorhersagen des Wetters zustande

1 *Howitt: The native tribes of south-east Australia,* (1904) 2010, S. 385f. Bei den Indianern Nordamerikas gab es diese Zweiteilung der Behandlung von Krankheiten ebenfalls. Verletzungen wurden beispielsweise nüchtern und sehr effizient behandelt. Nicht durchschaubare Ursachen von Krankheiten führten zu magischen Handlungen. *Heckenwelder: History, Manners and Customs of the Indian Nations,* (1819) 1876. Vgl. auch S. 68.

2 Vgl. S. 77

3 Krankheiten werden bei den Singhalesen nach ihren Ursachen bezeichnet: »Schließlich wären noch zu nennen die *vas-dos,* die auf den bösen Blick, bösen Leumund, oder auch nur auf böse Gedanken zurückgeführt werden.« *Wirz: Exorzismus und Heilkunde auf Ceylon,* 1941, S. 17

brachte als die etablierten alten Schamanen, weil seine Ansichten und Praktiken näher an der Realität waren. Und stellen wir uns weiter vor, er würde seinen Erfolg damit begründen, dass Beobachten und Folgern, so wie es zur gleichen Zeit Grundlage bei der Optimierung von Jagdgeräten und Werkzeugen war, auch für die Heilkunst und die Wettervorhersage sinnvoll sind. Im Resultat fordert er damit, dass die Realität als wichtigste Entscheidungsinstanz allgemein anzuerkennen sei. Die Folge wäre, dass Magie letztlich in allen Bereichen des gesellschaftlichen Lebens entwertet würde. Das fand nicht statt, und das war auch gut so, denn damit wäre das bisher stabile Sozialsystem zerstört worden. Das zentrale Gebot und die wichtigsten Tabus lassen sich nicht mit rationalen Argumenten verteidigen. Warum sollen alte, physisch schwache Männer, die selbst nicht mehr auf die Jagd gehen, die Geschicke der Horde bestimmen? Rational konnte auch nicht vermittelt werden, dass die »alten Männer« die Heiratspartner und den Zeitpunkt der Heirat bestimmen[1]. Speiseverbote, wie freitags kein Fleisch, sind rational nicht zu begründen. Wenn damals die Prüfung an der Realität über die Einhaltung der Tabus und Gebote in der Gesellschaft entschieden hätte, wären sie nicht befolgt worden. Warum sollte das Inzesttabu eingehalten werden? Sogar heute noch ist der Nachweis der Schädlichkeit von Inzest nur mit großem Aufwand möglich, und wenn dann die sexuellen Wünsche stark sind, dann sind die rationalen Argumente zu schwach, sie abzuwehren. Nur die »höheren Einsichten« der Schamanen und ihre – in der Fantasie vorhandenen – magischen Kräfte waren die Garantie für die Durchsetzung der Tabus und Gebote[2]. Dar-

1 Man kann rational nachvollziehbare Gründe für diese soziale Regel finden (siehe »Zur Entwicklung der Tabus und Gebote«, S. 100f.); aber es ist sehr unwahrscheinlich, dass solche Gründe Jugendliche von dem Vorhaben, sich selbständig einen Partner zu suchen, abhalten werden.

2 Howitt berichtet, wie groß die Angst vor den magischen Kräfte ist: Ein Mann der Aborigines fragt vor einer Vergewaltigung üblicherweise die Frau zu welcher Heiratsklasse sie gehört. Haben beide die gleiche, lässt er sie laufen. *Howitt: The native tribes of south-east Australia*, (1904) 2010, S. 234. Der Grund ist, dass andernfalls beide getötet werden oder – das ist hier von Interesse – dass beide wegen des Vergehens aus innerer Überzeugung sterben: Stämme

aus folgt, dass rationales Argumentieren als letztlich entscheidend für Handlungen und Verhaltensweisen verhindert werden musste. Die Schamanen, und ihre Nachfolger die Priester, mussten – ob sie wollten oder nicht – verhindern, dass das »Volk« die Realität als oberste Entscheidungsinstanz anerkennt, und zwar in allen Bereichen, die irgendwie die Moral, das Weltbild, das Selbstverständnis und die Sozialordnung betrafen. Sie selbst mochten mitunter Zweifel haben, wie Quesalid, von dem Franz Boas berichtet (vgl. S. 68), aber sie mussten ihren Zweifel verstecken. Nur so konnten sie selbst und auch das Sozialsystem überleben. Und nur so konnten sie ihre Funktionen als Schamanen in der Gesellschaft erfüllen. Ohne den Glauben an eine Autorität mit magischen Fähigkeiten wären die Gebote und Tabus und auch die Zwangsverheiratung nicht durchsetzbar gewesen.

Es scheint, dass Schamanen mit bestimmten Eigenschaften und Fähigkeiten notwendigerweise in allen Populationen entstanden sind und sich über Jahrtausende gehalten haben. In manchen Kulturen wurden Personen gegen ihren Willen in diese Rolle gedrängt, in anderen haben sogar psychisch Kranke sie ausgefüllt. Wenn sich keiner fand, dann war das zum Nachteil der Population. Das Wort eines Schamanen, seine magischen Praktiken, mussten im Zweifelsfall mehr Gewicht haben als jede empirische Erfahrung. Schamanen müssen solange zaubern – das ist zusammengefasst meine Hypothese –, bis die Tabus und Gebote hinreichend stark von den Mitgliedern der Gesellschaft internalisiert sind und eines Schutzes durch magische Praktiken nicht mehr ständig bedürfen. Die Magie konnte nur Schritt um Schritt an Bedeutung verlieren, ohne das Sozialsystem zu destabilisieren. Dieser Prozess ist zweifellos bis heute nicht abgeschlossen.

In den Bereichen der Wirklichkeit, in denen Schamanen bei einem Regelbruch Mittel zur Bestrafung wirksam werden las-

---

in Queensland, Australien, glauben an die Existenz eines übernatürlichen Wesens namens Kohin. Ein Verstoß gegen das Inzestverbot erzürnt angeblich Kohin so, dass der Tod beider sich in Kürze einstellt. Ebd. S. 498

sen konnten, war der Rückzug nicht-rationaler Vorstellungen besonders langsam. Der Schamane hat ja kein anderes Machtmittel als die Drohung mit seinen magischen Kräften. Dem Einzelnen wurde mit Krankheit und Tod gedroht, der Gemeinschaft mit Blitz, Donner, Dürre, Überflutungen, Hungersnöten, Epidemien usw.[1] Die Auswahl der Machtmittel beruhte in erster Linie nicht auf den weisen Einsichten von Schamanen (keineswegs sollen ihnen hiermit weise Einsichten abgesprochen werden), die Auswahl ist vielmehr das Resultat von Selektion. Geeignet ist alles, was als Bedrohung angesehen werden kann und dessen Ursache gleichzeitig nicht leicht zu erkennen ist. Die richtige Auswahl stabilisiert das Sozialsystem. Diese Hypothese kann plausibel machen, dass sich in der Medizin und in der Wetterbeeinflussung (Prozessionen um Regen) magische Vorstellungen und Praktiken besonders lange gehalten haben.

In indigenen Kulturen mit animistischer Weltsicht findet man in der Regel hervorragende Kenntnisse von Heilkräutern und deren Anwendungen bei Krankheiten – sicher als Resultat empirischer Vorgehensweisen –, aber und das, meine ich, ist aufschlussreich: Die Anwendungen waren und sind verknüpft mit magischen Techniken. Ich denke, die magischen Techniken haben die empirische Vorgehensweise und die realitätsgerechte Praxis davor geschützt, als systemkritisch erkannt zu werden. Der Primat der Magie »durfte« nicht angezweifelt werden, weder von der Gesellschaft noch von dem Schamanen selbst. In abgeschwächter Weise gilt das für die Entwicklung von Speeren und Schwertern. Die Sagen sind voll von ihren wunderbaren Eigenschaften. Diese Eigenschaften waren häufig das Resultat eines technologischen Fortschritts, aber das Herstellungsverfahren wurde sicher nicht nur wegen der Gefahr von »Industriespionage« magisch ausgeschmückt.

Manche Schamanen mögen bewusst Magie eingesetzt haben, um sich zu schützen. Wenn eine Krankenbehandlung

---

1 »Sie [Epidemien] werden auf die verschiedensten Ursachen, ... am häufigsten jedoch auf die Gottheiten, als Strafe für irgendein Vergehen, zurückgeführt.« *Wirz: Exorzismus und Heilkunde auf Ceylon,* 1941, S. 17f.

oder ein Regenzauber erfolglos blieben, wurde starker Gegenzauber – bei den Aborigines war das meist Gegenzauber aus einem Nachbarstamm, dem man »alles Schlechte« zutraute – verantwortlich gemacht. Bei einer Krankenbehandlung auf rationaler Basis müsste der Schamane persönlich die Verantwortung für einen eventuellen Misserfolg übernehmen[1]. Auch das hat die Überwindung von Magie behindert.

Wer magischen Einfluss für möglich hält (z.B. eine Wirkung von Daumenhalten oder schwarzen Wünschen), kann mit rein rational begründeten Therapeutika nicht zufrieden sein. Das ist sicher auch ein Grund, warum sich magische Praktiken und hoch verdünnte Homöopathika halten.

Fortschritte in der Medizin waren auch noch aus einem anderen Grund langsam. Die magischen Praktiken der Schamanen hatten ja scheinbar oft Erfolg, die Krankheit verschwand. Beide, der behandelnde Therapeut und auch der Patient, führen die Heilung dann gern auf die Medikation bzw. den angewandten Zauber zurück. Dass eine Krankheit von selbst wieder verschwinden kann oder Schmerzen von selbst wieder schwächer werden, wird gern vergessen. Heute nennt man das therapeutische Illusion. Auch eine Beschwörung kann einen therapeutischen Erfolg haben. Lévi-Strauss berichtet von einem Schamanen, der bei einer schweren Geburt half, indem er der Gebärenden durch einen ausführlichen Gesang – ohne jede Berührung, ohne Medikamente – die Vorstellung vermittelte, dass der Geburtskanal sich schrittweise erweitert[2]. Der Inhalt des Gesangs wurde dabei als essentiell angesehen; heute kann man vermuten, dass der Inhalt weniger wichtig war als die Zuwendung und wichtig die ruhige, konzentrierte Vermittlung der Sicherheit, dass alles gut gehen werde. Lévi-Strauss berich-

---

1 Der Wundarzt Seyff (vgl. S. 183) scheint seine Behandlungsmethode und sich selbst zum einen dadurch geschützt zu haben, dass er den Vorstellungen Galens – als einem Vertreter der »alten Männer« – folgte, und zum anderen dadurch, dass die Diagnose magische Elemente enthielt (»Blut, Schleim, gelbe Galle und schwarze Galle [sollen] im Körper im rechten Verhältnis gemischt und in gutem Fluss sein«).

2 *Lévi-Strauss: Strukturelle Anthropologie,* (1958) 1969, S. 204ff.

tet auch von einem Fall, bei dem eine nicht-rationale Erklärung Sicherheit bieten konnte, während die Übernahme der wahrheitsgemäßen Darstellung zu großer Unsicherheit geführt hätte.

> »Ein zwölfjähriges Mädchen [der Zuni in New-Mexico – S. B.] hatte, unmittelbar nachdem ein Jüngling ihre Hände ergriffen hatte, einen Nervenschock erlitten: der Jüngling wurde der Hexerei beschuldigt und vor den Gerichtshof der Priester gebracht. Eine Stunde leugnete er vergeblich, irgendwelche okkulten Fähigkeiten zu besitzen. Da sich das Verteidigungssystem als unwirksam erwiesen hatte und da das Verbrechen der Hexerei ... zu jener Zeit mit dem Tode bestraft wurde, änderte der Beschuldigte die Taktik und improvisierte einen langen Bericht, in dem er erklärte, unter welchen Umständen er in die Hexerei eingeweiht worden sei und von seinem Meister zwei Mittel empfangen habe, eines, das Mädchen verrückt zu machen, ein anderes, das sie heile.« Da seine Ausführungen die Priester nicht überzeugten, erzählte der Junge an den folgenden Tagen mehrere Versionen seiner angeblichen Hexerei. Schließlich hatte er Erfolg. »Man sieht zunächst, daß der Beschuldigte ... die Freisprechung nicht erreicht, indem er sich entlastet, sondern indem er sein angebliches Verbrechen auf sich nimmt; noch mehr, er verbessert seine Sache, indem er verschiedene Versionen vorbringt ... Aufgrund seiner erfindungsreichen Verteidigung, die seinen Zuhörern allmählich durch die Verifizierung seines Systems (da die Wahl nicht zwischen diesem System und einem anderen getroffen werden muß, sondern zwischen dem magischen System und überhaupt keinem System, das heißt der restlosen Unordnung) seinen vitalen Charakter gezeigt hat, gelangt der Junge schließlich dahin, aus einer Bedrohung der physischen Sicherheit seiner Gruppe ein Garant der Kohärenz ihres Denkens zu werden.«[1]

Die »restlose Unordnung« bezeichnet das wissenschaftliche Vorgehen: Wenn ein Wissenschaftler etwas nicht weiß oder nicht versteht, sagt er bzw. sie das. Wissenschaftliche Erklärungen enthalten immer Unsicherheiten. Die von Lévi-Strauss beschriebene Gesellschaft war offensichtlich noch nicht in der Lage, mit solchen Unsicherheiten zu leben, sie brauchte noch

1 *Lévi-Strauss: Strukturelle Anthropologie,* (1958) 1969, S. 188ff.

die Sicherheit durch Magie. Es scheint, der Selektionsvorteil einer Sozialstruktur, die die Durchsetzung der Tabus ermöglicht und dafür Magie benötigt, stand und steht in Konflikt mit dem Selektionsvorteil einer Sozialstruktur, in der die Realität die letztlich entscheidende Instanz für Handeln ist.

Der langsame Weg zur Wissenschaft

In allen gegenwärtigen Völkern ist das, was als Intelligenz bezeichnet wird, in etwa gleichem Ausmaß vorhanden, der Einfluss des magischen Denkens auf Entscheidungen ist dagegen verschieden stark. Das, was wir in historischer Zeit als Fortschritt der Wissenschaften beobachten, beruht daher nicht auf einer Zunahme von Intelligenz, sondern im Wesentlichen darauf, dass der Einfluss des magischen Denkens abnimmt. Im sozialen Bereich von heutigen Sammler-und-Jäger-Kulturen sind magisches Denken und starre Regeln zur Aufrechterhaltung der Sozialordnung notwendig. Wenn wir davon ausgehen, dass es bei unseren Ahnen ähnlich war, kann man vermuten, dass im Anschluss daran, Schritt um Schritt, die Einhaltung der Tabus und Gebote von einer inneren Stimme kontrolliert wurde und damit, Schritt um Schritt, äußerer Druck und magische Techniken zu ihrer Einhaltung kleiner werden konnten. Als Folge davon konnte die Realität in zunehmend mehr Bereichen als Entscheidungsinstanz anerkannt werden, ohne das Sozialsystem zu gefährden und auch ohne den zu gefährden, der sich kritisch äußerte. Was Dewey als Stadien des logischen Denkens beschreibt, ist, denke ich, nicht die Reifung der Fähigkeiten, logisch zu denken, sondern die in gesellschaftlich relevanten Bereichen schrittweise möglich gewordene – und dann auch ergriffene – Anerkennung der Realität als Entscheidungsinstanz, und zwar als Folge einer Veränderung der psychischen Organisation. Die psychische Organisation veränderte sich, weil die neue Organisation ein Selektionsvorteil bei der Daseinsvorsorge ist. Diese Veränderung benötigte viele Generationen.

Populationen verändern sich nicht im Gleichschritt. Es hat

immer einige Mitglieder in ihnen gegeben, die ihrer Zeit voraus waren und der Stützung ihrer psychischen Organisation durch Magie weniger bedurften als andere. Manche von ihnen hat es das Leben gekostet, und »viele, die ihrer Zeit voraus geeilt waren, mußten auf sie in sehr unbequemen Unterkünften warten.«[1] Erkenntnisse, die das Selbstwertgefühl beeinträchtigen, die eine »narzisstische Kränkung«[2] darstellen, haben es bis heute schwer, anerkannt zu werden.

Magisches Denken und Hypothesenbildung

Ich denke, es gibt im Wissenschaftsprozess einen Schritt, in dem magisches Denken nicht hinderlich, sondern sogar hilfreich ist: Magisches Denken und Allmachtsfantasien helfen bei der Bildung von Hypothesen und kühnen Zielvorstellungen. Ohne den Traum vom Fliegen wäre es vermutlich nie zum Flugzeug gekommen. Dieser Traum stammt aus der kindlichen Allmachtsfantasie. Die, die die ersten Fluggeräte erfanden und unter Einsatz ihres Lebens testeten, hatten sich den Traum vom Fliegen bis in das Erwachsenenalter hinein erhalten. Sie glaubten unerschütterlich daran, dass der Traum Wirklichkeit werden kann.

Forschung läuft nicht ohne starke Emotionen ab. Es gibt Phasen tiefer Niedergeschlagenheit und Phasen des Glücks. Ein besonders starkes Glücksgefühl erzeugt das Aufstellen einer Hypothese, und wenn dann die Realität der Hypothese nicht widerspricht, steigt das Glücksgefühl weiter an. Es ist nun nicht nur so, dass es allein der Erkenntnisgewinn ist, der das Glücksgefühl erzeugt, sondern schon das Fantasieren selbst ist ein erhebendes Gefühl[3]. Der Beitrag dieses Fantasierens zum Fortschritt in den Wissenschaften ist nicht zu unter-

---

1 *Lec: Unfrisierte Gedanken,* 1959, S. 7

2 *Freud: Eine Schwierigkeit der Psychoanalyse,* S. 6ff.

3 Nach Karl Abraham ist »›das Phantasieren selbst eine wichtige Quelle der Lust ... Das Kind spielt mit Gedanken, wie mit einem Spielzeug. Gerade in dieser Hinsicht wird das lustvolle Spiel nur allmählich durch das logisch geregelte Denken im Sinne der Realität ersetzt.« *Abraham: Psycho-Analytic Views on Some Characters of Early Infantile Thinking,* (1923) 1971, S. 193

schätzen. Wer erfolgreich forschen will, muss Zugang zu magischem Denken mit der kindlichen Allmachtsfantasie behalten[1]. Auch die Beharrlichkeit von Forschern bis hin zur Selbstausbeutung beruht, denke ich, zum beträchtlichen Teil auf einer Selbstüberschätzung, und auch die ist das Resultat von Allmachtsfantasien. Diese Selbstüberschätzung hat allerdings auch gravierende negative Folgen.

Zum Beispiel hat das Forschungsprogramm, mit Hilfe von Kernkraft das Energieproblem für alle Zukunft zu lösen, geradezu schwärmerische Zustimmung gefunden, vermutlich deshalb, weil es der kindlichen Sehnsucht nach Versorgung ohne eigenes Zutun, wie im Säuglingsalter, sehr nahe kommt. Hinzu kommen Machtfantasien: Wer die gewaltigen Kräfte der Natur bändigt, der ist selbst mächtig. So mancher möchte wie Aladin mit der Wunderlampe jederzeit den Riesen hervorholen können, der alle Feinde zurückschlägt und ein sorgenfreies Leben ermöglicht. Weder das Risiko einer großräumigen Verseuchung durch einen Unfall oder ein Verbrechen noch das Problem der Verbreitung von Kernwaffen noch das Problem der sicheren Endlagerung der »Abfälle« über viele Jahrtausende (genau genommen für einen Zeitraum, der wesentlich größer ist als der von der Entstehung von *Homo sapiens* bis heute), kam und kommt bisher gegen diese Sehnsucht und diese Machtfantasie an. Einem großen Teil der heutigen Erwachsenen, einschließlich der beteiligten Wissenschaftler und Ingenieure, gelingt es, die Augen vor den auf ihre Kinder und Enkel unausweichlich zukommenden Problemen erfolgreich zu schließen.

Wie weit die Überschätzung der eigenen Ideen gehen kann, zeigt ein berühmt gewordener Ausspruch von Thomas H.

1 Die zweite Phase der animistischen Weltsicht (vgl. S. 108), in der das Beschwichtigen von Geistern, Beten, Abwehrzauber und Angstabwehr mit den Mitteln der Magie vorherrscht, hemmt vermutlich eher die Bildung einer Hypothese. Es wäre zu untersuchen, ob das Katalogisieren und Systematisieren von Beobachtungen, wie das (erstmalige) Benennen von Tieren und Pflanzen, Elemente des magischen Denkens der zweiten Kategorie enthält. Benennen kann Wortmagie, kann Abwehrzauber sein. Benennen und einordnen macht das Unbekannte weniger bedrohlich, macht es untertan.

Huxley: »Die große Tragödie der Wissenschaft – die Erledigung einer wunderschönen Hypothese durch eine häßliche Tatsache.«[1] Dass dies keine Übertreibung ist, zeigen die vielen Fälschungen in den Wissenschaften. Sicher, die Stützung der eigenen Hypothese durch sanfte Datenmanipulation, bis hin zu krasser Fälschung, hat viele Gründe. Es gibt bewusste Fälschungen, beispielsweise im Zuge von Auftragsforschungen oder weil ohne vorzeigbare Forschungsergebnisse die eigene Karriere oder auch nur die Finanzierung eines Projekts gefährdet ist. Es gibt aber auch unbewusste Fälschungen, die ihre Grundlage im magischen Denken haben: Die eigene Hypothese wird für zutreffend gehalten, auch wenn die empirischen Daten, die der »Unterstützung« der Hypothese »dienen« sollen, nicht so recht passen. Die Fantasie ist stärker als die Realität und damit hemmt die Selbstüberschätzung den Forscher, die Welt zu sehen, wie sie ist.

Fassen wir zusammen: Der erste Schritt in wissenschaftliches Neuland erscheint ohne Zugang zur eigenen Phase der kindlichen Allmachtsfantasie kaum möglich zu sein. Im zweiten Schritt des wissenschaftlichen Vorgehens muss notwendigerweise eine Kritik der aufgestellten Hypothese erfolgen. Eine Hypothese darf nicht deshalb überleben, weil sie die eigene ist oder weil sie einfach und elegant erscheint; sie muss sich in der Realität bewähren. In diesem Schritt spielt das realitätsgerechte Denken die entscheidende Rolle. Dieses Denken ist das eigentliche wissenschaftliche Denken. Nur wenn ein solches Denken sich entwickelt hat, ist Wissenschaft möglich.

Auf dem Wege zu diesem Denken und seinen Anwendungen gibt es eine ganze Reihe von Klippen. Eine ist das Gestaltsehen, die »Bereitschaft für gerichtetes Wahrnehmen«, im Sinne Ludwik Flecks. Nach Fleck »erwirbt man die Fähigkeit, Sinn, Gestalt, geschlossene Einheit [erst nach vielen Erlebnissen] wahrzunehmen. Freilich verliert man zugleich die Fähigkeit, der Ge-

1 *Wikipedia, 2015: Thomas Henry Huxley.* Im Original: »The great tragedy of science – the slaying of a beautiful hypothesis by an ugly fact.«

stalt Widersprechendes zu sehen.«[1] Das Gestaltsehen ist im Alltag von Wissenschaftlern unabdingbar notwendig. Wenn es aber nicht mehr in Frage gestellt werden kann, wenn einem Wissenschaftler ein »unklare[s] anfängliche[s] Schauen«[2] nicht mehr möglich ist, weil es in der Gruppe der Wissenschaftler, dem »Denkkollektiv«, zu einem gemeinsamen, nicht hinterfragbaren Denkstil (im Sinne von Fleck oder zu einem Paradigma im Sinne von Kuhn) gekommen ist, dann hemmt »das entwickelte Gestaltsehen« den Fortschritt. Eine weitere Klippe auf dem Weg zum wissenschaftlichen Denken sind Nachwirkungen der eigenen Sozialisation. Ein Wissenschaftler muss sich vom Einfluss der »alten Männer« seines Fachs befreit haben, er bzw. sie muss ihnen zuhören können, ohne – emotional bedingt – ihnen folgen oder sie ablehnen zu müssen. Das klingt leichter, als es in der Realität ist. Eine weitere Klippe betrifft die Fähigkeit, mit der eigenen Allmachtsfantasie umzugehen. Einem Wissenschaftler muss es gelingen, sie – bildlich gesehen – an die Leine zu nehmen.

Die Wissenschaften sind, denke ich, nicht dadurch entstanden, dass das rationale Denken das magische Denken vollständig verdrängt hat, sondern dadurch, dass das rationale Denken das magische Denken für seine Zwecke gebändigt hat. Aus einem anfänglichen Selektionsnachteil für die Daseinsvorsorge – der erzwungenen Übernahme des magischen Denkens in das Erwachsenenalter – ist letztlich ein Selektionsvorteil geworden.

1 *Fleck: Entstehung und Entwicklung einer wissenschaftlichen Tatsache*, (1935) 1980, S. 121

2 Ebd.

5 Was können wir tun?

Aufklärung über soziale Missstände ist unabdingbar; aber Aufklärung darüber, dass magisches Denken noch heute im Alltag eine unheilvolle Rolle spielt, führt nicht zu rationalem Denken; Verbieten von magischen Praktiken ist Symptombekämpfung und Abwarten, bis sich etwas von selbst bessert, ist heute zu gefährlich geworden. Ähnliches gilt für das hierarchische Denken und die Ambivalenzaufspaltung. Notwendig ist herauszufinden, wie die Sozialisation der Heranwachsenden geändert werden muss, dass sie später als Erwachsene »weder Schimpfliches, noch Unmäßiges ... wollen«[1].

Kein Tag vergeht, an dem nicht gefragt wird: Was können wir tun, um eine bessere Welt zu errichten? Einige setzen auf Reformen, andere halten einen revolutionären Umsturz für unabdingbar. Es gibt hunderte, wenn nicht tausende unterschiedliche Vorstellungen über die Wege zu einem friedlicheren Miteinander; es ist unmöglich, sie auch nur ansatzweise zu referieren. In einem Punkt sind sich allerdings sehr viele Autoren einig: Wir haben einen Zustand erreicht, in dem wir unsere Probleme rational lösen müssen und das auch können.

Bei denen, die mit den aktuellen Macht- und Vermögensverhältnissen unzufrieden sind, herrscht Konsens, dass Aufklärung über die Methoden, mit denen die Privilegierten ihre Vormachtstellung schützen, von zentraler Bedeutung ist. Aufklärung hat in der Vergangenheit in der Tat zu großen Erfolgen geführt. Allerdings hat wohl jeder, der sich in diesem Feld betätigt, die Erfahrung gemacht, dass man viele in der Bevölkerung mit Aufklärung nicht nachhaltig erreichen kann, weder mit Texten, die detaillierte Fakten enthalten, noch mit aufrüttelnden Reden noch mit einfallsreichen Aktionen und auch

1 *Seneca: Vom glückseligen Leben*, 1918, S. 174

nicht mit geduldigem Argumentieren in häufig wiederholten persönlichen Gesprächen. Wenn man nach den Ursachen dieses Misserfolges sucht, stößt man auf das, was als Persönlichkeitsstruktur bezeichnet wird. Die Untersuchungen von Jan Berting und Christiane Villain-Gandossi über die Bildung nationaler Stereotypen (»Schotten sind geizig, Südländer sind faul«) geben dazu einen Einblick:

> »Sie [nationale Stereotypen] hängen in mindestens zwei wichtigen Aspekten mit der Persönlichkeitsstruktur der Individuen als Mitglieder einer Gruppe (Gesellschaft, Klasse, ethnische Gruppe) zusammen. a) Individuen mit einer starren Persönlichkeitsstruktur (fixe Gewohnheiten, Genauigkeit, Irritation bei gestörtem Tagesablauf, Festhalten an Entscheidungen trotz veränderter Umstände usw.) neigen eher zu stereotypem Denken als Individuen mit einem offenen und flexiblen Denken. b) Individuen mit einer derartigen Persönlichkeitsstruktur halten sich an die Stereotypen, die in der kulturellen Gruppe geläufig sind. ... Stereotypen sind Manifestationen eines ›geschlossenen Denkens‹. Personen, die sich an Stereotypen halten, konfrontieren ihre Gedankenkonstrukte nicht mit der Wirklichkeit (es findet keine Verifizierung statt). Tatsachen, die diesen Konstrukten entgegenstehen, zerstören und ändern sie nicht. Im Gegenteil, sie werden zu Ausnahmen erklärt (›unter meinen besten Freunden sind Juden‹).«[1]

Einstellungen, die nicht auf Argumenten beruhen, die nicht das Resultat von rationalen Abwägungen sind, können offenbar kaum mit Argumenten entwertet werden. Können »Individuen mit einer starren Persönlichkeitsstruktur« in einer Diskussion ihre Vorstellungen nicht aufrecht halten, hört man häufig: »man kann ja wohl noch seine Meinung sagen«, und damit endet der Disput; was zeigt, dass es dem »Individuum« gar nicht darum ging, die Stichhaltigkeit der eigenen Argumente im Disput zu prüfen. Es ging vielmehr darum, die gefühlsmäßige Einstellung, die eigene Meinung, mit rationalen Argumenten zu stützen, vielleicht deshalb, weil eine erfolgreiche Stützung das Selbstwertgefühl hebt.

---

1 *Berting, Villain-Gandossi: Rolle und Bedeutung von nationalen Stereotypen in internationalen Beziehungen: Ein interdisziplinärer Ansatz*, 1998, S. 26ff.

Um zu erreichen, dass die Vernunft einen größeren Einfluss auf das Handeln gewinnt, muss man herausfinden, warum bei einigen unserer Mitmenschen wenig und bei anderen viel mit Argumenten zu erreichen ist, anders ausgedrückt: Wir müssen lernen, wie es zu den verschiedenen Persönlichkeitsstrukturen kommt. Wir müssen herausfinden, was zu tun ist, damit das magische Denken, das hierarchische Denken, die Ambivalenzaufspaltung usw. die Entscheidungen nicht über ein vertretbares Maß hinaus beeinflussen. Letztlich ist das Ziel, mit Recht sagen zu können: »Der *Homo sapiens* ist ein rationales Lebewesen.«[1] Oder, um es mit Seneca zu sagen:

> »Sich nicht zu fürchten, weder vor Menschen, noch vor Göttern, weder Schimpfliches, noch Unmäßiges zu wollen, über sich selbst die vollkommenste Gewalt zu haben. Ein unschätzbares Gut ist es, sein eigener Herr zu sein.«[2]

Wenden wir uns noch einmal dem Gebot: »den alten Männer zuhören und ihnen gehorchen« zu. Die Befolgung des Gebots ist, wie gezeigt wurde, in gewisser Weise notwendig, aber sie ist gleichzeitig nicht unproblematisch für eine Gesellschaft. Selbstverständlich müssen Kinder und Jugendliche diese und andere soziale Regeln erlernen und befolgen, bevor sie als Erwachsene das gesellschaftliche Leben mit bestimmen. Von entscheidender Bedeutung ist aber, *wie* diese Regeln vermittelt werden. Bekannt ist, dass autoritäre Erziehung, d.h. eine harte Durchsetzung des Gebots, häufig zu hierarchischem Denken im Erwachsenenalter und zu »einer starren Persönlichkeitsstruktur (fixe Gewohnheiten, Genauigkeit, Irritation bei gestörtem Tagesablauf, Festhalten an Entscheidungen trotz veränderter Umstände usw.)«[3] führt. Dass es vernünftig Denkende gibt, die eine autoritäre Erziehung genossen haben, kann nicht als Gegenargument angeführt werden. Erstens hinterlässt eine autoritäre Erziehung mit Sicherheit eine psychische Verletzung, auch wenn diese vielleicht nicht offen zu Tage liegt; und zwei-

---

1 *Rescher: Warum sind wir nicht klüger?* 1994, S. 9

2 *Seneca: Vom glückseligen Leben,* 1918, S. 174

3 Siehe S. 204

tens sind Vorhersagen in der Psychologie und der Pädagogik für eine große Gruppe gleichartig Betroffener zwar recht sicher, für einen Einzelnen dagegen recht unsicher[1].

Eine nachsichtige, alles verzeihende Erziehung, die Konflikte mit Kindern durch Ablenkung zu lösen versucht, führt ebenfalls nicht zu späterem sozialen und friedlichen Verhalten. Allein mit Überredung kann man die sozialen Regeln keinem Kind nachhaltig vermitteln. Nach Richard Sterba ist ohne Verletzung der kindlichen Psyche die Entwicklung zu einem Erwachsenen nicht möglich:

> »Da der Liebesentzug oder seine Androhung als bloßes Bösesein das in der ersten Zeit fast ausschließlich anwendbare Erziehungsmittel ist, kann es *keine Erziehung ohne Angst* geben, ein Resultat zu dem auch Aichhorn in der genannten Arbeit [*Aichhorn: Lohn und Strafe als Erziehungsmittel*] gelangt.«[2]

Es gibt keine einfachen Rezepte für eine vernünftige Erziehung, und solche Rezepte sind auch in Zukunft nicht zu erwarten. Das allein ist schon ein Grund dafür, dass Eltern und Berufserzieher sich mehr als bisher mit der Frage befassen müssen, welche Erziehungsmaßnahmen in welchem Alter und in welcher Situation geeignet sind und welche nicht. Die Berufserzieher werden dabei einen Wissensvorsprung haben, daher sollte ihr Einfluss auf die Erziehung und selbstverständlich ihre Ausbildung gesellschaftlich vorrangig gefördert werden.

Siegfried Bernfeld bezweifelt allerdings, dass auf dem Wege einer Änderung der Pädagogik die Gesellschaft geändert werden könne:

> »Die Erziehung ist konservativ. Ihre Organisation ist es insbesondere. Niemals ist sie Vorbereitung für eine Strukturänderung der Gesellschaft gewesen. Immer – ganz ausnahmslos – war sie erst die Folge der vollzogenen.«[3]

Der gegenwärtige politische Trend – und nicht nur der gegenwärtige – scheint ihm Recht zu geben, die Rahmenbedingun-

1 Ähnliches kann man beispielsweise von Vorhersagen über die Entwicklung des Gesundheitszustands von Rauchern und Nichtrauchern sagen.

2 *Sterba: Zur Theorie der Erziehungsmittel*, 1966, S. 54. Kursivierung im Original.

3 *Bernfeld: Sisyphos oder die Grenzen der Erziehung*. (1925) 1967, S. 119

gen für die Entwicklung zu einem Mitbürger, der weder »Schimpfliches, noch Unmäßiges« will, werden eher schlechter als besser. Es wird mit hohem finanziellen Aufwand angeblich unsere »Freiheit am Hindukusch« verteidigt, aber zugesagte Kitaplätze fehlen nach wie vor. Durch Privatisierung wird Erziehung zum Geschäft gemacht, und auch staatliche Bildungseinrichtungen erheben zunehmend häufiger Gebühren. In den öffentlichen Schulen werden die Klassen voller, und der Druck auf die Lehrkräfte nimmt zu. Darunter leidet die pädagogische Betreuung, und das führt tendenziell zu Verwahrlosungen, mit großen Folgeproblemen und auch Folgekosten, wenn diese Kinder zu Jugendlichen und dann zu Erwachsenen werden; und es bringt eher die Kinder der Reichen, nicht die Geeigneten an die Hochschulen. Die Vergabe eines Darlehens führt bei den Nicht-Reichen zu einer nahezu lebenslangen Abhängigkeit von Banken und häufig auch zu Zahlungsunfähigkeit und Pfändung[1]. Das wiederum stabilisiert das Vermögensgefälle und damit das hierarchische Denken – sowohl bei den Reichen als auch bei den Armen. Jeder kann das wissen, aber nach den Ausführungen im Vorhergehenden sollte es nicht überraschen, dass ein beträchtlicher Teil der Unterprivilegierten in den USA und Europa diese für sie schädliche Politik bei Wahlen unterstützt. Wenn Aufklärung hier Erfolg hat, dann gibt es einen direkten Gewinn für die Gesellschaft (keine Gebühren) und auch einen indirekten Gewinn (eine Quelle für die Entwicklung des hierarchischen Denkens versiegt).

---

1 Studiendarlehen sind in den USA die zweitgrößte Kategorie von Privatdarlehen, über 1300 Milliarden Dollar im Jahre 2015. Das erlaubt »Banken ... durch staatliche Bürgschaften abgesicherte Zinseinnahmen zu erzielen. ... so verschafft ... die Rückzahlung von Studentendarlehn den Banken, ... oftmals ebenso viele Zinseinnahmen, wie das College oder die Berufsschule an Studiengebühren erhalten haben.« *Hudson: Der Sektor,* 2016, S. 519. Christian Bunke berichtet Ähnliches aus Großbritannien sogar für schlecht entlohnte Berufe: »Pflegekräfte müssen für ihre Berufsausbildung drastische Studiengebühren hinlegen. Der durchschnittliche Berufseinsteiger hat so schon 52000 Pfund Schulden angesammelt. Diese wird er so schnell nicht los, denn die Reallöhne für Pflegekräfte sind in den vergangenen sieben Jahren um 14 Prozent gesunken.« *Bunke: Kreisende Kredithaie,* 2017, S. 9

Ebenso schwierig wird es sein, die Ambivalenzaufspaltung zu entwerten, weil ihre Einübung seit mehreren Millionen Jahren fester Bestandteil unserer Sozialisation ist. Wir müssen lernen, warum eine Ambivalenzaufspaltung bei einigen Erwachsenen leicht zu aktivieren ist und bei anderen schwer. Inzwischen ist zumindest gut bekannt, was nicht zum friedlichen Zusammenleben mit den »Anderen« führt: Kein Kind kommt an Appellen vorbei, wie »sei sozial«, »liebe deinen Nächsten« usw. Wie aber das alltägliche Verhalten der Erwachsenen zeigt, und besonders das Verhalten in Krisensituationen, sind diese Appelle bei vielen spurlos abgeperlt – was nicht überraschen kann, da sie, wie jede Beschwörung, auf magischem Denken basieren.

In Deutschland wurde auf der einen Seite der innerdeutschen Grenze versucht, den Kindern beizubringen, dass die Kommunisten – jenseits der Grenze – die Bösen sind. Auf der anderen Seite, wurde versucht den Kindern beizubringen, dass alles Übel von Kapitalisten ausgeht. Heute ist erkennbar, dass die jeweils angestrebten Erziehungsziele nicht durchgehend erreicht wurden. Erreicht wurde dagegen, dass das zur Vermittlung der gesellschaftspolitischen Inhalte verwendete Wir-und-die-Denken bis in das Erwachsenenleben hinein das Handeln bei Vielen maßgeblich bestimmt. Erkennbar ist auch, dass dieses Denken sich seine eigenen Inhalte schafft. Wenn bei den erwachsen Gewordenen das Wir die Nation ist, dann legt es rassistisches Verhalten nahe, macht blind für die Bereicherung der Privilegierten im eigenen Land, macht unempfindlich gegenüber dem Leid von Flüchtlingen und verhindert, dass durch eigenes Handeln beim Einkaufen »fairer Handel« sich zunehmend durchsetzt. Wenn »die Anderen« das obere reiche eine Prozent der eigenen Gesellschaft ist, dann kann dieses Denken zu militanten Aktionen führen. Mit Erstaunen hört man mitunter, dass aus einem alten, ursprünglich sich links gebärdenden militanten Aktivisten ein militanter Rechter geworden ist. Das Wir und damit auch das Die war austauschbar, das Wir-und-die-Denken ist dabei erhalten geblieben. Die Folgerung daraus ist, dass Eltern, Politiker und Lehrkräfte in den Schulen sehr genau wissen sollten, was sie tun, wenn die dieses Denken, d.h. die Aktivierung der Ambivalenzaufspaltung, für die Vermittlung gesellschaftspolitischer Inhalte einsetzen. Sie können das Gegenteil von dem erreichen, was sie anstreben.

Es scheint, dass die Entwicklung zu einer Ambivalenzaufspaltung bei Kindern nicht zu vermeiden ist[1]. Nach Aussage von Fachleuten sollte diese Entwicklung auch nicht behindert oder unterbunden werden. Sinnvoll sei dagegen, die Jugendlichen dabei zu unterstützen, dieses Denken hinter sich zu lassen, und zwar bevor die Gesellschaft darunter zu leiden hat. Der oft gehörte Vorschlag, Jugendliche müssten ihre Aggressionen abreagieren, um friedlich werden zu können, führt nicht zum Ziel, wie die vielen Ausschreitungen bei Fußballspielen zeigen. Nicht wenige Fans und Hooligans genießen die Ausschreitungen. Mannschaftsspiele wie Fußball sind besonders gut geeignet, bei Teilnehmern und Zuschauern die Ambivalenzaufspaltung zu aktivieren. Daher kann die Aufnahme eines ausländisch aussehenden Flüchtlings in die Fußballmannschaft des Dorfes das Wir-und-die-Denken im Dorf reduzieren, muss es aber nicht: Es kann auch nur dazu führen, dass der anders Aussehende jetzt zum »Wir« des Dorfs gehört. Gleichwohl: Mit der Aufnahme in die Fußballmannschaft ist sicher ein erster, zu begrüßender Schritt in die richtige Richtung getan.

Ähnliches gilt für Reisen in fremde Länder. Es ist unbestritten, dass Reisen dabei helfen können, Vorurteile abzubauen. Die Berichte verschiedener Autoren über dieselben Völker – beispielsweise über die Sitten, Gebräuche und den »Charakter« nordamerikanischer Indianer – legen allerdings den Schluss nahe, dass die Vorurteile der Autoren ganz erheblichen Einfluss darauf hatten, wie sie die Völker sahen. Für die, die heute im eigenen Land eine fremdenfeindliche Partei wählen, ist es besonders schwer, die eigenen Vorurteile zu überwinden. Wenn es in einem konkreten Fall dann doch geschieht – »die

---

1 Siehe S. 76

Griechen sind eigentlich echt nett« –, dann wird dadurch die Abgrenzung zu anderen Volksgruppen nicht ebenfalls in Frage gestellt. Die seit der Jugendzeit eingeübte Aggressionslenkung durch Ambivalenzaufspaltung ist, nach vorliegenden Kenntnissen, nicht durch eine einfache positive Erfahrung zu überwinden (um im Beispiel zu bleiben: »Die Griechen« werden lediglich in das »Wir« aufgenommen).

Von besonderer Bedeutung ist, denke ich, dass die Aktivierung der Ambivalenzaufspaltung ein positives Gefühl erzeugt: Man fühlt sich nicht nur gut, wenn man unter Brüdern ist, auch die Feindschaft zu den »Anderen« führt keineswegs zu berechtigter Furcht, sondern ist Teil dieses Hochgefühls. Die Aufnahme der Nachricht von der Bombardierung von Pearl Harbor zeigt das beispielhaft. Freda Kirchwey, die Editorin von *The Nation,* schrieb:

> »Der Horror hat Amerika vereint. Heute lieben wir unsere Mitbürger und unser Land. Ein glückliches Gefühl von Vereinigung schwillt in unseren Herzen an; Hass und Verachtung für unseren Feind fließt warm in unserem Blut.«[1]

Ein ähnliches Hochgefühl stellte sich auch bei Hooligans ein, schon bevor ihr Fußballverein gewinnt oder verliert, und es stellt sich auch bei denen ein, die sich entschließen, eine fremdenfeindliche Partei zu wählen. Dieses Hochgefühl hat vermutlich einen weit zurückliegenden Ursprung. Ich denke, bei unseren Vorfahren war die Bildung von Gemeinschaften nur wegen dieser psychischen Belohnung möglich.

Nach den obigen Darstellungen zur Entstehung von Brüderlichkeit[2] scheint es, dass eine erfolgte Ambivalenzaufspaltung nicht von Dauer ist. Langsam schwindet die euphorisch brüderliche Einstellung zu den Mitbrüdern und macht einer

---

1 *Baker: Human Smoke. The Beginnings of World War II, the End of Civilization,* 2009, S. 449. Dieses Buch liegt auch auf Deutsch vor: Titel: Siehe Literaturverzeichnis. Im Original: »Freda Kirchwey, the editor of *The Nation,* wrote a post-Pearl-Harbor column: ... ›The horror has made America one. Today we love each other and our country. We feel a happy sense of union swelling in our hearts; hatred and contempt for our enemy runs warmly in our blood.‹«

2 Siehe. S. 75ff.

»normalen« ambivalenten Einstellung Platz. Daher muss eine Aktivierung der Ambivalenzaufspaltung in Abständen wiederholt werden, um das Wir-Gefühl zu erhalten. Tatsächlich suchen viele in unserer Mitte selbständig nach Gelegenheiten für eine Reaktivierung der Ambivalenzaufspaltung. Dafür ist, denke ich, das Hochgefühl der ausschlaggebende Grund: Es wirkt wie eine Droge; das Hochgefühl macht süchtig, weil es den grauen Alltag vergessen lässt und einfache Lösungen für bedrückende komplexe Probleme anbietet. Trifft das zu, dann kann man aus den Erfahrungen mit Suchtprävention etwas darüber lernen, wie die Aktivierbarkeit der Ambivalenzaufspaltung so weit erschwert werden kann, dass sie keine Gefahr mehr für die Gesellschaft darstellt.

Zusammengefasst: Aus (mindestens) drei Gründen ist es schwierig, eine euphorisch übertriebene Brüderlichkeit, gekoppelt mit Fremdenhass, bei Erwachsenen zu verhindern. Erstens: Diese Form der Aggressionslenkung wurde in der Kindheit und Jugend eingeübt; zweitens: Weil mit einer Aktivierung der Ambivalenzaufspaltung ein Hochgefühl entsteht, wird nach Gelegenheiten gesucht, dieses Hochgefühl erneut zu erleben; und drittens: Weil die (unrealistisch übertriebene) Angst vor den Fremden ein Resultat der Projektion der eigenen Aggressionen[1] ist, ist sie mit rationalen Argumenten kaum zu reduzieren.

Ein weiteres Problem ist das magische Denken. Sein Einfluss ist, wie gezeigt wurde, nicht leicht zu erkennen. Wir verstecken es gern vor anderen und auch vor uns selbst, das Selbstwertgefühl würde sonst leiden. An Holz klopfen, die Zahl 13 meiden und der Blick in die Sterne, um das eigenen Schicksal zu erkennen, könnten als harmlose Schrullen abgetan werden zu Unrecht, denke ich. Diese Praktiken sind Hinweise auf tiefsitzende Ängste. Wer jemals versucht hat, einem Gesprächspartner seine magischen Vorstellungen und Praktiken auszureden, wird die Erfahrung des Scheiterns gemacht ha-

---

1 Vgl. S. 168f.

ben[1]. Es ist zwar möglich, eine offensichtlich unsinnige Handlung, wie An-Holz-klopfen, zu verhindern; aber kaum ist das geschafft, blüht an anderer Stelle eine neue magische Handlung auf, ja, meist reagieren die Kritisierten aggressiv– denn das magische Denken gibt ihnen Halt. Wer ihnen das magische Denken nehmen will, nimmt ihnen diesen Halt. So ziemlich jeder, der an Holz klopft, sagt auf Nachfrage, lächelnd, dass das nur so eine Angewohnheit sei, die nichts zu bedeuten habe. Hindert man ihn oder sie aber daran, dieses Ritual auszuführen, tritt Angst auf. An-Holz-Klopfen ist Angstabwehr, ist ein Abwehrzauber. Viele andere Praktiken sind das ebenfalls. Und deshalb ist der Versuch, mit logischen Argumenten solche magischen Praktiken bei anderen zu verhindern, Symptombekämpfung.

Die tief wurzelnde Angst, verbunden mit der magischen Denkweise, muss in jedem Einzelnen an Einfluss verlieren, und zwar deshalb, weil jeder es wert sein muss, freier von Angst leben zu können, und weil es extrem gefährlich ist, wenn eine Gesellschaft als Ganze, mit den jetzt vorhandenen technischen Möglichkeiten, irrational handelt. Die Verbreitung der so harmlos erscheinenden magischen Praktiken zur Angstabwehr[2] kann als Indiz für den Einfluss des magischen Denkens in unserer Gesellschaft verstanden werden, so wie die Verbreitung von Lotto-Spielen als Indiz für die Verbreitung des hierarchischen Denkens verstanden werden kann.

Es ist offensichtlich, dass das magische Denken an Einfluss verlieren muss, damit die Gesellschaft sich zum Besseren fort-

---

1 In einer dreijährigen »Studie [die über 2 Millionen Euro gekostet hat – S. B.] über die therapeutische Wirkung fürbittenden Betens« sollte herausgefunden werden, ob die »Anrufung einer himmlischen Macht das Wohlergehen einer dritten Person beeinflussen kann«. »Als Probanden fungierten 1800 Herzkranke, die sich einer Bypass-Operation unterzogen.« Ein Effekt des Betens wurde nicht gefunden, bis auf die Patienten, »die um die Fürbitte wussten. Sie litten nach der Operation stärker unter Herzrhythmusstörungen als die nicht Eingeweihten.« *Soares: Nur ein frommer Wunsch*, 2006, S. 23f. Die Veröffentlichung der Studie hat vermutlich niemanden vom fürbittenden Beten abgehalten.

2 Vgl. S. 20

entwickeln kann. Als schöpferische Fantasie muss das magische Denken allerdings in einem Jeden als Kind aufblühen und dann im späteren Leben erhalten bleiben. Ein einfacher Weg, wie diese beiden Ziele erreicht werden können, ist bisher nicht erkennbar. Umso wichtiger ist es, dass die Entstehung des magischen Denkens in der Kindheit eines jeden, seine Veränderung im Verlauf der Jugend und dann im Erwachsenen, verstärkt zum Gegenstand von Forschungen gemacht wird; und dann müssen diese Erkenntnisse Eingang in das Erziehungsverhalten finden.

Das ist leichter gesagt als getan. Im Bereich Erziehung hat es Aufklärung schwer. Dafür gibt es viele Gründe. Nur einer davon soll hier angeführt werden, weil er sich aus den in diesem Text entwickelten Hypothesen ergibt. Behauptet wurde, dass die Maßnahmen zur Durchsetzung der zentralen Tabus und Gebote weitgehend das Resultat von zufälligem Verhalten und anschließender Selektion waren. Erhalten haben sich solche (Erziehungs-)Maßnahmen, die gewährleisten, dass die sozialen Regeln von den Jugendlichen übernommen werden und dann später von ihnen an ihre eigenen Kinder weitergegeben werden. Manche der sozialen Regeln von zentraler Bedeutung waren, wie diskutiert wurde, rational nicht begründbar. Und das heißt, dass auch die Maßnahmen zu ihrer Durchsetzung weder rational begründet wurden noch mit rationalen Argumenten verteidigt wurden. Die Sozialisation von Kindern und Jugendlichen musste also so durchgeführt werden, dass die Erziehung der jeweils nächsten Generation resistent gegen vernunftgetragene Kritik war. Die »Resistenz« der Eltern gegenüber rationalen Argumenten war über Tausende von Jahren ein Selektionsvorteil, und genau das macht uns heute zu schaffen. Weil es ein Vorteil war, dass Erziehungsmaßnahmen nicht oder kaum durch Argumente erschütterbar waren, haben wir heute das Problem, dass sie so schwer erschütterbar sind.

Faktisch geht jede Gesellschaft davon aus, dass so ziemlich alle, die Kinder in die Welt setzen, sie auch erziehen können. Das kleine Einmaleins lernen alle in der Schule, das zu lernen ist verpflichtend, wir haben Schulpflicht; Erziehen aber lernt man nicht, die Gesellschaft hält das offensichtlich für nicht nötig. Der Grund könnte sein, dass »man« Erziehung als etwas ansieht, das schon immer ohne Schule stattfand, und dass rationale Argumentationen da auch nichts zu suchen haben. Intuitives Verhalten, der gesunde Mutterinstinkt (und das Verhalten des Vaters), wird als das Optimum angesehen. Genau das zeigt, dass die heutige Erziehung weitgehend das Resultat von nicht hinterfragter Tradition ist.

Wie die heutige kulturelle Vielfalt in der Welt zeigt, hat es in der Vergangenheit mehrfach Änderungen im Erziehungsverhalten gegeben, ungeachtet dessen sind die zentralen sozialen Regeln weitgehend gleich geblieben. Man kann also vermuten, dass in der Vergangenheit die Lebensumstände zwar Änderungen der Erziehung bewirkt haben, aber immer nur so, dass überkommene Einschränkungen, wie harte Initiationsriten, dann gelockert werden konnten, wenn neue Einschränkungen, wie das Einschnüren der Säuglinge, schon eingeführt waren. Eine Abweichung in der Reihenfolge hätten die Gesellschaften vermutlich nicht überlebt. Man kann mit Sicherheit davon ausgehen, dass rationale Argumente bei diesen Änderungen keine Rolle gespielt haben.

Heute können Eltern aus einer Vielzahl von Erziehungsratschlägen – von Anverwandten und Nachbarn, aus TV-Sendungen, Zeitschriften und Büchern – sich die Ratschläge aussuchen, die sie für geeignet halten. Ich denke, diejenigen Autoren haben mit ihren Ratschlägen besonders großen Erfolg, die den Eindruck von Sachkenntnis und Sicherheit vermitteln. Ob das gerechtfertigt ist, können allerdings die wenigsten Eltern entscheiden. Sie richten sich vermutlich nach den Ratschlägen, die ihnen ihren Zweifel nehmen können, die ihrer Einfühlung in die Situation des Kindes entsprechen und die ihnen plausibel erscheinen. Das war im Kern vermutlich schon immer so. Diese intuitive Erziehung hat »uns« in den gegenwärtigen gesellschaftlichen Zustand gebracht. Und – darin besteht weitgehender Konsens – dieser Zustand ist bei den technischen Möglichkeiten, die es inzwischen gibt, zutiefst problematisch: Es gibt zu viele Mitmenschen, die zu wenig rational denken. Also muss die Phase der intuitiven Erziehung durch eine Phase der rationalen Erziehung abgelöst werden. Beispiele für moderne intuitive Erziehung (mit unübersehbaren Elementen des magischen Denkens) finden sich zuhauf: Wenn man Kindern früh lexikalisches Wissen vermittelt, werden sie später klug und weise; wenn man früh mit ihnen Demokratie einübt, werden sie später gute Demokraten; wenn sie nie mit Wasserpistolen oder Ähnlichem spielen dürfen, werden sie später friedfertige Menschen; wenn in der Erziehung durchgehend der Kapitalismus verdammt und der Sozialismus gelobt wird, werden sie später überzeugte Sozialisten und verhalten sich solidarisch gegenüber den Flüchtlingen, die bei uns um Asyl bitten. Die meisten Berufserzieher haben erkannt, dass eine derartige Erziehung in der Vergangenheit nur sehr begrenzten Erfolg hatte; aber sie machen dafür in der Regel eine unvollkommene Methodik bei der Vermittlung der Inhalte und störende Einflüsse der Umgebung verantwortlich. Prinzipielle Zweifel an diesem Wenn-Dann hört man selten.

Nur zu gut ist bekannt, dass es intelligente Zeitgenossen mit großem Fachwissen gibt, die nur an sich denken. Fachwissen schützt nicht vor Gewissenlosigkeit. Daraus folgt, dass die Vermittlung von Fachwissen und die Erforschung, wie dieses in der Entwicklung eines Kindes noch früher und noch effizienter möglich gemacht werden kann, zweitrangig werden muss. Die Berufserzieher im Kindergarten und in der Schule müssen sich mehr um Pädagogik (d.h. Unterstützung der persönlichen Weiterentwicklung auf dem Weg zum Primat der Vernunft) und weniger um Didaktik (d.h. Techniken zur Vermittlung von Fachwissen) kümmern[1]. Jedem Einzelnen muss

1 Das sah auch Adorno so: »Mit Barbarei meine ich ...: wahnhaftes Vorurteil, Unterdrückung, Völkermord und Folter; darüber soll kein Zweifel sein. Dagegen anzugehen, ist, so wie die Welt im Augenblick aussieht, in der, zumindest temporär, keine weiterreichenden Möglichkeiten sichtbar sind, vor allem anderen an der Schule. Deshalb ist es, trotz aller theoretisch-gesellschaftlichen Gegenargumente, gesellschaftlich so eminent wichtig, daß sie

Hilfe dabei geleistet werden, später, als Erwachsener, »weder Schimpfliches, noch Unmäßiges zu wollen«[1].

Sind wir auf dem Weg zu diesem Ziel oder gibt es nur einen ständigen Wechsel von Fortschritt und Rückschritt? Wenn man die letzten 100 Jahre betrachtet, dann ist, denke ich, erkennbar, dass die Angst vor Behörden, Vorgesetzten, Lehrern, Geistlichen und auch vor Eltern – den »alten Männern« in der Gesellschaft – abgenommen hat. Das hat zwar nicht zu einer stetigen Zunahme bürgerlicher Freiheitsrechte in den zurückliegenden Jahrzehnten geführt, aber eins ist gewiss: Die Abnahme der Angst vor den Autoritäten in der Gesellschaft ist eine unabdingbare Voraussetzung dafür, dass die Welt friedlicher und gerechter wird.

---

ihre Aufgabe erfüllt und dazu hilft, daß sie des verhängnisvollen Erbes an Vorstellungen sich bewußt wird, das auf ihr lastet.« *Adorno: Tabus über den Lehrerberuf,* 1969, S. 84

1 Seneca: *Vom glückseligen Leben*, 1918, S. 174

Danksagung

Für Anmerkungen und Anregungen möchte ich an dieser Stelle Klaus Herrmann und meiner Frau Friederike Berking danken. Mein besonderer Dank gilt Johann-Friedrich Anders für vielfältige Diskussionen, Hinweise auf weiterführende Literatur und kritische Lektüre des Textes.

Literaturverzeichnis

Abraham, K.: Psycho-Analytic Views on Some Characters of Early Infantile Thinking (Psychoanalytische Gesichtspunkte zu einigen Merkmalen des frühkindlichen Denkens). (1923) Gesammelte Werke Bd. 2, Frankfurt/Main 1971

Abu-Jamal, M.: Die Lüge vom Drogenkrieg. In: Junge Welt 4.4.2016, S. 6

Achtner, W.: Glaube als Daseinsbewältigung. In: Spektrum der Wissenschaft 2/2015, S. 87-88

Adams, D.: Per Anhalter durch die Galaxis. München 1979

Adorno, T.W.: Tabus über den Lehrerberuf. In: Adorno: Stichworte. Kritische Modelle 2. Frankfurt/Main (1965) 1969

Badawi, R.: 1000 Peitschenhiebe, weil ich sage was ich denke. 2. Aufl., Berlin 2015

Baker, N.: Human Smoke. The Beginnings of World War II, the End of Civilization. London, Sydney, New York, Toronto 2009. Auch auf Deutsch: Menschenrauch. Wie der Zweite Weltkrieg begann und die Zivilisation endete. Reinbek 2009

Bauer, J.: Unser flexibles Erbe. In: Jahn, A. (Hg.): Wie das Denken erwachte. Die Evolution des menschlichen Geistes. Stuttgart, Heidelberg 2012, S. 97-115

Berger, T.: Schutz von »Kinderehen«. In: Junge Welt 27.7.2012, S. 5

Berking, G.: Grundlegung einer psychoanalytischen Pädagogik. Aufgaben und Möglichkeiten eines Schulversuchs. (1954) Norderstedt 2016

Berking, S.: Vom aufrechten Gang und vom Ackerbau, Norderstedt 2010

Berking, S.: Evolution des Menschen. Wie entstanden unsere psychische Organisation und unser Sozialsystem? Norderstedt 2013

Bernfeld, S.: Psychologie des Säuglings. Wien 1925

Bernfeld, S.: Sisyphos oder die Grenzen der Erziehung. (1925) Frankfurt/Main 1967

Berting, J. und Villain-Gandossi, C.: Rolle und Bedeutung von nationalen Stereotypen in internationalen Beziehungen: Ein interdisziplinärer Ansatz. In: Walas, T. (Hg.): Stereotypen und Nationen. Kraków 1998

Bittner, W.: Konfrontationspolitik. In: Ossietzky 2015, S. 15-19

Blume, M.: Homo religiosus. In: Jahn, A. (Hg.): Wie das Denken erwachte. Die Evolution des menschlichen Geistes. Heidelberg 2012, S. 129-141

Bonath, S.: »Nazivokabular für die Mitte«. In: Junge Welt 28.9.2016, S. 4

Böttcher, S. und Bröckers, M.: Die ganze Wahrheit über alles. Wie wir unsere Zukunft doch noch retten können. Frankfurt/Main 2016

Brecht, B.: Lob der Dialektik In: Große kommentierte Berliner und Frankfurter Ausgabe, Band 11, S. 238

Buggle, F.: Denn sie wissen nicht, was sie glauben. Warum man redlicherweise nicht mehr Christ sein kann. Eine Streitschrift. Hamburg 1997

Bunke, C.: Kreisende Kredithaie. In: Junge Welt, 6.7.2017, S. 9

Busch, W.: Max und Moritz. In: Bohne, F. (Hg.): Wilhelm Busch. Historisch-kritische Gesamtausgabe. 4 Bände. Bd. 1, S. 341ff. https://de.wikisource.org/wiki/Max_und_Moritz

Butterwegge, C.: »Die Reichen werden reicher und die Armen werden zahlreicher«. In: Junge Welt 31.12 2016/1.1.2017, Beilage Faulheit & Arbeit

Chomsky, N. und Vltchek, A.: Der Terrorismus der westlichen Welt. Münster 2014

de Waal, F. B. M.: Der Affe in uns. Warum wir sind, wie wir sind. München 2009

de Waal, F. B. M.: Wilde Diplomaten. Versöhnung und Entspannungspolitik bei Affen und Menschen. München 1993

David, R.: Ägypten, (1980) 1985, In: Cavendish R., Ling, T. O. (Hg.): Mythologie der Weltreligionen (1980) 1985, S. 96-109

Denker, R.: Grenzen liberaler Aufklärung. Stuttgart, Berlin, Köln, Mainz 1968

Devereux, G.: Normal und anormal: Der Schlüsselbegriff der Ethnopsychotherapie. In: Muensterberger, W. (Hg.): Der Mensch und seine Kultur. Psychoanalytische Ethnologie nach »Totem und Tabu«. München 1974

Dewey, J.: Some Stages of Logical Thought. (1900). In: Essays in Experimental Logic. Chicago 1916, S. 183-219. https://brocku.ca/MeadProject/Dewey/Dewey_1916/Dewey_1916_06.html

Diamond, J.: Arm und Reich. Die Schicksale menschlicher Gesellschaften. 2. Aufl., Frankfurt/Main 2001

Dörfler, S. und Fritzsche, J.: Die Verachtung der Armen. Vom Bild des faulen Arbeitslosen zur Figur des »Asylschmarotzers«. In: Blätter für Deutsche und internationale Politik 3/2016, S. 73-80

Duerr, H. P.: Traumzeit. Über die Grenze zwischen Wildnis und Zivilisation. Frankfurt/Main 1985

Eco, U.: Die Fabrikation des Feindes und andere Gelegenheitsschriften. München 2014

Elias, N.: Über den Prozess der Zivilisation. Soziologische und psychologische Untersuchungen. Bd. 1. Wandlungen des Verhaltens in der weltlichen Oberschicht des Abendlandes. Frankfurt/Main (1939) 1989.

Engelmann, B.: Einig gegen Recht und Freiheit. Deutsches Anti-Geschichtsbuch. 2. Teil. Frankfurt/Main 1977

Erikson, E. H.: Kindheit und Gesellschaft. Stuttgart 1968

Feldbauer, G.: Gesegnete Folter. In: Junge Welt 5./6.6.2014, S. 6

Ferenczi, S.: Entwicklungsstufen des Wirklichkeitssinnes, 1913. In: Ferenczi: Schriften zur Psychoanalyse I, Frankfurt/Main 1970

Feyerabend, P.: Wider den Methodenzwang. Skizzen einer anarchistischen Erkenntnistheorie. Frankfurt/Main 1979

Fison, L.: Tales from old Fiji. London 1904

Fison, L. and Howitt, A. W.: Kamilaroi and Kurnai, (1880), Canberra 1991

Fleck, L.: Entstehung und Entwicklung einer wissenschaftlichen Tatsache. Einführung in die Lehre vom Denkstil und vom Denkkollektiv. (1935) Frankfurt/Main 1980

Fortes, M.: Kinship and marriage among the Ashanti. In: Radcliffe-Brown, A. R., Forde, D. (Hg.): African Systems of Kinship and Marriage. (1950) London 1964, S. 252-284

Fouts, R. S. und Fouts, D. H.: Wie sich Schimpansen einer Zeichensprache bedienen. In: Cavalieri, P., Singer, P. (Hg.): Menschenrechte für die großen Menschenaffen. München 1994, S. 49-69

Frazer, J. G.: Der Goldene Zweig. (1922) Reinbek bei Hamburg 1989

Freud, S.: Totem und Tabu. (1912-1913). Gesammelte Werke (Frankfurt/Main 1960ff.) Bd. 9

Freud: Eine Schwierigkeit der Psychoanalyse. (1917) Gesammelte Werke Bd. 12

Freud, S.: Die Zukunft einer Illusion (1927). Gesammelte Werke Bd. 14

Freud, S.: Das Unbehagen in der Kultur (1930). Gesammelte Werke Bd. 14

Freud, S.: Neue Folge der Vorlesungen zur Einführung in die Psychoanalyse (1933). Gesammelte Werke Bd. 15

Ganser, D.: Der Terror von Paris und die globale Gewaltspirale. In: www.nachdenkseiten.de/?p=24659, 2015

Gebauer, T.: In falscher Sicherheit. Keine Stabilität ohne Menschenrechte. In: Blätter für deutsche und internationale Politik 3/2016, S. 51-60

Gebhardt, R.: Archaische Reste. In: Junge Welt, 20./21.5.2017. S. 12-13

Gierer, A.: Biologie, Menschenbild und die knappe Ressource Gemeinsinn. Würzburg 2005

Golandsky, H.: Kindermissbrauch – Tabu im Judentum. In: http://www.hagalil.com/bet-debora/journal/tabu.htm, 1999

Goodall, J. (van Lawick-Goodall, J.): Wilde Schimpansen. Reinbek bei Hamburg 1975

Goodall, J.: Ein Herz für Schimpansen. Meine 30 Jahre am Gombe-Strom. Reinbek bei Hamburg 1991

Greenwald, G.: NSA, die Schere im Kopf. Wie Massenüberwachung jeden Protest im Keim erstickt. In: Blätter für deutsche und internationale Politik 6/2014, S. 47-58

Grüter, T.: Magisches Denken. Wie es entsteht und wie es uns beeinflusst. Frankfurt/Main 2010

Hartmann: R.: Gut Ding will Weile haben. In: Ossietzky 2017, S. 49-50

Hartmann, R.: Neue Verpackung – alter Inhalt. In: Ossietzky 2017, S. 480-482

Heckenwelder, J.: History, Manners and Customs of the Indian Nations who once inhabited Pennsylvania and the neighbouring states. (1819) Philadelphia 1876 https://archive.org/stream/historymannersa00heckgoog?ref=ol#page/n120/mode/2up

Heier, M.: Nocebo: Wer's glaubt wird krank. 2. Aufl., Stuttgart 2012

Herrmann, J.: Wikinger und Slawen. Zur Frühgeschichte der Ostseevölker. Berlin 1982

Hoffmann, H.: Struwwelpeter. 1. Ausgabe unter dem Pseudonym Reimerich Kinderlieb: Lustige Geschichten und drollige Bilder. 1844 Frankfurt/Main https://de.wikisource.org/wiki/Lustige_Geschichten_und_drollige_Bilder

Hohnsbein, H.: Der kriegspflichtige Untertan hat zu gehorchen. In: Ossietzky 2014, S. 151-154

Hohnsbein: Die Bibel. Die Kirchen. In: Ossietzky 2014, S. 834-838

Howitt, A. W.: The native tribes of south-east Australia. (1904) Cambridge 2010 https://en.wikisource.org/wiki/Native_Tribes_of_South-East_Australia

Hudson, M.: Der Sektor. Warum die globale Finanzwirtschaft uns zerstört. Stuttgart 2016

Igel, R.: Terrorjahre. Die dunkle Seite der CIA in Italien. München 2006

Kane, J. P.: Griechenland, In: Cavendish R., Ling, T. O. (Hg.): Mythologie der Weltreligionen (1980) 1985, S. 120-135

Klein, N.: »Lasst sie doch absaufen«. In: Blätter für deutsche und internationale Politik 12/2016, S. 103-110

Koene, T.: Mit Gott sprechen. In: Berliner Tageszeitung taz, 28./29.7.2012, S. 30-31

Köhler, O.: »Deutschlands reine Sache«. In: Junge Welt 4./5.10.2014, S. 12-13

Köhler, O.: Der PEN und der Erzbischof. In: Ossietzky 2016, S. 297-298

Köhler, O.: Das intellektuelle Freikorps. In: Junge Welt 14.6.2017, S. 10

Koestler, A.: Die Nachtwandler. Das Bild vom Universum im Wandel der Zeit. Wiesbaden 1963

Kracauer, S.: Von Caligari bis Hitler. Ein Beitrag zur Geschichte des deutschen Films. (1947) Hamburg 1958

Kroeber, A. L.: Totem und Tabu im Rückblick. (1939) In: Haas, E. (Hg.): 100 Jahre Totem und Tabu. Gießen 2012, S. 25-32

Kropotkin, P.: Gegenseitige Hilfe in der Tier- und Menschenwelt. (1902) Grafenau 1999

Krüger, U.: Immer einer Meinung. Wie Alphajournalisten die politische Debatte bestimmen. In: Blätter für deutsche und internationale Politik 8/2016, S. 72-90

Kuhn, T. S.: Die Struktur wissenschaftlicher Revolution. Frankfurt/Main 1976

Lafontaine, O.: Gegen jede Kriegsbeteiligung. In: Junge Welt 14.1.2015, S. 12-13

Lafontaine, O.: Raus aus dem Käfig. In: Junge Welt 20./21.2.2016, S. 3

Lammers, C.: Gefahren der Globulisierung. In: Junge Welt 27.1.2017, S. 12-13

Lec, S.: Unfrisierte Gedanken. München 1959

Lessenich, S.: »Weil wir es uns leisten können«. Wie und warum wir über die Verhältnisse anderer leben. In: Blätter für deutsche und internationale Politik 11/2016, S. 97-102

Leukefeld, K.: Profitabler Krieg. In: Junge Welt 13.7.2016, S. 3

Lévi-Strauss, C.: Strukturelle Anthropologie. (1958) Frankfurt/Main 1969

Lichtenberg, G. C. (Hg.: Promies, W.): Schriften und Briefe Bd.1 und 2, Frankfurt/Main 1994

Lüders, M.: Wer den Wind sät. Was westliche Politik im Orient anrichtet. München 2015

Malinowski, B.: Das Geschlechtsleben der Wilden in Nordwest-Melanesien. Liebe / Ehe und Familienleben bei den Eingeborenen der Trobriand-Inseln / Britisch-Neu-Guinea. Leipzig, Zürich 1930

Malinowski, B.: Geschlecht und Verdrängung in primitiven Gesellschaften. (1953) Reinbek bei Hamburg 1962

Marx, K., Engels, F.: Manifest der Kommunistischen Partei. MEW Bd. 4 Berlin 1950

Mead, M.: Jugend und Sexualität in primitiven Gesellschaften. Bd. 1: Kindheit und Jugend in Samoa. (1928) München 1970

Mead, M.: Jugend und Sexualität in primitiven Gesellschaften. Bd. 2: Kindheit und Jugend in Neuguinea. (1930) München 1970

Mead, M.: Jugend und Sexualität in primitiven Gesellschaften. Bd. 3: Geschlecht und Temperament in primitiven Gesellschaften. (1935) München 1970

Merz, M.: AfD mittendrin. In: Junge Welt 5.10.2016, S. 1

Miles, H. L.: Die Sprache der Orang-Utan: Die alte »Person« des Waldes. In: Cavalieri, P., Singer, P. (Hg.): Menschenrechte für die großen Menschenaffen. München 1994, S. 70-93

Mitscherlich, A.: Die Idee des Friedens und die menschliche Aggression. Frankfurt/Main 1969

Muensterberger, W.: Oralität und Abhängigkeit. Charakterzüge unter Südchinesen. (1951) In: Muensterberger, W. (Hg.): Der Mensch und seine Kultur. Psychoanalytische Ethnologie nach »Totem und Tabu«. München 1974

Müller, W. A.: Gibt es einen 7. Sinn? Berlin, Heidelberg 2016

Müller, W. A.: R-Evolution – des biologischen Weltbildes bei Goethe, Kant und ihren Zeitgenossen. Berlin, Heidelberg 2015

Nadel, S. F.: Dual descent in the Nuba hills. In: Radcliffe-Brown, A. R., Forde, D. (Hg.): African Systems of Kinship and Marriage. (1950) London 1964, S. 333-359

O'Flaherty, W.: Der Hinduismus. In: Cavendish R., Ling, T. O. (Hg.): Mythologie der Weltreligionen (1980) 1985, S. 14-33

Oreskes, N., Conway, E. M.: Die Machiavellis der Wissenschaft. (2010) Weinheim 2015

Paech, N.: Wohlfeile Preise, schwere Artillerie. In: Junge Welt 13.9.2016 S. 12-13

Pangerl, D. C.: Chirurgie im späten Mittelalter. In: Spektrum der Wissenschaft 2/2014, S. 76-79

Parin, P.: Der Widerspruch im Subjekt. Ethnopsychoanalytische Studien. Frankfurt/Main 1983

Patterson, F. und Gordon, W.: Zur Verteidigung des Personenstatus von Gorillas. In: Cavalieri, P., Singer, P. (Hg.): Menschenrechte für die großen Menschenaffen. München 1994, S. 94-122

Paul, R.: Direktmeldung an den Geheimdienst. In: Junge Welt 3.2.2015, S. 4

Pilger, J.: Salven aus Verlagshäusern. In: Junge Welt 28.9.2016, S. 12-13

Radcliffe-Brown, A. R.: The Andaman islanders: a study in social anthropology. Cambridge 1922 https://archive.org/details/TheAndamanIslandersAStudyInSocialAnthropology

Radcliffe-Brown, A. R: Introduction. In: Radcliffe-Brown, A. R., Forde, D. (Hg.): African Systems of Kinship and Marriage. (1950) London 1964, S. 1-85

Radcliffe-Brown, A. R.: Structure and function in primitive society. London, 6.Aufl. 1965

Rescher, N.: Warum sind wir nicht klüger? Der evolutionäre Nutzen von Dummheit und Klugheit. (1990) Stuttgart 1994

Richards, A. I.: Some types of family structure amongst the central Bantu. In: Radcliffe-Brown, A. R., Forde, D. (Hg.): African Systems of Kinship and Marriage. (1950) London 1964, S. 207-251

Richter, B. und Echternach, M.: Leistungssport Gesang. In: Spektrum der Wissenschaft 4/2014, S. 32-39

Risen, J.: Das Geschäft mit der Angst. Krieg gegen den Terror: von Bush zu Obama. In: Blätter für deutsche und internationale Politik 10/2015, S. 67-76

Rose, J.: Nato wegtreten. In: Ossietzky 2015, S. 164-167

Roth, J.: Europa ist nur ohne das Dritte Reich möglich. In: Roth, J.: Die Filiale der Hölle auf Erden. Köln (1934) 2003, S. 73-76.

Rügemer. W.: Durchleuchtete Arbeiter. In: Junge Welt 28.1.2015, S. 12-13

Rupp, R.: Wie man einen Konflikt verkauft. In: Junge Welt 13.3.2015, S. 12-13

Ruspoli, M.: Die Höhlenmalerei von Lascaux. Auf den Spuren des frühen Menschen. Augsburg 1998

Sander, U.: Deutsche Remilitarisierung. In: Ossietzky 2015, S. 355-358

Schäfer, I. und Schäfer, H.: Mord-Report. Staatsterrorismus made in USA. US-Senat dokumentierte verdeckte Operationen der CIA. In: Schölzel, A. (Hg.): Das Schweigekartell. Fragen & Widersprüche zum 11. September. Berlin 2002, S. 213-243

Scheele, L. und Friedel, D.: Die unbekannte Welt der Maya. Das Geheimnis ihrer Kultur entschlüsselt. Augsburg 1995

Scheen, T.: Beschneidung, grausame Mutprobe in den Bergen. In: FAZ 29.07.2014 http://www.faz.net/aktuell/politik/ausland/afrika/beschneidung-grausame-mutprobe-in-den-bergen-13066014.html

Schleiermacher, F.: Der christliche Glaube nach den Grundsätzen der evangelischen Kirche im Zusammenhange dargestellt. (1830/31), Berlin 1960

Schmitt, C.: Der Begriff des Politischen. Berlin 1932

Schui, H.: Politische Mythen & elitäre Menschenfeindlichkeit. Halten Ruhe und Ordnung die Gesellschaft zusammen? Hamburg 2014

Schwarz, S.: Zwei zu Null gegen die Kohle. In: Blätter für deutsche und internationale Politik, 7/2016, S. 11-16

Seneca: Vom glückseligen Leben. Leipzig 1918

Singh, S.: Fermats letzter Satz. München 2006

Soares, C.: Nur ein frommer Wunsch. In: Spektrum der Wissenschaft 7/2006, S. 23-24

Sokal, A. und Bricmont, J.: Eleganter Unsinn. Wie die Denker der Postmoderne die Wissenschaften mißbrauchen. München 2001

Spencer, B. and Gillen, F. J.: The native tribes of central Australia. (1899) New York 1968

Spoo, E.: Aufklärung und Propaganda in Kriegszeiten. In: Schölzel, A. (Hg.): Das Schweigekartell. Fragen & Widersprüche zum 11. September. Berlin 2002, S. 159-183

Steitz, E.: Die Evolution des Menschen. Stuttgart 1993

Stemmler, K.: Immer vorn mit dabei. Reporter sind oft der verlängerte Arm der Polizei-Pressestelle. In: Junge Welt 13.10.2016, S. 15

Stemmler, T.: Wie das Eisbein ins Lexikon kam. Ein unterhaltsamer Gang durch die deutsche Wortgeschichte. Mannheim 2007

Sterba, R.: Zur Theorie der Erziehungsmittel. In: Bittner, G., Rehm,W. (Hg.): Psychoanalyse und Erziehung. München 1966, S. 47-56

Tattersall, I.: Masters of the Planet. The Search for our Human Origins. New York 2013

Tomasello, M., Melis, A. P., Tennie, C., Wyman, E., Herrmann, E.: Two Key Steps in the Evolution of Human Cooperation. The Interdependence Hypothesis. Current Anthropology 2012, 53: 673-691

Trojanow, I. und Zeh, J.: Angriff auf die Freiheit. Sicherheitswahn, Überwachungsstaat und der Abbau der bürgerlichen Rechte. München 2014

Uhlig, H.: Die Sumerer. Ein Volk am Anfang der Geschichte. Köln 1996

Varoufakis, Y.: Time for Change. Wie ich meiner Tochter die Wirtschaft erkläre. München 2015

Wetzel, W.: Staatlich geprüfter Terror. In: Junge Welt 18.12.2014, S. 12-13

Williams, J. C.: Die Vernachlässigung der Arbeiterklasse. In: Blätter für deutsche und internationale Politik 12/2016 , S. 41-47

Wilson, M.: Nyakyusa Kinship. In: Radcliffe-Brown, A. R., Forde, D. (Hg.): African Systems of Kinship and Marriage. (1950) London 1964, S. 110-139

Winterstein, A.: Die Pubertätsriten der Mädchen. Leipzig, Wien, Zürich 1928

Wirz, P.: Exorzismus und Heilkunde auf Ceylon. Bern 1941

Wolk, W.: Die Maske ist gefallen. In: Ossietzky 2015, S. 122-124

Zulliger, H.: Gelöste Fesseln. Dresden 1927

Personen- und Sachregister